· 投资与估值丛书 ·

估值的艺术
110个解读案例
|珍藏版|

[英] 尼古拉斯·斯密德林 著　李必龙 李羿 郭海 译
（Nicolas Schmidlin）

THE ART OF COMPANY VALUATION AND
FINANCIAL STATEMENT ANALYSIS
A Value Investor's Guide with Real-life Case Studies

图书在版编目（CIP）数据

估值的艺术：110个解读案例：珍藏版 /（英）尼古拉斯·斯密德林（Nicolas Schmidlin）著；李必龙，李羿，郭海译．-- 北京：机械工业出版社，2021.7（2025.3 重印）

（投资与估值丛书）

书名原文：The Art of Company Valuation and Financial Statement Analysis: A Value Investor's Guide with Real-life Case Studies

ISBN 978-7-111-68556-2

I. ①估… II. ①尼… ②李… ③李… ④郭… III. ①公司 – 估价 – 案例 IV. ①F276.6

中国版本图书馆CIP数据核字（2021）第122187号

北京市版权局著作权合同登记　图字：01-2015-1423号。

Nicolas Schmidlin. The Art of Company Valuation and Financial Statement Analysis: A Value Investor's Guide with Real-life Case Studies.

ISBN 978-1118843093

copyright © Verlag Franz Vahlen GmbH

The original edition was published in 2013 as "Unternehmensbewertung & Kennzahlenanalyse". This edition is published by arrangement with Vahlen, Munich. Simplified Chinese translation copyright © 2021 by China Machine Press.

No part of this book may be reproduced or transmitted in any form or by any means, electronic or mechanical, including photocopying, recording or any information storage and retrieval system, without permission, in writing, from the publisher.

All rights reserved.

本书中文简体字版由 Vahlen, Munich 授权机械工业出版社在中国大陆地区（不包括香港、澳门特别行政区及台湾地区）独家出版发行。

未经出版者书面许可，不得以任何方式抄袭、复制或节录本书中的任何部分。

估值的艺术：110个解读案例（珍藏版）

出版发行：机械工业出版社（北京市西城区百万庄大街22号　邮政编码：100037）	
责任编辑：杨熙越　殷嘉男	责任校对：殷　虹
印　　刷：固安县铭成印刷有限公司	版　　次：2025年3月第1版第6次印刷
开　　本：170mm×230mm　1/16	印　　张：19.25
书　　号：ISBN 978-7-111-68556-2	定　　价：79.00元

客服电话：(010) 88361066　68326294

版权所有·侵权必究
封底无防伪标均为盗版

凡事应该删繁就简,但不能简而空。

——阿尔伯特·爱因斯坦

译者序

本书最大的亮点是在估值的科学和估值的艺术之间寻找估值的真谛！为此，作者把整本书的逻辑思路设定为：设法把定量的事实和定性的特征有机地融为一体。在具体的实现路径上，作者着力分析公司年报的定量和定性信息，以期获得合理的公司估值。

除了上述亮点外，本书还有下述三大特色。

（1）案例为绳。本书最大的特色是运用了110个上市公司的案例，对核心内容和重要节点进行了生动的解读，一改估值学说枯燥乏味的形象，更好地起到了烘托亮点、厘清思路、指点路径的作用。

（2）估值工具。对于重要的财务指标和估值比率，本书作者都借用标准普尔（标普）500成分股的实际历史数据，找出了相关指标的中值和平均值，而且对相关变量进行了回归分析，给出了相关变量之间的关联系数。做到了不仅有综合标杆指标值可查，还有关键估值比率对照表可鉴。

（3）化繁为简。市面上众多的估值书籍基本上都有深奥的模型或复杂的公式，理解和掌握颇费工夫。本书不然，作者采取了简单易学的方式，从财报定量的基本解读开始，以年报的定性解读为重点延伸，最终落脚于简洁的公司公允估值方式。

本书的第1章和第4章由李羿翻译，第2章和第3章由郭海翻译，第5章由冯浜翻译，第6章由张旭翻译，第7~9章等由李必龙翻译，并由李必龙进行汇总、校对。

译者

致　谢

这本书的付梓离不开我的投资伙伴兼朋友马克·普罗菲特利希的惠助。在本书（英文版）的创作过程中，奥斯卡·埃里克松、卡里姆·哈穆德、鲁特格尔·莫尔、马修·史密斯和弗丽达·苏洛都施予了很多的援助——无论是在写作方面，还是写作之外的其他方面。

当然，我还要感谢拉巴卜·弗拉加、卡尔-克里斯托弗·弗里德里希、安妮-卡特琳·格普菲特、朱利安·格鲁伯、德克·海茨曼、马库斯·赫尔曼、多米尼克·霍格尔、托马斯·容汉斯、费边·卡斯克、斯文·克卢伊特曼、拉尔斯·马库斯·卢卡斯·莫吉尔、西蒙·沃格特、菲利普·福恩德兰和斯特芬·佐隆茨。

在整个撰写和出版的过程中，来自 Wiley 的托马斯·海克尔和来自瓦伦的丹尼斯·布鲁诺特给予了我巨大的帮助。我还要感谢西格莉德·米卡尔森帮我做的翻译工作。最后，要感谢我的父母弗里茨和莉欧芭对我始终不渝的支持。

此外，本书所有的错误和不足，都是我的个人之咎。

我的电子邮箱地址是：ns@profitlich-schmidlin.de。

前　言

众所周知：艺术并非现实，但艺术是一种假象，它使我们了解真理——至少是那种赋予我们理解力的真理。

——巴勃罗·毕加索

本书涉及上市公司的估值及其财报分析。实际上，更适合的书名应该是"并非另一部类似的公司估值之作"！在亚马逊网站上，有关公司估值的搜索结果超过5000条，有关财报分析的搜索结果也有4000多条。那么，我们为何还需要另一本同类题材的书呢？

也许，你已诧异于本书前言的导语！它并不出自著名的经济学家、成功的创业者或出色的投资人，而是出自一位杰出的艺术家。因为，公司估值的底色更多的是艺术，而非科学！

通过扎实的分析得到的数据及其比率，的确能就公司的估值给出一个大致的轮廓，但数据不能说明一切！如果单纯通过关键数据及其比率的计算和比较，就足以辨析被低估或有前景的企业，那么本书就是多余之作，因为一台计算机在眨眼之间就能解决所有的这类问题。

不过，事实并非如此！

依据系统分析的结果，我们仅能得到这样的相关结论：一家公司是如何走到今天的！影响公司未来发展的因素来自各个方面，尤其是那些定性的因素——这恰恰是金融市场相关理论令人困惑之处。

当今，多数教科书都由一些抽象的公式构成（到处都是希腊字母），通常都晦涩难懂。因此，本书意在独辟蹊径，以一种实用、生动、活用案例的方式阐述公司估值并进行相关的系统分析。在公司的分析和估值方面，除现有的方法之外，本书将着力通过另类方法给予读者一种综合实用的解读。

实际上，本书阐述的这种分析方法，就是不时闪现在企业家脑中的方法。同时，这也是为公司股东特备的分析方法，因为他们了解自己所拥有股份的公司是一家实实在在的公司——有真实的雇员、真实的产品和真实的现金流。

本书的目标是想打造这样一种工具：它会在投资分析和决策上，有益于具有企业家精神的投资者，而谢绝那些短线的投机人。单纯的数字是一回事，而对它们进行理性的评价，则完全是另一回事。这些数字可被看作组成拼图的零散图形，而将它们拼凑完整则能揭示出一家公司的内在价值。

相比于公司估值的其他教科书，本书在很大程度上摒弃了那些复杂的数学公式和抽象的阐释。它致力于成为务实性的公司估值指南，而非那种枯燥、烦琐和不实用的理论。

乍一看内容，本书明确涉及公司估值的章节仅有一个。实际上，书中的内容环环相扣，每个章节都建立在前一个章节的基础之上，使读者对公司的内在价值有一个完整的了解。

正因为如此，第8章阐述的估值案例分析，是建立在前面那些章节的基础之上的，若没有前面这些章节，就无法理解公司估值，或无法正确应用估值案例进行相关的分析解读。

估值本身是一个技术流程，而投资者实际创造价值的行为则蕴含于下述过程之中：理解公司业务并洞悉公司未来价值的驱动要素。

本书内含110个相关案例，分布于不同的章节。每个案例都着力于解读估值方法的某个侧面——它的实际应用及其与所涉问题的关联。由于多数投资者聚焦的资本市场仍然是北美和欧洲市场，而且这两个地区采用的财会制度基本相同，所以，本书主要采用的案例基本来自这些市场。不过，考虑到不断增长的新兴市场，我们也呈现了一些新兴市场的相关案例。

考虑到真实性并为了促使投资者熟悉不同类型的标识方式，在这些案例里仍然保持着特定国家的相关数字和表现方式。因此，如果读者愿意的话，他便能够就某个案例，寻找到它原来的财务报表。另外，在本书上下连续的评述和公式里，相关数字都是采用标准的标识，以便确保叙述本身的连贯性。

本书虽然聚焦于上市公司的估值，但也适用于非上市公司。对于时常盯着证券交易所挂牌股票的人而言，再估值和修正自己之前的估值，都是他们日常工作的组成部分。

重大的政治决策和其他相关因素（从宏观经济发展到企业战略管理决策）都会影响到公司的公允价值——这种公司估值的艺术性，不仅仅是最具智慧的挑战之一，还是金融市场上最令人兴奋的行为之一。

除了阐释财报分析和公司估值的技术面外，本书的各个章节都在试图折射这个艺术主题的一个侧面：它的活力及其裨益。

公司估值是一种艺术，因为公司无一例外地处在不断的变化之中，它的内在价值永远无法知晓，但仍有可能定义。

让我们探索黑暗，发掘真知！

尼古拉斯·斯密德林

2014 年 2 月于伦敦/法兰克福

目 录

译者序
致　谢
前　言

第1章　引子 /1
　1.1　商业会计的重要性及其发展 /2
　　　1.1.1　财务报表的有限作用 /7
　　　1.1.2　金融领域的特殊性 /9
　1.2　财务报表的成分和结构 /9
　　　1.2.1　利润表 /10
　　　1.2.2　资产负债表 /25
　　　1.2.3　现金流量表 /30
　　　1.2.4　权益变动表 /45
　　　1.2.5　附注 /45

第2章　收益率和盈利能力的主要比率 /49
　2.1　净资产收益率 /50
　2.2　净利润率 /54
　2.3　息税前利润率和息税折旧摊销前利润率 /57
　2.4　资产周转率 /59
　2.5　资产收益率 /61
　2.6　已占用资金收益率 /63

2.7 经营性现金流收益率 /66

第3章 财务稳定性比率 /68
3.1 权益比率 /68
3.2 资本负债比率 /73
3.3 动态资本负债比率 /76
3.4 净负债/息税折旧摊销前利润 /81
3.5 资本支出比率 /83
3.6 资产折旧比率 /87
3.7 生产性资产投资比率 /90
3.8 现金消耗率 /91
3.9 流动（非流动）资产与总资产比率 /93
3.10 权益/固定资产及权益和长期负债总额与固定资产比率 /95
3.11 商誉比率 /97

第4章 运营资本管理的比率 /99
4.1 应收账款天数和应付账款天数 /100
4.2 现金比率 /103
4.3 速动比率 /105
4.4 流动比率或运营资本比率 /106
4.5 库存强度 /109
4.6 库存周转率 /110
4.7 现金转换周期 /112
4.8 未完订单和新增订单比率 /113

第5章 商业模式分析 /116
5.1 能力范围 /118
5.2 特征 /119
5.3 框架条件 /122
5.4 信息获取 /123

- 5.5 行业和企业分析 / 125
- 5.6 SWOT 分析 / 127
- 5.7 波士顿咨询集团（BCG）分析法 / 128
- 5.8 竞争战略 / 135
- 5.9 管理 / 136

第 6 章 利润分配政策 / 138
- 6.1 红利 / 138
- 6.2 股份回购 / 141
- 6.3 小结 / 146

第 7 章 估值比率 / 148
- 7.1 市盈率 / 149
- 7.2 市净率 / 156
- 7.3 价格与现金流比率 / 164
- 7.4 市销率 / 167
- 7.5 企业价值法 / 171
- 7.6 企业价值/息税折旧摊销前利润 / 176
- 7.7 企业价值/息税前利润 / 180
- 7.8 企业价值/自由现金流 / 184
- 7.9 企业价值/销售额 / 186

第 8 章 公司估值 / 188
- 8.1 贴现现金流模型法 / 191
  - 8.1.1 权益法 / 193
  - 8.1.2 实体法 / 202
  - 8.1.3 调整现值法（APV） / 208
  - 8.1.4 经营性和财务性杠杆 / 210
  - 8.1.5 贴现现金流模型的另类使用 / 215
  - 8.1.6 贴现现金流估值案例研究 / 215

8.2 倍数估值法 /224

    8.2.1 公允市盈率法 /226

    8.2.2 公允市净率法 /239

    8.2.3 公允市销率法 /256

    8.2.4 公允企业价值/息税前利润比率法 /259

    8.2.5 公允企业价值/销售额比率法 /262

    8.2.6 倍数估值法：数学背景 /265

    8.2.7 清算法（净资产价值法） /267

8.3 财务报表的调整 /269

    8.3.1 备考报表和一次性科目影响 /272

8.4 估值方法概览 /274

第 9 章 价值投资 /277

9.1 安全边际法 /280

9.2 价值投资策略 /281

    9.2.1 品质投资 /281

    9.2.2 雪茄蒂投资法 /282

    9.2.3 净流动资产价值/套利 /283

9.3 投资机会的甄别 /284

9.4 投资组合管理 /287

    9.4.1 多元化 /287

    9.4.2 风险 /289

    9.4.3 现金 /289

9.5 买入与卖出：投资期限 /290

    9.5.1 买 /290

    9.5.2 卖 /290

9.6 结论 /292

图表来源 /294

第 1 章

引 子

> 人们凭借这种方式，可以在任何时候审视整体，而不致迷失于细节之繁。复式记账制度给人们带来了多大的好处啊！它不愧是人类大脑最伟大的发明之一。
>
> ——约翰·沃尔夫冈·冯·歌德

会计是一种商务语言。想要对公司进行估值并成功进行长期投资的人，必须懂得这种语言，从而培养自己解读公司财报的能力。

会计的主要目的是量化企业的经营过程，并把它呈现给利益相关者，如股东、债权人、供应商、雇员和金融界。财务报表是这个量化过程的浓缩表现。它勾勒了公司的资产、负债、收入、利润和现金流等业绩指标。根据公司业务活动背景来评估和解读这些数据，是估值过程的重要组成部分。因此，对估值企业有兴趣的人来说，必须逐渐夯实自己的估值基础，不断拓展对这种"商务语言"的理解能力，同时，在财报分析中，融入必要的定性因子。

简单来说，财报显示的是公司过去和现在的经营状况，公司估值就是从这一点切入，试图借助从财报获取的数据，预期公司未来的发展及相关风险。

这一章会揭示现代财报的一些短板和局限。

就财务报表而言，它有一个特有的不足：本质上，财务报表就是一个纯粹的定量模型。因此，为了得到一个对未来比较靠谱的预测，好的财报分析不会被财报的定量色彩所迷惑，而会把定量的事实和定性的特色有机地结合起来。

本章内容主要涉及不同的会计制度、财报成分以及第一组关键财务比率的计算。第 2 章则是为下述两项财报导向型的工作奠定基础：基于比率的进一步分析以及相关的定性分析。

1.1 商业会计的重要性及其发展

当代会计准则的最初形态产生于 1929 年证券市场崩盘之后，当时美国会计师协会特别委员会首次提出了一组公认的会计准则。至 1939 年，为了建立一套连续可靠的会计准则体系，第一个会计程序委员会在美国诞生。

这组规范意在厘清彼时相当模糊且不可靠的会计程序，并帮助恢复人们对上市公司财报的信任感。在当今的美国，财务会计准则委员会（FASB）是制定主要会计准则的机构。而这组规范就是《美国公认会计准则》（US GAAP），美国证券交易委员会（SEC）条例辖下所有公司的会计准则都得遵循这组规范。

在大西洋的另一侧，始于 1973 年，欧盟开始协调成员国之间不同的会计准则。这个过程最终导致了《国际财务报告准则》（IFRS）的诞生。迄今为止，接受这个准则的国家和地区超过了 100 个，包括所有的欧盟成员国、中国香港、澳大利亚、俄罗斯、巴西和加拿大。

虽然在《美国公认会计准则》和《国际财务报告准则》之间尚有若干差异，但这两种制度都是建立在一套类似的原则之上，所以，二者大体上是一致的。经过多年全球范围会计准则的协调，我们期待着下一个关键里程碑：美国证券交易委员会全盘接受《国际财务报告准则》。这个目标一旦实现，美国公司将被要求采用《国际财务报告准则》，从而实现多数发达国家会计准则的统一。这个目标最初计划在 2014 年之前完成，但可能需要更多时间。统一后，投资者就可以直接比较欧洲公司和美国公司之间的财务数据及相关比率，而无须进行会计差异的调整。

像《美国公认会计准则》和《国际财务报告准则》融合这样的大型监管

项目，极少有按事先计划如期完成的，所以，这本书的内容涵盖了这两种会计准则，呈现的公司案例既采用《美国公认会计准则》，也采用《国际财务报告准则》。

本书主要聚焦美国和英国的公司，但也考虑到新兴市场公司。之所以如此，是基于这样一种现实市场现象：广大投资者现在能够方便地在全球范围的资本市场上进行投资。

虽然美国和欧洲的会计制度大体上具有可比性，但各自年报的外在表现却不尽相同。就欧洲的年报和财报而言，其信息的表现方式和数量基本上没有限制，而美国公司则必须填写一张事先定义好的表格（俗称"10-K表"），并提交美国证券交易委员会备案。要想在这种事先定义的表格上添加辅助的图表和数据（能为公司所处的市场和业务模式提供更进一步的信息），几乎没有可能。

这种标准化的呈现方式和表格的提交要求，主要归因于20世纪90年代末美国上市公司的会计丑闻——导致政府通过了《萨班斯-奥克斯利法案》。作为这项立法的结果之一，上市公司的财务报表基本被标准化了，而且，还必须由公司管理层签署后，提交美国证券交易委员会。

从投资者的角度看，这既带来了好处也捎带了坏处。一方面，美国式年报（10-K）的整体结构不错，布局清晰，但前提是读者必须习惯于报告中大量的法律措辞。不过，你几乎无法在这些报告里找到有关市场的信息或更多的行业数据。相比之下，欧洲的年报不仅提供了年度会计的基本成分，还包括了更多可以加深对公司的了解的数据。

不过，人们可以反驳说，通过美国式的年报，更易于对公司的业绩和前景形成真知灼见，而那些内含于欧式年报的额外信息和图表，可能潜藏着某些相关的暗示。同时，鉴于它宽松的规则，欧式年报（相较于美式年报）也显现出较低的可比性。美式年报（10-K）和季报（10-Q）可以方便地通过美国证券交易委员会的官网获取，而欧洲公司的年报则必须从各自的投资者关系网站得到。

说到这里，必须提及一个事实：通过美国证券交易委员会系统或电子化数据系统（EDGAR）获取10-K表和10-Q表的客户体验不是很好。有时候，检索公司年报更快的方式是，在搜索引擎里直接搜索关键词"公司名称+投资者关系"。

上市公司经常按季度发布中期报告，并在每个财年结束时发布内容更详细、更丰富的年报。较小的公司（其股票在管理较松的市场交易）要履行的报告义务通常不是那么严格。在这种情况下，发行人报告的次数通常要少一些，向公众披露的信息也会少一些。然而，无论报告义务的程度高低，这些公开资料通常在报告季度或报告财年结束后的几个月发布，并构成了财报分析的基础。

一般来说，上市公司都是一个关联集团，换言之，它是在母公司的管理下，由各公司组成的统一的集团。因而，合并财务报表通常是资产负债表分析的起点。合并账户与母公司独立账户的区分很重要，因为绝大多数欧洲公司在其年报里会同时公布这两个账户的内容。

本质上，合并账户或合并报表表现的是作为单一经济体的集团的信息。所以，虽然大型企业是由全球范围内的很多分支机构组成的，但合并报表使它们看起来像是一家公司。在把所有的附属企业和子公司的账户合并为一个集团账户的过程中，集团单个公司之间的所有关联交易都被有效地剔除了。

例如，如果一家公司向集团内部的另一家附属公司发放一笔贷款，那么，它们就分别创造了一笔应收款和一笔负债。不过，在集团层面，这可视作一个无效事件，必须被剔除。所以，对于集团实际财务现状的表现，合并账户总会比分析单个集团成员账户衡量得更准确。

下述的例子显示了编制合并报表的必要性，以及为何分析一个集团内单个公司的报表可能会导致不正确的分析结果。

■ 例1-1　合并报表：控股结构

下面是母公司的独立财报。这里目前没有其他公司，只有母公司自己。因而，独立报表和合并报表都是同一份（见表1-1）。

表1-1 母公司合并资产负债表　　　　　　　　　　（单位：美元）

资产		负债	
固定资产	100	股东权益	150
应收账款	50	贷款	50
金融资产	0		
现金	50		—
总计	200	总计	200

现在，母公司决定把其经营部门拆分为一个单独的业务单位，定名为"分公司"。新建立的"分公司"具有100美元的固定资产和来自母公司的50美元的贷款。母公司和分公司的资产负债表分别见表1-2和表1-3。

表1-2 母公司非合并的资产负债表　　　　　　　（单位：美元）

资产		负债	
固定资产	0	股东权益	150
应收账款	100	贷款	50
金融资产	100		
现金	0		—
总计	200	总计	200

表1-3 分公司非合并的资产负债表　　　　　　　（单位：美元）

资产		负债	
固定资产	100	股东权益	100
应收账款	0	贷款	50
金融资产	0		
现金	50		—
总计	150	总计	150

在拆分了经营部门后，母公司独立的财报所含的信息量明显缩减。固定资产全部转给了"分公司"，由于贷款给"分公司"，现金科目降为零了，但相应地，应收账款增加了50美元。当然，还要关注"金融资产"这个科目——它的金额就是新组建"分公司"的股东权益。

在这种情形下，母公司就是所谓的控股公司，它仅仅承担"分公司"的行政性和战略性事务，而经营业务则由"分公司"具体运作。这个集团现在必须编制合并报表,把不同的独立报表概括为一个报表文件,以便外部利益相关方能够读懂它的资产、负债、财务状况和损益情况。

为此,需要把所有各自资产负债表科目予以加总,最后剔除内部关联交易。最终的合并报表能够清楚地展现整个集团的财务状况。

若要对任一公司进行扎实的基础分析,合并报表主要起到提供信息的作用,被人们视为基础分析的关键素材。通常,这种合并报表是由下述包含数字的部分构成(括弧里是英式表述法)。

- 资产负债表(财务状况表)
- 利润表(损益账户)
- 现金流量表
- 股东投资及分配表
- 附注

除了这些之外,大多数年报还涵盖如下内容:广泛的管理层评述、对过往年份的分析、业务描述、风险陈述和法律诉讼以及发展前景和精选财务数据(旨在方便对公司过去的业绩进行快速回顾)。

不过,这里最关键的是要有这样一种意识:任何会计制度永远都只是一个模型,旨在准确记录和呈现企业的现实,但不总是反映公司准确和真实的情况。

■ 例1-2 会计制度的差异

让我们看看表1-4所示的两家公司2006年年底的资产负债表和利润表的情况。

表1-4 会计准则的差异　　　　　(单位:百万欧元)

公司1		公司2	
净利润	7 021	净利润	6 517
股东权益	49 650	股东权益	52 599
每股收益	17.09	每股收益	15.59

针对这两家公司，引用数字的量级都是一样的。不过，公司1公布的净利润要高出7.7%且最终的每股收益也更高，而公司2的股东权益金额要高近6%。尽管有这些差异，但这两组数字事实上是由同一家公司发布，即世界最大的保险公司，安联保险集团。

这种差异的出现是由于采用了不同的会计准则：第一组数字是按照《国际财务报告准则》编制所得，而第二组报告的数字则是按照《美国公认会计准则》编制的结果。这种比较之所以可能是因为在2007年之前，安联保险集团一直维持着在法兰克福和纽约两地上市的状况，因此它也必须遵守美国证券交易委员会的规定。

这个例子进一步说明：虽然财务数字能够给公司的业绩做一个较好的概括，而且更是衡量公司是否成功的最好的数字标准，但千万不要以为它们反映了公司的现实情况——这些数字的大小总是取决于所采用的会计框架。

虽然《美国公认会计准则》和《国际财务报告准则》基本类似，但有时候，会计准则变化带来的影响会使人感到莫名的诧异：当大众汽车公司在2000年把它的报告会计准则由《美国公认会计准则》改为《国际财务报告准则》时，它的股东权益金额一夜之间几乎翻了一番。

就像我们随后看到的，其他可选的具体会计处理方式（如租赁合同）会对报告的相关数字的可信度产生相当大的影响。

1.1.1 财务报表的有限作用

尽管监管当局和政府颁布了无数的规范条例，但在工商界，犯罪活动还是无处不在。原美国能源巨头安然公司制造了人类史上最臭名昭著的会计造假案，这直接导致了2002年《萨班斯-奥克斯利法案》的出台。

通过传统的资产负债表分析法，很难发现这种大规模的造假行为。像标准普尔这种专业的信用评级机构，按说它对一家公司财务的洞察力要比一般投资者强得多，但就在2001年安然宣布破产之前不久，标准普尔还给了它一个"良好"的信用评级！

实际上，破产之前，在一些"软"问题上，安然已经显示出了一些不好的征兆。比如彼时，安然公司在自己的身份认知和与社会的沟通上，都暗示自己隐匿着某些东西。例如，在自己的年报里，该公司把自己称作"世界上最伟大的公司"；在年度记者发布会上，当敏锐的分析师勇敢地质疑安然所公布的财务数据时，安然的相关人员竟然对他们进行了人身侮辱！

安然是如何千方百计做假账的呢？

其实，有些做法相当简单。例如，长期交易在一开始就完全确认为收入，而不是在交易的整个周期逐渐分摊利润。另一种作弊的方法是：安然的管理层自己组建离岸企业，然后，与自己的离岸企业做业务，并把这些业务的收入记为利润。就是利用这些做假账的方式，安然在它的报表里埋藏了数十亿美元的负债，并通过不良估值模型虚增公司资产价值。

大多数报表造假案例都采用了下述方法：

（1）表外会计处理；

（2）利润操控（过早确认利润）；

（3）审计师偏袒；

（4）虚构资产的资本化。

当资产或更重要的负债被置于表外时，通常我们就无法发现它们，更无法把其作为标准资产负债表分析的一部分进行识别。这会造成一种公司财务持续稳定的假象，并可以用来虚增公司的信誉等级，等等。

在其他会计造假的案例中，公司管理层会时常采用利润操控手法：在真实交易发生前就宣布利润已实现，或者，就像安然一样，长期合同的收入被立马确认，利润即刻入账。

财报造假成功的一个最重要的因素是审计师的偏袒。过去曾经有一个习惯的做法，即一家公司的审计师同时也是这家公司的咨询师——这常常会导致利益冲突。在某些造假的案例中，就是这种不正常关系，外加审计师兼咨询师的建议，导致了这种作弊方法首先得到使用。

最后，另一种方法是虚构资产的资本化。这发生于一项不存在的资产在财报中被捏造出来之时。

上述例子说明会计核算还有不少局限性，也佐证了一种说法：想要成功地分析和投资一家企业的人，需要考虑财报分析之外的其他因素（比如商务模式、管理质量和彼时的宏观趋势），以便得到一家公司的准确估值。同时，对财报的详尽分析，能使我们对一家企业的认知既合理，又有数据支撑，并为进一步的分析奠定基础。

1.1.2 金融领域的特殊性

本书阐释的财报分析和公司估值，不适用于保险公司和银行。

这种原因在于金融机构的资本结构和商业模式与一般企业存在巨大的差异。鉴于多数银行巨大的资产规模（例如，截至 2012 年年底，摩根大通公布的资产总额为 2.3 万亿美元），企图做一个有深度的财报分析，结果肯定是自讨没趣，这仅仅是由于这些机构的资产负债表规模庞大。

除了规模和财报结构的巨大差异外，金融机构的商业模式本身也与一般企业有云泥之别，这就是不能简单地将本书陆续展开的估值方法转而应用于金融服务公司的原因。然而，使问题更加复杂的一个因素是：银行业是易于出现周期波动的行业，这使长期估值的准确性更加难以保证。

2008~2009 年金融危机期间，北岩银行、贝尔斯登和雷曼兄弟的厄运清楚地表明：在这个行业，创纪录的盈利和破产之间，只有一层薄薄的窗户纸。虽然有些投资银行（如所罗门兄弟、德崇证券和野村证券）在 20 世纪 80 年代已经主宰了华尔街，但现在，它们当中的大多数要么已经消失，要么已被竞争对手并购。

鉴于全球范围的监管压力越来越大，这个行业的商业模式和未来前景已经变得越来越难以预测。

1.2 财务报表的成分和结构

年报或中报最重要的部分是财务报表（简称"财报"），包括利润表、资产负债表、现金流量表和附注。管理层的评述分析可以引领我们回顾过去一年公司的经营状况，有助于加深对业务的理解。报告的频率和透明度要求因公司规模和挂牌交易所而异。下面简单介绍一下财报的不同组成部分和有关企业成本结构的第一组财务比率。

1.2.1 利润表

利润表或损益账户表现的是特定会计期间的收入和支出。这两个数字的差代表了这个时期的利润或亏损。表1-5显示了利润表的典型结构。

每张利润表的起始科目是当期收入（英国用词"turnover"而非"revenue"）。

假设你正在经营着一个柠檬汁小摊，你的第一位客户花了5美元，买了一杯果汁，付的是现金。此时，人们会把5美元记为收入（恭喜老板，做成了第一笔交易！）那么你的利润是多少？

表1-5 利润表

收入
减：销售成本
=毛利润
减：销售和管理费用
减：折旧
减：研发费用
=经营利润（息税前利润，EBIT）
减：利息支出
加：利息收入
=税前利润
减：税收支出
=净利润（年度利润）

除了收入，利润表还提供与收入对应的支出。这里，对应这个词很重要，因为利润表记录的仅是那些与实际销售过程相关的可变费用。与你的第一个客户的所需相比，你可能购买了更多的柠檬，但这些柠檬的成本不能立即计入，因为它们还没被使用，仍然是你资产的一部分。

销售成本是由已售商品的库存成本构成。这个库存成本不仅包括采购成本，还包括分摊的管理费用（overhead expenses），以及在商品还需要做一些内在改变时，追加的材料和劳动力成本。例如在我们柠檬汁小摊的例子里，售给第一位客户的柠檬，其购买成本是1美元，还有0.5美元用于支付下述两项的成本：糖和将初始的柠檬转化为果汁的劳动力。所以，销售成本共计1.5美元，所得毛利润是3.5美元。

毛利润等于下述两项的差额：销售额和直接成本（与生产或购买已售产品相关的成本）。在所有财报分析中，毛利润这一数字是非常重要的，因为相关的经营费用只能用这个金额支付。

通常，需要从毛利润减去的几个科目是销售和管理费用（SG&A）、折旧与研发费用。有时候，会把销售和管理费用拆分为销售费用和管理费用，以便对成本结构进行更仔细的分析。在我们那个柠檬汁小摊的项目里，这些费用会包括摊位的租金、销售人员的工资以及后台记账的费用。这里假设我们追加1美元支付这些费用。

折旧费揭示的是公司一段时期资产价值的减少值。例如，如果已经采购了一台新的柠檬榨汁机，那么，最初的购买价格不会记为费用，因为公司此时只是进行了资产与资产的置换，即用现金资产置换了一台柠檬榨汁机。不过，随着时间的推移，柠檬榨汁机的价值会下降——反映在利润表的折旧费上。假设这台机器的购买价格是15美元，预期的使用寿命是10年，那么，每年的折旧费就是1.5美元。

从毛利润中减去销售和管理费用、折旧费和（对于有些公司来说的）研发费用，得到经营利润，或息税前利润（EBIT）。在我们的柠檬汁业务里，这个数字是1美元。

经营利润没有考虑利息支出和税收支出，有效地反映了基础业务的盈利能力。下一步（财务成果）将减去利息支出。财务成果（financial result）包括利息支出、利润和联营公司的利润。

让我们假设：为了使运营获得足够的资金，我们的柠檬水业务以2%的利率借入20美元贷款——由此产生的利息支出是0.4美元。在财务成果里，再减去利息支出或加上利息收入（在无债公司情形下），我们得到税前利润。税款是基于这个数字缴付的。对于我们这个虚构的业务，基于0.6美元的税前利润和35%的税率，得到的税负支出是0.21美元。我们最终算出的年度净利润是0.39美元。

既然没有一个企业是与其他企业完全雷同，那么，就应该对利润表进行仔细分析，以便理解一个商业模式的利润驱动要素和主要风险要素。基于这个目的，我们将在下一节介绍第一组财务比率。

从利润表获取的财务比率，通常是将总销售额作为分母，将费用和利润作为分子，以便把它们转化为可比的分数。以分数而不是绝对数字的方式表述利润表上的情况，更易于将当期的数字与前期的数字相比较，而且，能在竞争对手，或不同行业、不同国家和不同会计制度下（在有限的程度上）的企业之间进行利润表的比较。

毛利率

在几乎所有的分析里，毛利率都是最突出的财务比率之一。它表述的是毛利润占收入的百分比：

$$\text{毛利率} = \frac{\text{毛利润}}{\text{收入}}$$

毛利润之所以重要，有两个原因。第一，销售成本（它决定了毛利润的大小）通常是利润表里最大的一项费用。第二，如果没有足够的毛利润来支付运营企业所需的各种固定成本、利息支出和相关税收，那么，即便是运营效率最好的公司，也无法生存。

在与其他公司比较时，毛利率还能说明一家公司的定价权和输入物价的灵敏度——只需把这个毛利率进行一个简单的转换，变为相关的销售成本率（cost of sales margin 或 CoS ratio），就能说明这个问题：

$$\text{销售成本率} = \frac{\text{销售成本}}{\text{收入}}$$

对于每个业务单元的收入，其销售成本率越低，其毛利率就越高。总的来说，毛利率较高的公司受输入物价上涨的影响较小，与下述实体谈判的能力也较强：下游客户（收取更高的价格）、上游供应商（支付更低的批发价格）以及公司雇员（支付更低的工资）。

毛利率表现的是在支付了产品的直接成本后所剩的利润，而销售成本率表现的则是与每次交易相关的成本。例如当沃尔玛销售10美元/件的衣物（厂家进货价8美元）时，它的毛利率达到了20%，它的销售成本率是80%，而加成率则是25%(1/0.8-1)。

在这层意义上，这两个比率就像一个硬币的两面，阐述同一事件，但角度不同。这里有一个要点：理解每家公司驱动销售成本的输入物价因子。例如，钢和铝的生产商受到各自原料的开发和利用以及能源价格的变动的高度影响。除了这些比率的静态分析外,通常还有一些有意义的比较,即比较过去若干年的毛利率或销售成本率的动态趋势,以及相关输入材料的价格变化趋势。

表 1-6 展示了毛利率和销售成本率的计算。

■ **例 1-3 毛利率:美国铝业公司**

表 1-6 所含的是美国铝业公司(Alcoa Inc.,后简称美国铝业)利润表的前两行科目。美国铝业是全球第三大铝业生产商,它的股票是道琼斯工业平均指数的成分股。下述表格没有明确地给出该公司的毛利润,所以,为了计算毛利率,我们首先得从其年度销售额里减去其已售产品的成本,得到各年份的毛利润:2012 年为 32.32 亿美元,2011 年为 44.71 亿美元。

表 1-6 美国铝业:简略利润表　　　　(单位:百万美元)

	2012 年	2011 年
销售额	23 700	24 951
已售商品成本	20 468	20 480

资料来源:美国铝业 10-K (2012)《美国公认会计准则》。

基于这些数值,2012 年和 2011 年的毛利率计算如下:

$$毛利率_{2012} = \frac{32.32^{\ominus}}{237.00} = 13.6\%$$

$$毛利率_{2011} = \frac{44.71}{249.51} = 17.9\%$$

与 2011 年相比,公司 2012 年的毛利率大幅下滑,下滑幅度达到 4.3 个百分点。在我们计算销售成本率时,也会看到这种令人担忧的变化:

$$销售成本率_{2012} = \frac{204.68}{237.00} = 86.4\%$$

$$销售成本率_{2011} = \frac{204.80}{249.51} = 82.1\%$$

⊖ 本书计算过程中的数字单位与其在前文或表格中的单位一致,计算过程中不再标注单位。此处 32.32 表示 32.32 亿美元。

毛利率下降（或同样地，销售成本率的上升）可归结于①输入物价的上升；②售价的下降；③前述两者的组合。在深究美国铝业公司的财报之前就能很明显地看出：在相关销售成本基本保持不变的情况下，销售额的下降幅度超过了5%。

幸运的是，作为年报的一部分，美国铝业公司提供了大量的额外数据，方便投资者更好地理解企业的经营状况。例如，氧化铝和铝的装运量增加了1.6%，达到14 492吨，但销售额下降了5%。该公司好像在售价上出了问题。

经过深入挖掘，发现公司铝产品的平均售价从每吨2636美元降到2327美元，降幅为11.7%。所以，该公司2012年产品销量（以吨计）比2011年还多，其销售成本基本保持不变，但它的平均售价跌幅较大——这是毛利率大幅下降的原因。

除了与前几年的业绩进行比较外，还有一点很重要：当我们看到这个孤立的数值时，如何知道13.6%的毛利率是好还是差。为此，让我们首先看看利洁时集团（卫生保健及家用产品的著名厂商），然后再看看标普500指数成分股的毛利率总体分布情况。

■ 例1-4　毛利率：利洁时集团

总部设在英国的利洁时集团（Reckitt Benckiser Group PLC），是按照《国际财务报告准则》向市场公布它的利润，它采用英式的利润表，使用"净收入"（net revenue）而不用"销售额"（sales），以术语"销售成本"代替"已售产品成本"（见表1-7）。此外，该公司直接给出了它的毛利润，这样就更易于计算毛利率：

$$毛利率 = \frac{5537}{9567} = 57.9\%$$

表1-7　利洁时集团：简略利润表　　（单位：百万英镑）

	2012年	2011年
净收入	9 567	9 485
销售成本	(4 030)	(4 036)
毛利润	5 537	5 449

资料来源：利洁时集团（2012）《国际财务报告准则》。

相应地，销售成本率就是42.1%，因为这两个数值相加永远都等于1（或100%）。当与美国铝业公司相比较时，利洁时集团这个例子向我们展示了一个"纯粹的"大宗商品生产商，与一家享有著名品牌的公司的区别：后者具有明显的议价能力。

美国铝业公司每销售1美元，只能赚15美分，与此同时，利洁时集团每销售1英镑便可获得58便士。换言之，利洁时集团的产品销价是其（直接）生产成本的两倍多。

由于毛利率很大程度上取决于所在行业，甚至在第一眼看起来似乎较低的毛利率，实际上也可能蕴含着相当好的价值，例如沃尔玛和乐购就是这种代表。所以，毛利率通常只适合于在行业内进行比较。

图1-1表现的是标普500指数成分股公司的毛利率分布。毛利率的中值是41.5%，毛利率为70%及以上的公司仅有10%。

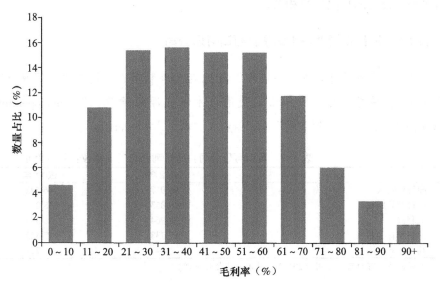

图1-1 标普500指数成分股：毛利率分布

销售和管理费用比率

在考虑直接销售成本后，也要分析像销售和管理费用（销售和管理费用比率）这类经营性支出。

$$销售和管理费用比率 = \frac{销售和管理费用}{收入}$$

这个比率表达的是主要基于固定成本的经营性支出占销售额的百分比。有时，销售和管理费用会被进一步拆分为销售费用和管理费用——这样就可以分别计算这两种费率。

销售费用多半是可变的，会随着销售额本身的大趋势走，而管理费用通常体现出一种明显的固定成本特征。由于人员和租金通常会占到销售和管理费用的大头，所以，在分析这个比率时，要重点关注工资的发展态势和租金的未来趋势。

不成比例的或过度的管理费用，通常是低效率企业的标志。考虑到这些费用的固定成本属性，它们对利润率是很大的威胁，因为对于下滑的销售量，这些相关费用很难随之进行调整。总的来说，对于任何一家公司，固定成本的水平与公司的状况息息相关。

■ 例 1-5　销售和管理费用比率：可口可乐公司

表 1-8 展示了可口可乐公司基于 2012 年简略利润表的销售和管理费用比率的计算。注意，可口可乐公司使用了术语"净经营收入"（net operating revenues），而不是"销售额"（sales）或"收入"（revenues）。

表 1-8　可口可乐公司：简略利润表　　（单位：百万美元）

	2012 年	2011 年
净经营收入	48 017	46 542
已售产品成本	19 053	18 215
毛利润	28 964	28 327
销售和管理费用	17 738	17 422
其他经营费用	447	732

资料来源：可口可乐公司（2012）《美国公认会计准则》。

$$销售和管理费用比率_{2012} = \frac{17\,738}{48\,017} = 36.9\%$$

$$销售和管理费用比率_{2011} = \frac{17\,422}{46\,542} = 37.4\%$$

尽管收入的年度增幅为 3.2%，但该公司几乎是经年保持销售和管理费用不变——这显示出可口可乐公司严格的成本管理，及明显的固定成本递减的情况。为了进一步分析，让我们看看该公司销售和管理费用的明细（见表 1-9）。

表 1-9 可口可乐公司：附注 （单位：百万美元）

	2012 年	2011 年
股票薪酬费用	259	354
广告费用	3 342	3 256
装瓶和分销费用	8 905	8 502
其他经营费用	5 232	5 310

资料来源：可口可乐公司（2012）《美国公认会计准则》。

如上所见，可口可乐公司的广告费用基本不变，装瓶和分销费用随着销售额的上升而提高。通过对可口可乐公司财务摘要的分析，可以更多地看到与销售和管理费用比率相关的一些正向的发展态势。

不过，公司年报陈述道："外汇波动使销售和管理费用减少了 3%。"这点信息很重要，因为，若排除了外汇的市场情况（这不属于可口可乐公司能掌控的范围），该公司的经营费用的增长实际上会超过其销售额的增长。考虑到所有这些情况，该公司虽然呈现出非常健康的利润率和费用比率，但还不能过于乐观地看待它 2012 年明显较好的成本表现。

并不是所有的公司都会提供这种简略利润表。例如，世界最大的咖啡连锁店星巴克在其利润表里还提供了十分详尽的费用清单。

■ 例 1-6 其他经营费率：星巴克公司

如表 1-10 所示，星巴克提供了可以计算各种比率的一组不同费用的数据。"店面经营费用"和"管理费用"的公布，考虑到了与店面相关的租金和工资的影响，这些费用可以与管理费用分开计算。相关的费率计算如下（括弧里是前一年的相关费率）：

$$\text{店面经营费用比率}_{2012} = \frac{3918.3}{13299.5} = 29.5\% \ (30.7\%)$$

$$\text{管理费用比率}_{2012} = \frac{801.2}{13299.5} = 6.0\% \ (6.4\%)$$

表 1-10　星巴克公司：简略利润表　（单位：百万美元）

	2012 年	2011 年
净收入总额	13 299.5	11 700.4
销售成本（包括租赁费用）	5 813.3	4 915.5
店面经营费用	3 918.3	3 594.9
其他经营费用	429.9	392.8
折旧和摊销费	550.3	523.3
管理费用	801.2	749.3

资料来源：星巴克公司（2012）《美国公认会计准则》。

这些数字显示了真实固定成本的递减状态：店面经营费用下降了 1.2 个百分点，显示出公司以一个更有效的方式运用它的现有资产（店面空间和雇员）。的确，这个结论的另一个佐证是该年度 7% 的可比店面销售额的增幅。同时，管理费用比率的下降表明，至少在 2012 年，在管理费用中没有产生过多额外的间接费用的情况下，该公司还能够实现收入的增长。

销售和管理费用比率分布：标普 500 指数成分股

图 1-2 表现的是标普 500 指数成分股的销售和管理费用比率的分布。中值是 21.1%。不过，这个数值的高低自然要取决于所用的商业模式类型。可

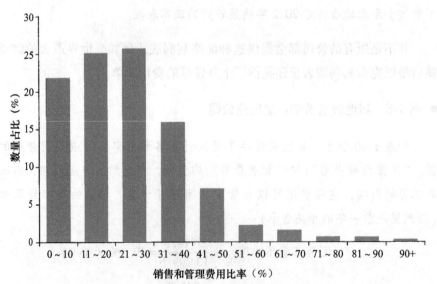

图 1-2　标普 500 指数成分股：销售和管理费用比率分布

以看到，只有12%公司的销售和管理费用比率超过了40%——当销售和管理费用一项就吃掉收入的40%时，要想有经营利润的话，就需要有很高的毛利率才行。

研发费率

创新是区分卓越公司与平庸公司的一个关键要素，技术行业更是如此。在美国，每年花在研发上的支出占其国内生产总值（GDP）的3%~4%，这强调了研发活动在该国的重要性。不过，随着全球化的出现，即使是看起来低科技的企业，也面临新兴市场低成本竞争对手的威胁，逼迫它们不断地重塑自我：如果你无法在成本上竞争，那你就得在质量和创新上竞争。这也是为什么，对于多数公司而言，无论你商业模式如何，研发费用都扮演着愈加重要的角色。

这个比率表述的是：为了创造一美元的销售额，需要投资几美分的研发费用：

$$研发费率 = \frac{研发费用}{收入}$$

■ 例1-7 研发费率：史赛克公司

史赛克公司（Stryker corporation）是全球领先的医疗技术公司之一，它制造和设计的产品包括关节置换植入物以及神经外科、神经血管和脊椎器械。

依据表1-11所示的简略利润表数据，该公司的研发费率可以计算如下：

$$研发费率 = \frac{471}{8657} = 5.4\%$$

表1-11 史赛克公司：简略利润表 （单位：百万美元）

	2012年	2011年
净销售额	8 657	8 307
销售成本	2 781	2 811
毛利润	5 876	5 496
研发和工程费用	471	462
销售和管理费用	3 466	3 150

资料来源：史赛克公司（2012）《美国公认会计准则》。

这个费率远超标普500指数成分股公司的中值1.4%（见图1-3），显示出史赛克公司对研发的重视程度。不过，这个费率在公司之间，甚至在同一行业内进行比较是有局限性的，因为享有优势谈判地位和有创新产品的企业，也许有能力拿到较高的销售价格（带来更高的销售额），反过来造成了较低的研发费率。

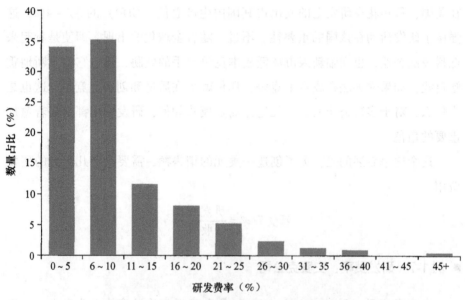

图1-3 标普500指数成分股：研发费率分布

为了弄清这个问题，让我们想象一下下面这个例子：公司A和公司B每年都在研发上花50美元。不过，公司A推出了市场领先的产品，实现了1000美元的销售额，而公司B的研发部门没能设计出创新性或引领潮流的产品，因此，该公司仅仅获得了500美元的销售额。

计算研发费率的结果是：公司A的数值是5%，而公司B则是10%。这使得公司B看起来更具创新性，但实则其反。最终说明问题的是研发费用的质量，而不是研发费用的金额。评估研发活动的质量永远是一个客观准绳，不过，就像面对某些创新一样，这种质量有时可能仅仅是一个预感或一种感觉。

有关研发费用，还有一个重要的点需要注意：《美国公认会计准则》和

《国际财务报告准则》对研发费用的会计处理方式不一样。《美国公认会计准则》一般不允许把研发费用资本化，而在《国际财务报告准则》的框架下，则余有许多腾挪的空间。

资本化意味着研发费用不直接冲抵当期销售额。因而，当它们产生的时候，它们不用被反映在利润表里，但会作为资产显现在资产负债表中，按照无形资产的使用年限进行折旧。两种方法都有道理，但由于研发费用的资本化能够人为地提高近期利润，所以，在采用《国际财务报告准则》时，应该为这种处理方式的效果进行特别的调整。

研发费率分布：标普500指数成分股

图1-3描述了标普500指数成分股公司研发费率的分布。中值是1.4%，只有30%标普500指数成分股公司每年研发费用占到其销售额的10%以上。

■ 例1-8 成本费用比率：两家公司的比较

表1-12比较了海恩斯莫里斯集团（H&M）和莱斯杰公司（Next PLC）的利润表，这两家公司都是服饰行业充满活力的公司，它们都设计时尚产品，并通过它们的全球零售店网络进行分销。

表1-12 海恩斯莫里斯集团 VS. 莱斯杰公司：简略利润表（2012）

海恩斯莫里斯集团		莱斯杰公司	
（单位：百万瑞典克朗）		（单位：百万英镑）	
销售额	120.7	收入	3 562
已售产品成本	-48.9	销售费用	(2 437)
毛利润	71.8	毛利润	1 125
销售费用	-46.6	分销费用	(269)
管理费用	-3.5	管理费用	(201)

资料来源：海恩斯莫里斯集团（2012）《国际财务报告准则》，莱斯杰公司（2012）《国际财务报告准则》。

首先，这里有一个引人注目之处：虽然两家公司都是按照《国际财务报告准则》提供各自的年报，但它们在各自的利润表里使用了不同的财务术语。不过，相关的比率还是可以如常计算。

相对于莱斯杰公司的31.5%，海恩斯莫里斯集团报告的毛利率是59.4%。然而，加总各自的销售和管理费用（即莱斯杰公司的分销费用和管理费用）得到的销售和管理费用比率分别是：海恩斯莫里斯集团为41.5%；莱斯杰为13.1%。这种差异是令人惊讶的，因为这两家公司所处的行业一样，甚至可以被视作竞争对手。

让我们回顾一下决定毛利率的那些要素。

提升毛利率的方法有两个：以较高的价格出售产品；以较低的价格外包或生产产品。海恩斯莫里斯集团的优势可能在于：由于是全球的知名品牌，所以它有较强的定价能力。不过，这两家公司的定位都是中低端市场，这意味着这还不足以解释它们之间如此巨大的毛利率差。

在成本费用方面，海恩斯莫里斯集团可能还有自己的过人之处，因为海恩斯莫里斯集团的规模是莱斯杰公司的三倍，可能享有生产的规模经济效应。不过，一般来说，只有在拿莱斯杰与普拉达（Prada）或路易威登（LVMH）比较时，人们才会想象到这种巨大的毛利率差异，但绝不会想到在相近的对手之间会出现这种情形。

要想解开这个谜，让我们仔细看看它们的销售和管理费用比率。当目光落到经营费用时，我们才有云开雾散的感觉：海恩斯莫里斯集团的定价和采买优势，让我们看到了问题所在。

如前所述，这家瑞典公司在销售和管理上的花费占到其销售额的41.5%，而莱斯杰却仅为13.1%。这两个数值（毛利率及销售和管理费用比率）显然无法解释两家公司经营效率上的落差。

答案在于这两家公司经营的商业模式完全不同：海恩斯莫里斯集团售卖产品的店铺几乎都是自己经营，而莱斯杰授权加盟的店铺占了很大的份额。普通的投资者很难看到这些差异，他们只能清晰地看到呈现于利润表的结果数据。

海恩斯莫里斯集团设计并外包其产品，然后，再以相对较低的成本把它们配送到自己的零售店，因而毛利率高。由于海恩斯莫里斯集团自己经营店铺，所以，利润表上表现出了很高的经营费用（如店铺租金和员工费用），导致了很高的销售和管理费用比率。

对于莱斯杰公司而言，它采取了不同的套路：由于它的部分店铺都是授权加盟，所以，它主要是扮演一个批发商的角色，以低价向其加盟店销售产品，这解释了它的低毛利率。由于莱斯杰公司的店铺多数都不是自己经营的，它支出的店铺租金和员工费用要少得多，导致了较低的销售和管理费用比率。

这个例子说明了一个问题：任何比率分析都必须结合商业模式分析，或者至少要仔细审视相关公司的商业模式。如上所述，如果忽略了商业模式，就无法对相关公司的各自业绩做出正确的分析结论。

税率

公司通常不会基于其收入缴纳所得税，而是基于它们的税前利润。税率表现的是纳税额与税前利润之间的比率。

$$税率 = \frac{所得税费用}{税前利润}$$

税率高低主要取决于公司业务所在的国家。与其他多数发达国家相比，美国公司通常支付的税率更高。由于英国国会通过了减税议案，英国公司在来年将会支付较低的税率：从2008年的28%降到2012年的24%，还将在2015年进一步降到20%。作为一个相关的案例，让我们比较一下雪佛龙2012年和乐购2011年12月的税率。

■ 例1-9 税率：雪佛龙公司和乐购公司

如表1-13和表1-14所示，雪佛龙公司是在一个高赋税的环境中经营——就税前利润而言，它向美国国税局缴纳高达43.2%的税负，而乐购公司（英国最大的零售商），只需向英国税务海关总署缴纳其税前利润的21.6%。

表1-13 雪佛龙公司：简略利润表　　（单位：百万美元）

	2012年
所得税前的利润	46 322
所得税费用	19 996
净利润	26 336

资料来源：雪佛龙公司（2012）《美国公认会计准则》。

$$税率 = \frac{19\ 996}{46\ 322} = 43.2\%$$

表 1-14　乐购公司：简略利润表　（单位：百万英镑）

	2011 年 12 月
税前利润	4 038
税款	(874)
年度利润	3 164

资料来源：乐购公司（2011/12）《国际财务报告准则》。

$$税率=\frac{874}{4038}=21.6\%$$

这些明显的差异强调了税率对公司的盈利能力具有绝对的影响力。在多数国家，如美国和英国，税款的计算都是基于税前利润。不过，也有例外，例如爱沙尼亚的公司就是按照它们支付的红利金额缴纳税款。由于留存利润和再投资的利润只有在它们被支付出去时，才会缴税（期间会产生复利），这种做法会对公司的盈利和现金流状况产生巨大的影响。

这里有一点需要记住：公司税率表面看起来清晰明了，但可能被其他的税收政策弄得面目全非——最能说明问题的就是纳税亏损结转的能力。这种情形常见于新公司（创业亏损）或最近重组过的公司（在前些年累积了亏损）。

鉴于公司税收制度的复杂性，以及相同经济联盟（如欧盟）中两个国家之间公司税收制度也会有巨大的差异，那么，就这些问题所带来的影响，应该直接与公司的管理层或与公司的投资者关系部门进行沟通，以便能够洞悉相关税法的内涵和未来税率的发展趋势。表 1-15 概述了全球那些具有最大资本市场的国家（地区）的公司税率情况。

表 1-15　全球公司税率

国家/地区	公司税率
巴西	34.0%
加拿大	26.0%
中国	25.0%
法国	33.3%
德国	29.5%
日本	38.0%
挪威	28.0%
俄罗斯	20.0%
瑞士	18.0%
英国	23.0%
美国	40.0%
北美均值	33.0%
亚洲均值	22.3%
欧洲均值	20.6%
拉美均值	27.6%
欧盟均值	22.7%
经合组织均值	25.3%
全球均值	24.0%

资料来源：毕马威会计师事务所（2013）。

税率分布：标普500指数成分股

图1-4表现了标普500指数成分股的税率分布——中值是41%。高于40%税率的原因多数可以归结为一些例外事件，而税率低于30%的公司，通常多数都是税收亏损结转之故。

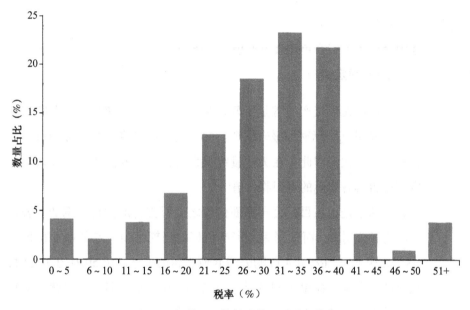

图1-4　标普500指数成分股：税率分布

1.2.2　资产负债表

资产负债表体现的是报告日当日的公司资金来源（负债）和运用（资产）情况。公司的资产、负债和股东权益以会计记账的方式呈现。换言之，资产负债表呈现的是公司所有的资产以及它们是如何得到融资的情况。由于对资产负债表每个科目意义扎实的理解对于深入的财报分析至关重要，所以，本节将会简要地解读资产负债表最重要的几个科目。

资产

资产项列示的是公司所有的资产。它们又被细分为非流动资产和流动资产——依据期限和流动性进行的归类。

非流动资产一般包括具有下述两大特征的资产：公司可以长期使用；不打算出售。它们主要是固定资产，诸如不动产、厂房和设备、长期投资以及像专利和商誉这类的无形资产。

流动资产构成了资产负债表资产项的第二部分，包含了期限最长为一年的资产，如存货、应收账款、现金以及短期投资。

下述内容概述了资产负债表资产项最重要的头寸。

非流动资产/固定资产

- **无形资产**：无形资产通常是所购权利、专利、软件和版权。在特定情形下，采用《国际财务报告准则》的公司，可以将公司内部创造的无形资产资本化。因此，在头寸量级很大时，明智的做法是，确认这些资产是否具有实际的可回收价值。

- **商誉**：商誉是指在目标公司账面价值之上所支付的溢价。例如，公司A收购了公司B，而根据后者资产负债的当期估值，它的账面价值为5000万美元。当公司A收购公司B所支付的价格高出5000万美元时，就会产生商誉。如果公司A支付了7000万美元，那么，它就必须在自己的资产负债表上记上2000万美元的商誉。

    依据国际会计准则，需要采用传统的估值方式，对这项资产进行年度减值测试。如果这项估值的结果低于资产负债表上所列示的价值，那么，就要做一次特殊的折旧（称作减值），这对利润和股东权益会有负面影响。不过，就像正常的折旧一样，这些冲销都是非现金科目。在这种情形之下，非现金科目是指，虽然有一笔支出记录在了利润表上，但实际上，没有资金离开公司。

    具有大量并购活动的公司，其资产负债表上通常会有大额的商誉。在多数情形下，这类公司蕴含着一项巨大的风险：资产的高估。

- **不动产、厂房和设备**：这些资产包括工厂、分厂、车队、设备和地块。在工业企业中，这是资产负债表上最大的科目。

- 金融资产：金融资产是公司永久持有的有价证券。它们主要是财务应收账款、长期证券以及在第三方公司的少数权益投资。原则上，如果它们不是被企业永久地用于商业活动，那么，金融资产也可以被视为流动资产。

流动资产
- 存货：存货由三个子类构成：
  - 原料和间接物料
  - 半成品
  - 成品和待售商品

  原料和间接物料是生产成品所需的东西，如螺丝或润滑油。半成品是仍然处在生产流程中的产品，还无法进入渠道或销售。
- 应收账款：这个科目涵盖了公司所有的被第三方占用的应收账款。如果一笔应收账款被归为有违约风险，那么，它就需要进行相应的减记并做公允估值。有关迄今为止应收账款的欠款情况和涉及应收账款的必要减记事宜，在财报的附注中会有进一步的相关信息。
- 现金和现金等价物：现金包含了公司的现金持有、银行存款和支票。这个科目与短期证券（如货币市场基金）一起构成了资产负债表的流动资金。同时，它也被称作"现金头寸"。

权益和负债总额

权益和负债总额是公司资产的来源，并揭示出公司资产是如何获得资金的。

让我们假设：购买一处价值50万美元的私人不动产，所用资金一半来自自有资金，一半来自借贷资金。在建筑工程完成之后，买方的资产负债表显示资产为50万美元，权益和负债各显示为25万美元。所以，资产负债表的权益项和负债项概述了这项资产是如何通过权益和负债融资的。

原则上，资产负债表中权益和负债的一端被分为公司的自有资金和负债。而负债则被细分为长期负债、短期负债和准备金。

长期负债的期限在一年以上。相对的是，短期负债是必须在一年之内偿付的债务。除了养老金外，准备金通常是短期负债的一部分，因为预期的支付都会发生在一年以内。

借入资金与资产的差额就是净资产或股东权益。在上述不动产的例子里，净资产是25万美元，因为这是该项不动产的价值减去负债后的剩余金额。如果该不动产的价值跌到30万美元，那么，权益总额就会降到5万美元，因为该价值缩水的房产仍然需要背负25万美元的负债。

股东权益

股东权益是总资产减去所有负债后的剩余部分。作为剩余价值，股东权益（不同于借入资金）是公司可以无限期使用的资金。在一个合并资产负债表里，股东权益被细分为下述部分：

- 股本；
- 留存利润；
- 其他综合收益；
- 库存股；
- 少数股东权益。

股东权益的规模取决于股东提供的资金和留存利润。股本构成了股东权益的基础，相当于已在外发行的股份的面值和这些股份面值之上的溢价部分（额外缴付的资本）。留存利润的主要构成是：尚未支付但在随后某个时点上会派发给股东的利润。库存股是指在公开市场回购的自家股份——要从股东权益中减去。最后，完整的权益总额还需要加上非控股的少数股东权益。这个头寸代表了完全合并的集团子公司的少数股东权益主张。

股东权益相当于一家公司的账面价值。如果一家公司即将关闭，并以资产负债表上的价值出售所有资产，并偿还所有债务，那么，股东权益就是所剩的价值。

权益变动表能让我们透视一年间股东权益的变动情况。除了净利润外，影响权益总额的主要是股票的发行、回购和红利的派送。另外，权益变动表还显示了其他的综合收益（包括没有记录在利润表里，但直接冲抵股东权益的支出和收入科目）。在本章的结尾，有权益变动表的详细阐述。

短期负债/流动负债

- 应付账款：应付账款是商业信贷，是公司供应商所供产品的未付票据。虽然这个头寸的上升会增加负债，但它不是一个负面的东西，因为公司可以借此少用自己的资金，直至随后某个时点支付了票据为止。在运营资本的管理上，短期负债具有特别的意义，第4章会谈论这个问题。
- 应付票据/商业票据：应付票据是期限不超过一年的带息债务。根据情形的不同，它们可能是即将到期的债券或短期银行贷款。另外一种非常重要的应付票据是商业票据，它们主要都是为短期融资需求而发行的，期限不超过270天。

长期负债

- 银行贷款、长期债务、计息贷款：长期负债是期限超过一年的计息贷款。这个科目的构成通常是银行贷款和其他长期债务。总的金融负债是所有长期和短期计息负债的总和。所有的年报都会在附注部分列示一些相关的细节，如利率、货币、期限结构和不同债务工具的其他细节。有些资产负债表明确地把长期负债分列为银行信贷、贷款、债券或类似科目。
- 准备金：准备金是作为一种备抵而设立的，以备出现的经济流失风险（它的可能性和规模都无法完全量化）。它们包括担保准备金、未决诉讼准备金或纳税准备金。基于准备金的类型和期限，它们也可以被归为短期负债。养老准备金是另外一种非常重要的资产负债表头寸，特别是对于历史悠久的公司来说。通常，养老金所产生的负债以净额形式列报，冲抵这种负债的资产是为满足未来养老金支出而预留的累积养老金资产。

1.2.3 现金流量表

假设你在经营一家酒吧。当你的常客又一次差钱的时候，你让他们把所消费的饮料钱"记在账上"。你因此而创造了收入，但这种行为并不会为你带来资金的流入。这意味着，你没有流入的资金来支付新产品的采购、雇员的工资和水电费。虽然这个问题不会体现在利润表上（饮品赊账被视作收入），或仅仅是一个延期支付，但它在现金流量表上是直接可见的，因为利润表上显示的净利润是根据公司实际（尚）未收到资金流入这项事实进行调整的。

现金流量表是所有财报分析的核心。由于利润表没有调整非现金项目，所以，仅有现金流量表显示了会计期进出公司的真实现金流。

非现金支出是支出，但不是支付。例如，证券价值的冲销、减记以及为潜在支付而备的准备金（如未决诉讼），这些是在以后某个时点才发生的。而且，还要考虑到尚未收回的应收账款和（还未售出的）存货的投资。

现金流量表被分为三个部分：

- 经营性现金流；
- 投资性现金流；
- 筹资性现金流。

这些现金流的核算结果就是会计期末手头现金的变化情况。表 1-16 展现的是一张典型的简略现金流量表。很像资产负债表和利润表，现金流量表也没有完全标准化。例如，有些公司把它们支付的利息列在经营性现金流一栏，而其他公司则把它列在筹资性现金流一栏。因而，在做分析之前，应该小心地审视和调整现金流量表。

表 1-16 现金流量表：概览

净利润
+折旧
+/-准备金变动额
+/-其他非现金支出/收入
+/-运营资本净值变动额
=经营性现金流
-在不动产、厂房和设备及无形资产的投资
-收购所支付的款项
+撤出的投资
=投资性现金流
-偿还债务款项
+通过借款收到的款项
-回购自己的股份
-红利的支付款
=筹资性现金流

在做行业企业比较的时候，这非常重要！

经营性现金流

经营性现金流是通过调整利润表中的非现金科目和净运营资本的变动值来计算的。运营资本的变动很正常，因为追加运营资本（如库存）是必需的（尤其是在公司的成长期），这样才能实施和扩张经营业务。由于在产品售出前，企业经营活动都是现金流出，所以，它必须被记录在经营性现金流一栏。

这个流程类似面包师的工作：他首先得购买原材料（现金流出），然后将其加工为成品（绑在运营资本里的现金），最终售出（现金流入）。

类似地，应付账款减少（换言之，支付了供应商票据），会减少经营性现金流，因为相应数量的现金已经流出了公司。相反，如果以赊账的方式采购大量的原料或产品（应付账款增加），会对经营性现金流产生正向影响。所以，应付账款可视为公司供应商给予的免息信贷。

类似的还有应收账款变化的处理方式。如果应收账款增加，收入会更高，也许还可以计入利润，但相应的发票还没有得到支付。因此，必须就应收账款的增加，对净利润进行相应的减记，因为公司尚未收到已经创造的收入。净运营资本的计算方法如下：

$$净运营资本 = 应收账款 + 存货 - 应付账款$$

净运营资本变动值（与现金流量表相关）的计算方式是用本期的净运营资本减去前一年的净运营资本。不过，由于会计方法的特殊性，资产负债表上的运营资本变动值和现金流量表上的运营资本变动值无法完全匹配。

对现金流量表有影响的另一个因素是折旧（指已购资产在生命周期里的损耗）。它不代表实际的现金流出（这是在采购/付款时发生的），只是要在现金流量表做相应的调整。表 1-17 展示了经营性现金流的详细计算方法。

表 1-17 经营性现金流量表

净利润
+/-折旧/升值
+/-准备金的增减
+/-存货的减增
+/-应收账款的减增
+/-供应商信贷的增减
经营性现金流

■ 例 1-10 经营性现金流

表 1-18 展示的是思拜雪公司（Specious Inc.）2009 年 12 月 31 日的资产负债表。

表 1-18　思拜雪公司：资产负债表　　　（单位：美元）

资产		负债	
存货	400 000	股东权益	500 000
现金	100 000	负债	0
资产负债表总额	500 000	资产负债表总额	500 000

思拜雪公司用赊账的方式把所有的存货以 50 万美元的价格卖给了一位客户。这笔交易已经发生，但还没有收到货款。而且，在这一年的过程中，有关雇员和租赁的固定成本为 7 万美元。表 1-19 列示了该公司 2010 年的利润表。

表 1-19　思拜雪公司：利润表　　　（单位：美元）

	2010 年
收入	500 000
销售成本	400 000
固定成本	70 000
净利润	30 000

虽然已经获得了相当可观的利润，但没有资金流入公司，因为存货是按赊账出售的。随后很快，客户和债务人在 2011 年宣布破产。可是，这无法在该公司的利润表上看到，因为会计记录的 **50 万美元的应收账款已经转换成了 50 万美元的收入**——这里没有考虑到实际的现金流状况。

仅在下一年的财报里，才能看到客户破产的情形——此时，才会对该笔应收账款做冲销。不过，明智的投资者可以通过研读 2010 年的现金流量表（见表 1-20），注意到思拜雪公司岌岌可危的状况。

表 1-20　思拜雪公司：现金流量表　　　（单位：美元）

	2010 年
净利润	+30 000
存货变化值	+400 000
应收账款变化值	-500 000
经营性现金流	-70 000

这张简略现金流量表依据应收账款和存货的变化值来调整净利润。在这个例子里,应收账款增加了 50 万美元,占用了更多的资金。同时,存货减少了 40 万美元。在年底,思拜雪公司展示的经营性现金流的流出额为 7 万美元,而利润却只有 3 万美元。

若在来年没有新的销售额,该公司将无法支付 7 万美元的固定费用,因为可用现金已经从 10 万美元下降到了 3 万美元。这家公司正面临着破产。虽然这个例子简化了不少东西,但在现实中不能低估这些可能性。第 4 章介绍了如何在早期识别这种类似倾向的相关比率。

说一千道一万,每家公司都是凭借其创造现金流的能力生存和发展的。由于这个缘故,本书的焦点集中在现金流量表上,这正是不少市场参与者所忽略的。

■ 例 1-11 经营性现金流:家乐氏公司

家乐氏公司(Kellogg Company)是一家大型的即食麦片和方便食品生产商。这个例子旨在设法解读现金流量表的用途和分析。表 1-21 列示了 2012 年家乐氏公司的经营性现金流。

表 1-21 家乐氏公司:经营性现金流 (单位:百万美元)

	2012 年
净利润	961
调整——把净利润调整为经营性现金流	
折旧和摊销	448
退休福利计划支出	419
递延所得税	(159)
退休福利计划缴入款	(51)
经营资产和负债的变化值——扣除收购的相关值	
存货	(80)
应收账款	(65)
应付账款	208
其他	53
现金净额——经营活动提供或使用的	1 758

资料来源:家乐氏公司(2012)《美国公认会计准则》。

就 2012 财年,家乐氏公司公布的净利润为 9.61 亿美元。在推算该年的经营性现金流时，这个业绩指标是一个基数。首先，在 9.61 亿美元净利润之上加上折旧和摊销的 4.48 亿美元，因为后者是一种与现金支出无关的费用。其次，在净利润之上，还要再加上属于退休福利计划支出的 4.19 亿美元，因为这些是迄今尚未有现金流出的费用（这是公司对退休雇员健康医疗和福利计划的资助），这个头寸在 2012 年特别大，因为该公司改变了对退休福利计划做账的方法。

如大家所见，虽然折旧和退休费用出现在公司的利润表上，但没有对它的现金流状况产生负面影响。不过，家乐氏公司必须向其资金不足的退休计划投入 5100 万美元，这是现金流出，但不是利润表上的一笔费用，而是现金流量表上的一个负数（在括弧里）。家乐氏公司还有一笔 1.59 亿美元的现金流出——与递延所得税相关。这是因为该公司于 2012 年先支付了部分递延税负。由于这个头寸之前已经被支出，所以，它没有出现在本年的利润表或净利润里。

在这些十分技术性的调整之后，下一步就轮到了经营资产和负债的变化值。这些变化值更为通用的叫法是流动资金需求，代表了与企业日常经营相关的资金进出：如果公司想要增长，它就必须采购更多的存货，这个结果就是资金的暂时流出。

在家乐氏公司的例子里也能看到这种效应：家乐氏公司增加了它的库存，因而记录了一笔 8000 万美元的资金流出。由于不断增长的应收账款，该公司还产生了一笔 6500 万美元的资金流出。这意味着该年所有的收入实际上尚未全部到账——考虑到这一点，它的经营性现金流必须相应减少。

为了应对这些资金外流情况，公司增加了 2.08 亿美元的应付账款，或说得更直接一些，它延后了对供应商的付款。这是公司常常采取的一种策略——设法通过增加应付账款的方式来冲销不断见长的存货和应收账款。

总的来看，公司录得的经营性现金流为 17.58 亿美元，远超 9.61 亿美元的净利润——净利润和实际收到的现金流的差异很重要，因为前者只是一个会计编算的数字。不过，收到的资金并不能由公司全部随意支配，因为公司经营的维护、现代化和扩张还需要资金投入。这些支出公布于现金流量表的第二部分：投资性现金流。

投资性现金流

经营性现金流提供的流入资金是来自相关的经营业务，而投资性现金流则涵盖了与投资和剥离长期资产相关的流出和流入资金。在现金流量表的这部分，用于不动产、厂房和设备的资本支出通常是单个最大和最重要的支出。投资金额以负号开头（因为资金流出），而剥离出售资产金额则以正号开头（由于资金流入）。

就原则而言，剥离资产这种事应该被认真审视，因为公司可能正在出售能创造现金流的资产，也就是有价值的资产。不过，就像我们要对公司进行全面分析一样，我们也要考虑单个项目的具体情况。从亏损业务中撤资，应被视作正向的行为。

类似地，减少固定资产投资使得公司手里有更多可用资金，但一般而言，要想保持竞争力并增加市场份额，投资是必要的。很少有其他活动像资本支出那样，能在企业未来成功中扮演如此重要的角色。在这方面，除了解读数据外，直觉和本能特别重要。

就某种特定的经济效应而言，我们通常从常识中得到的会比从公式得到的更多。依会计方式的不同，投资性现金流还包括期限超过三个月的金融资产（如固定期限的存款）的进出款项。由于它们不是真正意义上的投资，投资性现金流量表应该针对这些金额进行相应的调整。

■ 例 1-12　投资性现金流：家乐氏公司

就结束于 2012 年的财年而言，家乐氏公司公布了如表 1-22 所示的投资性现金流情况。

表 1-22　家乐氏公司：投资性现金流　（单位：百万美元）

	2012 年
追加的不动产	(533)
收购，扣除所得现金	(2 668)
其他	(44)
现金额——投资活动提供或使用的	(3 245)

资料来源：家乐氏公司（2012）《美国公认会计准则》。

在 2012 年，该公司有 5.33 亿美元投资于不动产、厂房和设备以及无形资产。对于制造业公司而言，这些支出通常既包括新厂房、机器、车辆的投资，也包括软件和知识产权的投资。这种支出一般被称为资本支出（英文缩写"CAPEX"）。除了资本支出外，家乐氏公司还花了 26.68 亿美元收购了品客公司（Pringles），一家曾归宝洁公司所有的薯片零食制造商。总体来说，该公司在投资活动中支出了 32.45 亿美元。

■ 例 1-13 投资性现金流：苹果公司

在进入现金流量表的最后一部分之前，让我们快速浏览一下苹果公司（Apple Inc.）2012 年投资性现金流的情况。与其他许多公司相比，苹果公司的投资性现金流看起来不同凡响（见表 1-23）——它的经营性现金流是 508 亿美元，且现金和短期证券超过了 1200 亿美元！

表 1-23 苹果公司：投资性现金流　　（单位：百万美元）

	2012 年
购买流动性证券	(151 232)
来自到期流动性证券的进项	13 035
来自流动性证券出售的进项	99 770
与企业收购相关的支付款，扣除现金	(350)
不动产、厂房和设备的购置	(8 295)
无形资产的购置	(1 107)
其他	(48)
用于投资活动的现金	(48 227)

资料来源：苹果公司（2012）《美国公认会计准则》。

2012 年，苹果公司购买了价值 1512 亿美元的证券。该公司还收到了 130 亿美元的到期债券类投资，以及另外一笔 997 亿美元证券出售的进项。这些数字看起来的确惊人，但它们与现金流量表分析几乎没有什么关联。在这些交易里，它们仅仅是用现金交换债券类的证券，以及相关的反向交易。

不过，从技术上讲，这些交易都被记作投资活动，因为苹果公司把它的现金投到了长期证券上——在年底的时候，这些东西不能以现金和现金等价物的方式公布，最终只能以现金流出的方式体现在现金流量表上。

就分析目的而言，这里相关的头寸是不动产、厂房/设备的购置以及无形资产的购置。这些加总起来，构成了 2012 年苹果公司的资本支出和真实的投资性现金流的流出。

筹资性现金流

经营性现金流和投资性现金流之间的差额，就是本期的自由现金流：

$$经营性现金流 - 投资性现金流 = 自由现金流$$

自由现金流表述的是：为了确保和提升公司业务竞争力，实施了必要的维持性投资和资本支出之后的经营性现金流入。自由现金流可用来支付红利、回购自己的股份和偿付贷款。如果某段时期的投资额大于同期的经营性现金流入额，那么，自由现金流就是负数。这个短缺可以通过借款或手头已有现金来弥补。从数学的角度看，在计算自由现金流时，人们必须留意代数符号，因为作为现金流出的投资通常有一个负号前缀。在上述公式里，已经把投资性现金流转化为了一个正数。

■ **例 1-14 自由现金流的计算：家乐氏公司和苹果公司**

就上面我们讨论过的家乐氏公司的例子而言，它 2012 年的自由现金流金额为：

$$自由现金流_{家乐氏} = 17.58 亿 - 32.45 亿 = -14.87 亿$$

由于家乐氏公司没有依照常规的方式寻求并购，所以，可以把 2012 年对品客公司的大规模收购视作一个例外之举。因此，将经营性现金流与资本支出进行比较，能更好地衡量家乐氏公司的现金流创造能力：

$$自由现金流_{家乐氏} = 17.57 亿 - 5.33 亿 = 12.24 亿$$

这个数值基本上代表了该公司真实的现金流——考虑到了维持公司成长所必需的投资。如同这个例子所示，哪些是要从经营性现金流中减去的资本支出，最终对自由现金流有着巨大的影响。因而，要特别关注资本支出的当期和未来的构成。

同样的道理也适用于苹果公司。按照传统的公式，无法得到有用的数值，因为内部投资科目扭曲了投资性现金流的含义。在这个例子里，明智的做法是仅考虑用于不动产、厂房和设备以及无形资产的资本支出。

$$自由现金流_{苹果}=508亿-83亿-11亿=414亿$$

■ 例1-15　筹资性现金流：家乐氏公司

下面的现金流量表（表1-24）显示，家乐氏公司2012年的自由现金流（负数）用于以下几个方面。

表1-24　家乐氏公司：筹资性现金流　（单位：百万美元）

	2012年
应付票据（短期）的净增（减）	779
应付票据（长期）的开立	724
应付票据的减少	(707)
长期债务的发行	1 727
长期债务的减少	(750)
普通股的净发行	229
普通股的回购	(63)
现金红利	(622)
净现金——通过筹资活动提供或使用的	1 317

资料来源：家乐氏公司（2012）《美国公认会计准则》。

该公司7.79亿美元的现金流入来自短期借款，另一笔7.24亿美元的现金流入额来自长期票据的开立。同时，公司偿付了7.07亿美元的应付票据。最大的一笔现金流入来自长期债务的发行（最可能的形式是银行贷款）。

此外，该公司发行了价值2.29亿美元的普通股——作为现金流入额入账。通常，采用这种簿记方式有两个相关的原因。第一个可能的原因是，该公司通过增发的方式，向现有股东或外界投资者发行新股。第二个可能的原因是公司用新发股票而非现金支付奖金。由于后一种明显是一笔费用，但没有导致现金流出，所以在现金流量表上是要加回来的。不过，通常来自股票薪酬的影响会表现在经营性而非筹资性现金流上。所以，在这个例子里，提到的第一个原因应该是最有可能的。

在证券市场上，该公司回购了价值6300万美元的自家股票，而且，最后还支付了6.62亿美元的红利——这是一笔现金流出。

把它们全部归总，该公司的筹资性现金流中净现金流入额为13.17亿美元——主要是借款增加所致。用心的读者不会因此而感到惊讶，因为该公司在资本支出和品客公司收购上的支出，超过了它通过经营活动所创造的现金流（参阅第一个自由现金流计算内容）。

因此，家乐氏公司面临着两个选择：为了平衡自由现金流的赤字，要么使用手头已有的现金，要么增加借款金额。家乐氏公司选择了后者。的确，筹资活动13.17亿美元的流入额，几乎与14.8亿美元的负自由现金流金额相当。

加总三部分不同的现金流，得到当期总的现金流入或现金流出额（见表1-25）。

表1-25 家乐氏公司：现金流汇总 （单位：百万美元）

	2012年
（A）经营性现金流	1 758
（B）投资性现金流	(3 245)
（C）筹资性现金流	1 317
（D）现金及现金等价物的变化值	(179)
（E）期初现金及现金等价物	460
（F）期末现金及现金等价物	281

资料来源：家乐氏公司（2012）《美国公认会计准则》。

如上表所列，现金及现金等价物的变化值（D）可以通过加总（A）+（B）+（C）得到。总的来看，该公司在现金及现金等价物上是减少了1.79亿美元（900万美元的差异来自汇率影响）。在年初，现金余额是4.6亿美元，而家乐氏在年末时却只有2.81亿美元——追加的借款并没有完全地平衡负的自由现金流金额。

流动资产（如现金及现金等价物）列在现金流量表的最后，因为它们已经列在资产负债表了。表1-26展现了这一点。

表1-26 流动资产变动状况

流动资产——1月1日
+/-经营性现金流
+/-投资性现金流
+/-筹资性现金流
=流动资产——12月31日

若出现了诸如过度借款或不寻常的资产剥离的情况，这些科目的代数符号就会发生变化。因此，在现金流量表的分析中，应该时时关注公司的当期发展。例如，公司总部的建设会导致高额的投资——不过，这只是一个暂时性的事件。极端的情

形是，通过借入资金完成的大型收购，会导致现金流量表上不同的部分出现极端的数值。类似的例子（并不罕见）是 2008 年比利时啤酒集团英博（InBev）收购了安海斯-布希公司（Anheuser-Busch）。

■ 例 1-16　现金流量表：英博

2007 年，英博（InBev）的现金流量表显示的都是正常值（见表 1-27）：经营性现金流是正的，英博公布了一笔投资性现金流出（是必要的资本支出），而且，筹资性现金流也是负的（主要是派发了红利）。2008 年，情形发生了变化，因为超过 400 亿美元的安海斯-布希公司的收购价使得整个现金流量表都被扭曲了。

表 1-27　英博：简化的现金流量表　（单位：百万美元）

	2008 年	2007 年
经营性现金流	4 189	4 064
投资性现金流	(42 164)	(2 358)
—其中：资本支出	(1 640)	(1 440)
—其中：收购	(40 500)	(920)
筹资性现金流	38 421	(970)
—其中：借款	35 142	366

经营性现金流仍然是正的，因为这个收购并不影响英博的日常业务，但作为投资性活动的部分却流出了 421.6 亿美元，其中的 405 亿美元是用于这次收购。为了弥补这个自由现金流的缺口，该公司的借入的资金超过了 350 亿美元。作为筹资活动的一部分，流入的资金总额为 384 亿美元——在年末，使得现金流的情况得到总体平衡。

■ 例 1-17　现金流量表：苏富比拍卖行

根据所处行业和所用会计准则的不同，现金流量表的形式和结构会有明显的差异。实际上，现金流分析的增值部分主要是：依据实际的商业模式，对数据进行正确解读。所以，这里有一个基本前提要求：对相关业务及其商业模式要烂熟于胸。下面详尽的分析案例是梳理世界著名拍卖行苏富比的现金流量表。

苏富比（Sotheby's）的核心业务是拍卖各种形式的艺术品。该公司的创收方式是收取卖家的服务费，收取买家拍品价格的一定比例的佣金。除此之外，苏富比也充当艺术品经纪人、融资者和许可授权人的角色。在该公司财报的介绍部分，可以找到这种基础性的知识，而且，它对理解随后的现金流量表很重要。

表1-28是该集团财务报表的一个摘录。出于简洁性的考虑，省略了不太重要的头寸，因此，加总的数字是不完整的。现金流出数字以括弧标示，现金流入数字没有括弧。

表1-28 苏富比：经营性现金流 （单位：百万美元）①

		2009年	2008年	2007年
A	净（亏损）利润	**(6 528)**	25 456	213 139
B	折旧	21 560	24 845	22 101
C	出售业务收益	(4 146)	—	—
D	减值损失	—	13 189	14 979
E	股票薪酬	20 568	30 396	28 163
F	资产和负债的变动值			
G	应收账款	178 670	198 020	(443 307)
H	应付寄拍账款	(74 472)	(301 073)	200 080
I	存货	35 857	(20 923)	(84 859)
J	应付账款	(42 304)	(73 563)	33 746
K	经营性净现金流	**158 521**	**(175 478)**	**(37 145)**
L	应收账款和寄拍预付款的垫资	(152 179)	(377 216)	(306 241)
M	应收账款和寄拍预付款的收取	179 289	371 388	352 381
N	资本支出	(100 879)	(74 192)	(17 398)
O	投资性净现金流	**(65 789)**	**(83 708)**	**163 740**
P	循环信贷额度借款进项	—	390 000	
Q	循环信贷额度借款偿付		(390 000)	
R	3.125%可转换优先级票据进项	—	194 300	
S	7.75%优先级票据进项	—	145 855	
T	已支付红利	(20 434)	(40 651)	(33 326)
U	筹资性净现金流	**(24 246)**	**170 255**	**(695)**
V	汇率影响	(375)	(5 854)	1 259
W	现金及现金等价物的增（减）	68 111	(94 785)	127 159
X	期初现金等价物	253 468	348 253	221 094
Y	期末现金及现金等价物	**321 579**	**253 468**	**348 253**

① 原文单位疑有误，单位应为千美元。——译者注
资料来源：苏富比（2012）《美国公认会计准则》。

苏富比：经营性现金流

现金流量表始于相关业务年度的净利润A。由于苏富比2009年公布的是净亏损，所以，这个金额出现在括弧内。作为已产生的折旧，头寸B用以弥补上述赤字。尽管是一项支出，但折旧费不会引起实际的现金流出，因而被加了回来。出售业务收益C形成现金流入，但不被视作经营活动的一部分，因而被从这个计算中移除。

现在，可以在投资性现金流部分的子科目中找到这一项。利润表并不区分正常经营利润和非正常经营利润（股票投机、保险结算和出售财产等），而现金流量表却根据它们的属性安排它们的分类排序。在D项中，减值损失被加了回来——和B项类似。在美国，有一个通行的做法：用公司的股份奖励员工E。这个头寸也被调整回来，因为这种形式的薪酬不会有实际的现金支出，但在此前的利润表里已被记作一种费用支出。

下一步要调整运营资本的变化F。首先，录入应收账款的变化值。该表显示该公司有更多的流入资金，因为结算的应收账款要大于新增的应收账款。这部分要归功于良好的运营资本管理水平，但部分原因在于全球艺术品市场的急剧下滑。

表1-28显示：在一个下行的市场上，公司回收应收账款的速度加快了，同时，新增的应收账款极少。至少在短期内，这种好处是占用的资金被释放出来，可以用于偿还债务，或为公司进一步成长提供血液。

看看2007年的相关数字，在全球艺术品泡沫的高峰期，苏富比相关的金额是负的4亿多美元。彼时，公司的业务量强势增长，随之而来的是高额的垫付资金：许多客户走苏富比的拍卖通道，却滞后支付相关费用。

头寸H清晰地反映了应付账款的状况，呈现的是仅仅会出现在拍卖行现金流量表上的独特科目。科目"应付寄拍账款"记录的金额是苏富比必须转给艺术品卖家的资金。因此，在其资产负债表中短期债务的科目下，可以找到对应的头寸。

商品流转：卖家→苏富比→买家

资金流转：卖家←苏富比←买家

如果这个头寸减少,那么从技术上讲,苏富比清理了它的债务。在实践中,公司从买家收回了应收账款,留下相应的价差,把买价的剩余部分转给卖家。所以,在苏富比的例子里,应收账款的减少总是和"应付寄拍账款"项下的资金流出联系在一起。认识到这种业务层面的知识,对于具有附加值的分析是十分关键的。

通常,存货 I 是资产负债表和现金流量表上的一个重要的成分。不过,由于苏富比常常扮演中介及自己艺术品的经纪角色,自己掌控的艺术品数量小,所以,存货的变化对其现金流的影响不大(同样的逻辑适用于应收账款)。如果存货增加,占用的资金就会越多;如果存货减少,就会释放出资金。相应地,存货在2007年和2008年增加了。不过,在2009年,存货减少了3580万美元,因而,资金流回了公司。

头寸 J 包含的是应付账款。如果这个头寸增加,该公司手里会有更多的可用资金——与应收账款相反。由于该公司独特的商业模式,"应付寄拍账款"本质上扮演的是流动负债的角色。

加总头寸 A~J 得到的是经营性净现金流 K。2009 年,苏富比的经营性净现金流入量是 1.58 亿美元——面对该期净亏损的情况,这个数字还是令人感到惊讶!当与 2008 年和 2007 年进行比较时,引人注目的是:在这些年份里,该公司没有经营性现金流的流入金额,只有现金流出金额。

这表明:在繁荣期,运营资本的投资额常常超越了实际的利润额,从而使经营性现金流为负值,而且,一直会到增长的温和期或下降期,实际的资金流入量才会出现。这清楚地说明:业务的增长会占据大量的资金——随后,公司就无法用它们来做进一步的投资。

所有这些相关的信息都是无法从利润表中获取的,因为就公司及其商业模式的内涵而言,利润表给予的信息是非常有限的。

苏富比:投资性现金流

类似于经营性现金流,苏富比有些投资性现金流头寸与正常的工业企业不同。由于苏富比为某些拍品提供部分资金垫付 L——在拍品拍出前,它会基于拍卖价,给卖家一笔很小金额的资金,所以,这笔钱必须事前筹集。头寸 L 表现的是划拨给卖家的金额，M 表现的是拍卖后，这笔资金的"回收"。

L 项和 M 项的金额几乎是一样的，原因在于这些交易的最长期限（从融资到结束）都不超过 12 个月。根据其年报的追加信息，这些交易应该在一定的时间期限内结束，因而，在资产负债表的截止日几乎产生不了什么影响。

与业务相关的关键投资"资本支出"，2009 年是 1 亿美元，而前一年则是 0.74 亿美元。与相应年份相关的现金利润是 0.15 亿美元和 0.50 亿美元（净利润+折旧）相比，这个固定资产投资水平是令人担忧的。看起来，该公司的投资额超过了它从经营活动中得到的现金。

在这个例子里，是公司一座正在进行施工的大型建筑产生的畸形影响。相比对而言，该公司过去 5 年的财报显示，它的年平均资本支出是 0.10 亿～0.15 亿美元，这应该被视作正常的区间值。为了避免出现这种误解，审核若干年的财报是很有必要的。

加总 L～N 各项，得到的是投资性净现金流——通常都是负数，因为这些资金已经投了。

苏富比：筹资性现金流

就头寸 P、R 和 S 而言，每一项都和借款及贷款的偿还 Q 相关。T 项标示的是那个财年所派发的红利。加总 P～U 各项，得到的是筹资性现金流整个的流入或流出现金。

加总 K、O、U 这三类现金流，同时，考虑到汇率波动的影响 V，得到的是本期期末现金及现金等价物 W 的整体变化。因而，在 12 月 31 日，相应的现金及现金等价物的期终余额 Y，是 1 月 1 日现金及现金等价物期初余额 X，加上该年现金及现金等价物变化值 W。

现金是每家公司的生命血液，现金流量表是它的血压测量仪。没有稳定和足够的现金流，采购、生产、推广和分销（企业的经营活动）就不可能实施。事实上，通过投资性和筹资性现金的流出情况，认真审视经营性现金流的流入量，现金流量表可以让我们洞悉公司的经营现状及其健康程度。

1.2.4 权益变动表

权益变动表是财报的一个组成部分——它表现的是股东权益在特定财年详细的变动情况。除净利润、红利支付、股份回购、资本认缴和其他综合因素外,利润也会对资产负债表公布的股东权益产生影响。权益变动表(以表格形式)列示了这些因素对股东权益的各构成部分(如资本金、留存利润、其他综合所得和库存股)产生的影响。此外,通常列示的科目还有少数股东权益的变化。

1.2.5 附注

附注部分的作用有二:更详尽地解读资产负债表和利润表的某些头寸;为财报增加背景资料,以便读者更清楚地理解财报。附注的第一部分始于财报使用的会计准则或估值标准,并阐述并表的基准。它还会指出不同于前一年会计方法的某些变化。下一节会进一步解读资产负债表和利润表上的一些相关头寸。表 1-29 列示的附注都是有益于深度财报分析的科目。

表 1-29 重要的附注和追加信息

头寸	解读
每股收益(EPS)	每股收益的计算和发行在外的股份数量
分类报告	收入及其结果分布
财务结果	财务结果的构成
税负支出	预期和实际的税负支出
无形资产	账面价值、增值、处置和摊销
固定资产	账面价值、增值、处置和摊销
存货	构成和折旧
应收账款	应收账款结构和减值
债务支付计划	期限结构、数量、币种和利率
追加的租赁数据	期限、租金支付、类别

分类报告

在表 1-29 列示的科目中,分类报告信息和债务支付计划具有特别的相关性,将会在后面进行更详尽的阐述。分类报告提供下述相关信息:销售额、利润数以及其他关键数字(与特定经营业务类别相关)。这种分类可以是基于地理区域、产品组合,或基于子公司(在集团形态下)。

对一家公司进行财务评估的关键比率(将会在之后章节阐述),也能在部门层面适用。通常,公司的各经营部门有着不同的利润率和销售业绩。一份详尽的部门报告能让我们了解它的全貌,并有助于识别公司内部的价值驱动要素,同时,还能间接地帮助公司发现自己的优势和劣势。这就是部门分析在公司的评估过程中能扮演重要角色的原因。

■ 例 1-18 分类报告:亨得利控股

为了就如何解读分类报告有一个初步印象,让我们看看2012年亨得利控股(Hengdeli Holding Limited)(瑞士豪华表亚洲最大零售商)的财报(见表1-30)。

表 1-30 亨得利控股:分类报告 (单位:百万元人民币)

	中国内地	中国香港	中国台湾	批发市场	其他	总计
来自外部客户的收入	5 627	3 113	214	2 924	239	12 120
跨部门收入	—	—	—	3 075	1	3 076
可报告的部门收入	5 627	3 113	214	6 000	240	15 197
可报告的部门利润	1 905	753	69	338	88	3 154
可报告的部门资产	2 968	1 371	273	1 016	63	5 693

资料来源:亨得利控股(2012)《香港公认会计准则》。

许多公司不仅与外部客户交易,也在组织的内部进行交易。这就是为什么在例1-18中,单个部门既公布了它们各自的外部收入,也公布了来自其他部门的收入。

除了大额批发业务,亨得利还公布了其在中国内地、中国香港和中国台湾的零售业务的财务业绩。批发业务需要从瑞士制造商(诸如欧米茄和劳力士等)购入手表,并卖给中国的零售商。在这些零售商中,也包括亨得利自己的零售业务点——这也是批发部门公布了30.75亿人民币的跨部门销售额的原因。

当然,这些交易没有对集团内部的总收入产生影响,因为这些产品仅仅是在集团内部的转移销售。来自外部客户的收入才是与分析部门公布的财务业绩相关的，是衡量每个部门规模的良好指标。另一个合适的规模指标是每个部门可报告的资产规模，它能让我们对每个业务单位的资本密集程度得出结论。

下一步，应该审核每个部门对集团利润的影响。在这个例子里，中国内地的零售业务占到集团利润的60%，并表现出了最高的利润率（以销售额的百分比计）。不过，要小心解读所公布的部门利润，因为管理层可以人为地采用较低的内部转移价格，让某个部门或类别显示出很强的盈利能力，例如通过批发环节向自己的零售单元出售产品，定价却低于供应市场的价格。当然，在集团层面，这种影响是归零的，但某个部门的额外利得却是以其他部门的牺牲为代价的。

有些公司，特别是美国的那些公司，公布业绩的单位不是基于业务分类，而是基于地理区域分类。在这种情形下，必须慎重地审核通常发生在公司注册国的费用支出（如管理费），看看它们是如何在这些报告单元中分摊的。

负债明细表及其期限结构

附注的最后一部分内容，通常是按期限分组的负债结构的概述。非常有趣的是，在某些公司的附注里，不仅有按时间序列排序的金融性负债的现金流出金额，还列示了供应商赊账的预期支付款和清算应收账款的资金流入额。这个分类很有价值，它能让我们洞悉一家公司的偿付能力和流动性。芬兰的诺基亚曾经是一家大企业集团，它在2011年的期限结构分类表体现了这一点（见表1-31）。

表1-31 诺基亚：偿债明细表　　　（单位：百万欧元）

	总额	3个月	3~12个月	1~3年	3~5年	5年以上
长期负债	-5 391	-106	-153	-2 374	-316	-2 442
长期债务的当期头寸	-387	-61	-326	—	—	—
短期负债	-1 002	-951	-87	—	—	—

在随后的12个月，诺基亚再融资的需求取决于栏目"3个月"和"3~12个月"的加总额——16.84亿欧元。为了确定公司内部的融资能力，现在，

可以把这个数字与下述两个数字进行比较：诺基亚年末资产负债表上的现金及现金等价物，自由现金流（见前一节）。

报表和合并报表的那些单个成分是基本面定量分析的基石。同时，为了获得最为精确的分析结果，最好是评估涵盖多个年份的资产负债表、利润表和现金流量表。在与其他公司的比较中，一定要考虑会计准则的差异。特别是在面对资产负债表时，附注部分是进一步详细分析个别分录的有益工具。

另外，在运用随后章节出现的所有财务比率时，有一点很重要：在做财务分析时，一定要考虑企业的实际环境和业务活动。苏富比的例子说明：若要在没有关键背景知识的情况下做财务分析，要么不可能，要么很困难。

下面三章将从基础分析的各个方面，仔细深究一些相关财务比率，并用研究案例来进一步解读。

The Art of Company Valuation and Financial Statement Analysis | 第 2 章

收益率和盈利能力的主要比率

时间是平庸企业之敌,是卓越企业之友。如果你企业的资本收益率是 20%~25%,那么,时间就是你之良友;如果你投资于收益率低的企业,那么,时间就是你的宿敌。

——沃伦·巴菲特

利润最大化是企业最重要的目标之一。首先,利润产生于不确定环境下资金的有效配置。例如,要想通过经营活动获利,面包师就需要一个店铺、一个烘焙间以及相关原材料。因此,衡量一个企业是否成功,必须考虑一个等式的两端:利润和所需资金。利润越高,资金总额越小,那么,公司的盈利能力也就越大。所以,盈利能力是公司估值中的一项重要成功尺度。

本章探讨两个问题:盈利能力的度量方法以及这些度量的结果之意义所在。在估值过程中,作为基础工具的几项重要盈利能力比率,将通过案例的形式加以解释说明。其中,净利润是最常用的业绩指标。然而,只要净利润未与其他指标结合在一起考虑,那么,公司估值结果的意义就不大。

为了进一步阐述这个问题,我们假设存在两家公司,它们各自净利润的变动情况会为我们理解这个问题带来一些帮助。

■ 例 2-1 盈利能力

除了表 2-1 的数据之外,两家公司的所有者权益均为 5000 美元。两家公司都有稳定的利润,公司 A 利润以每年 50 美元递增,而公司 B 则保持不变。

若只是基于利润的动态活力而言，公司 A 明显更具吸引力。然而，从股东权益利用效率的角度看，公司 B 显然更有利可图。基于相同的股东资本投资，公司 B 创造了比公司 A 更高的利润。

表 2-1　利润变动情况：公司 A 和公司 B　　　　（单位：美元）

公司 A		公司 B	
年份	利润	年份	利润
2009	100.00	2009	1 000.00
2010	150.00	2010	1 000.00
2011	200.00	2011	1 000.00
2012	250.00	2012	1 000.00
2013	300.00	2013	1 000.00

因此，在评估企业盈利能力时，利润应与所投资本结合起来考虑。孤立的利润增长无法评判一家公司的经营质量。例如，公司 A 投资 5000 美元，为获得 250 美元利润，必须取得 5% 的固定利润率。在企业中，资本是一种稀缺且高风险的商品，所以，要想获得合理的回报，必须谨慎行事，以防风险。

2.1　净资产收益率

净资产收益率（ROE）体现的是股东投入资本的回报率。为计算这一重要比率，要将净利润与经营年度的股东权益平均数进行比较。在计算过程中，有一个重要的点要注意：只能采用净利润和剔除少数股东权益之后的股东权益，以便只考虑股东实际享有的部分。

$$净资产收益率 = \frac{净利润}{平均股东权益}$$

这一比率能让投资者在不同的公司与投资机会之间进行比较。在例 2-1 中，2009 年公司 A 的净资产收益率仅为 2%。如果投资者将钱存入银行，则可在低风险下获得更高的回报。相比之下，公司 B 虽然利润无增长，但可获得 20% 的净资产收益率（1000 美元/5000 美元）。

较低的净资产收益率表明资本利用效率不高，或资产估值过高（由此造成权益估值过高)。净资产收益率成为股东评价盈利能力的核心指标,因为它把净利润与股东权益关联在一起了。第8章阐述了一个道理:如果公司能以高比率、低风险增加股东权益,那么,公司的价值则会增加。净资产收益率反映的就是这个比率关联。

净资产收益率分布:标普500指数成分股

如图2-1所示,所有标普500指数成分股的平均净资产收益率为17.3%,而中值为14.6%。这个样本采用的是三年平均净资产收益率。在分布图中,右边显而易见的长尾说明了平均值与中值之间的差异。17.3%是相当高的净资产收益率,通常多是高负债杠杆的结果。因此,对于其他公司而言,净资产收益率中值14.6%,才是一个更有意义的衡量指标。

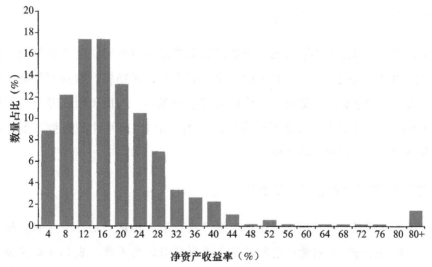

图2-1 标普500指数成分股:三年平均净资产收益率分布

■ 例2-2 净资产收益率:罗托克公司(Rotork plc)

罗托克公司是领先的制动器制造商和流量控制专家,专业生产用于管理气体和液体流量的制动器、变速箱及阀门配件。表2-2是罗托克公司的资产负债表和利润表数据。

表2-2 罗托克公司：净利润与权益总额 （单位：千英镑）

	2012年
2012年度利润	89 315
2012年度权益总额	269 323
2011年度权益总额	224 169

资料来源：罗托克公司（2012）《国际财务报告准则》。

凭借其市场主导地位，罗托克公司取得了如下的净资产收益率。

$$净资产收益率 = \frac{89\,315}{\left(\frac{1}{2} \times 269\,323 + \frac{1}{2} \times 224\,169\right)} = 36.2\%$$

这一数值高于平均值，体现了罗托克公司在较少的资本投入下，创造可观利润的能力。为提升净资产收益率而避免使用负债杠杆，进一步凸显了这个优异成果的质量：罗托克公司在2012年年底的权益比率达64.8%，资产负债表上没有银行贷款或债券等金融负债。

在对不同时段或不同公司的净资产收益率进行分析时，需要格外关注普遍使用的负债与权益比率及其风险水平。如果某公司净资产收益率很高，却是通过高风险达成的，那么，最终的超额收益就小。与低负债或零负债相伴的超额净资产收益水平（如罗托克公司案例所示），通常才是强势市场地位以及资本高效利用的可靠指标。

■ 例2-3 净资产收益率：劲量公司

再看一下基于真实财务报表的净资产收益率（ROE）的计算过程。劲量公司（Energizer）是劲量电池和威尔金森剃须刀的生产商，表2-3是该公司2010财年的合并财务报表摘要。

表2-3 劲量公司：净利润与权益总额 （单位：百万美元）

	2010年
净销售额	4 248.3
……	…
净利润额	403.0
2010年度权益总额	2 099.6
2009年度权益总额	1 762.3

资料来源：劲量公司（2010）《美国公认会计准则》。

该公司的净资产收益率计算如下：

$$净资产收益率（ROE）= \frac{403.0}{\left(\frac{1}{2}\times 2099.6+\frac{1}{2}\times 1762.3\right)}=20.87\%$$

劲量公司 20.87% 的净资产收益率高于平均值，但这个比率部分归因于公司高负债杠杆。在过去十年内，公司仅通过股票回购就减少了 17 亿美元的股东权益。因此，除了实际的高利润率之外，良好的净资产收益率还要归因于高水平的负债——该公司的权益比率仅有 32.8%，看起来不太健康。自然，与这个净资产收益率相伴而行的，是已然上升的风险水平。

劲量公司的案例表明，高于平均值的净资产收益率不仅是（或未必是）经营业绩的体现，也取决于公司的财务决策。

根据净资产收益率的计算公式，有两种提高盈利能力的方法：一是通过增加利润来提高净资产收益率，二是减少股东权益。经营稳健的公司往往会通过回购股份或支付股票红利的方式，来削减自身的权益总额，以达到提高净资产收益率的目的。

例 2-4 百胜餐饮（Yum! Brands）的行为表明，大额股份回购是怎样显著减少股东权益的。这一提高盈利能力的方法有其自身风险，因为充足的权益基数在危机中可起到安全缓冲作用。所以，通过回购股份的方式提高净资产收益率会增加公司的经营风险。而且，这种方法只适用于现金流安全且稳定的公司。

净资产收益率的评估应与下述因素一并考虑：杠杆水平、权益比率（见第 3 章）和商业模式的稳定性（见第 5 章）。

以百胜餐饮这个世界上第二大快餐连锁企业的例子来看，上述方法是非常合理的。这个集团通过股份回购和其他财务措施，确实降低了股东权益，甚至短时间内还剧降为负数。不过，它的商业模式是如此强健，以至于这种提高盈利能力的极端方法，也可以接受。

无论如何，百胜餐饮应该被视作为一个例外。诸如重工业或采矿业等周期性行业，在经济衰退阶段，需要充足的权益基数维持其经营的灵活性。

■ 例 2-4　权益变动状况：百胜餐饮

在表 2-4 中，百胜餐饮的权益变动概况表明，股份回购使得集团的股东权益剧减，以致 2008 财年末集团的股东权益变为负数！

表 2-4　百胜餐饮：权益变动　　（单位：百万美元）

	2008 年
2007 年 12 月 29 日余额	1 139
净利润	964
汇兑差调整	(223)
养老金和退休福利计划	(208)
衍生工具未实现损益	(7)
综合收益	526
公布的普通股红利	(339)
普通股回购	(1 615)
其他影响	181
2008 年 12 月 27 日余额	(108)

如表 2-4 所示，上年股东权益 11 亿美元，本年净利润 9.64 亿美元——增加了股东权益。然而，与此同时，利润表之外的外汇对冲和养老金义务减少了股东权益 4.38 亿美元。因此，"实际"净利润只有 5.26 亿美元，称为"综合收益"。而且，红利支付和股票回购减少了股东权益近 20 亿美元，使得百胜餐饮（自身稳健）财年末的股东权益是-1.08 亿美元。

2.2　净利润率

净利润率反映的是每一美元的销售收入能创造多少美分的利润。需要特别说明的是：净利润率很高的公司，通常具有卓越的市场地位、严格的成本控制能力和较低的负债水平。

$$净利润率 = \frac{净利润}{销售收入}$$

因为相关销售收入中包含了少数股东权益，所以，在计算合并财务报表的净利润率时，应在得出净利润后扣除少数股东权益的影响。此外，市场力量和成本管理都会对这一数值产生显著影响。价格调整能力越强，成本越低，净利润率就越高。因此,垄断行业或寡头市场中的公司,通常具有很高的净利润率。另外,若收入的增长能带来利润率的增长,那么,这通常被视为是规模经济效应的迹象。

净利润率分布:标普500指数成分股

图2-2为标普500指数成分股的净利润率分布图。

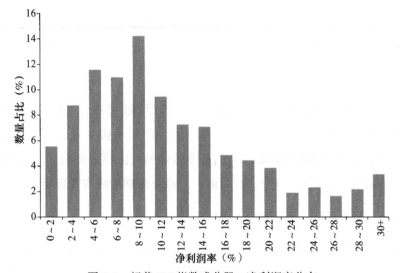

图2-2 标普500指数成分股:净利润率分布

所有标普500指数成分股的净利润率中值为9.2%,而平均值为10.5%。净利润率超过24%的公司只有10%。

■ 例2-5 不同行业的净利润率

表2-5举例说明并分析了三家不同行业公司的净利润率。

表2-5 三家上市公司的净利润率对比表(单位:百万美元)

	沃尔玛	新秀丽	斯沃琪集团
净销售额	469 162	1 771	CHF 7 796
净利润	16 999	166	CHF 1 608
净利润率	3.6%	9.4%	20.6%

注:CHF表示瑞士法朗。
资料来源:沃尔玛(2013)《美国公认会计准则》,新秀丽(2012)《国际财务报告准则》,斯沃琪集团(2012)《国际财务报告准则》。

三家公司均盈利，且都由富有经验和才干的管理团队平稳运营，同时还都是各自行业的龙头企业。尽管如此，它们的净利润率却各不相同。

基于很高的市场占有率及著名品牌组合，斯沃琪集团能从每一瑞士法郎收入中获得20.6瑞士生丁的利润，明显高于新秀丽（9.4%）和沃尔玛（3.6%）的利润率。与这一瑞士名表制造商相比，新秀丽和沃尔玛更受制于激烈的市场竞争和日趋沉重的价格压力。

这一实例表明，即使这三家公司的经营情况都不错，而且都很难再进一步削减成本，但只有斯沃琪集团这类拥有诸多知名品牌的企业才能取得极高的利润率。当然，新秀丽也取得了不错的利润率。

所以，一般说来，较高的净利润率是一个积极的指标，借此可筛选出具有独特卖点和市场主导地位的公司，或找到竞争对手稀少的公司。而较低的净利润率，通常意味着面临激烈价格竞争或经营大宗商品的公司（品牌成色低或根本没有，且质量一般），或有时，意味着糟糕的成本管理能力。

- **例2-6 净利润率：可口可乐公司**

根据可口可乐公司的简略利润表，可进行净利润率的计算（见表2-6）。

表2-6 可口可乐：简略利润表　　（单位：百万美元）

	2009年
净经营收入	30 990
毛利润	19 902
经营利润	8 231
净利润	6 824

资料来源：可口可乐公司（2009）《美国公认会计准则》。

$$净利润率 = \frac{6824}{30\,990} = 22.0\%$$

- **例2-7 净利润率：HMV集团**

HMV集团是英国的一家娱乐产品零售商。由于来自亚马逊等互联网零售商的激烈竞争，到2012财年，HMV集团的收入有机性地萎缩了19.6%，只有8.731亿英镑，净亏损达8040万英镑。即使在特殊项目调整后，公司仍亏损 2450 万英镑。

基于以上数据，HMV 集团的净利润率计算如下：

$$净利润率 = \frac{-80.4}{873.1} = -9.2\%$$

$$净利润率（调整后）= \frac{-24.5}{873.1} = -2.8\%$$

上述两个数据为公司前景投下阴影：公司每英镑的收入，实际亏损达 2.8 到 9.2 便士。毫无疑问，即使对于一个现金充裕的企业来讲，如果不尽快变革，就无法生存。实际上，就在公布上述数据不久，2013 年 1 月 HMV 集团进入破产管理，4 个月后公司便被收购，脱离破产保护。

2.3 息税前利润率和息税折旧摊销前利润率

一些教材通过在分子上加回企业所得税和利息费用，来改进净利润率的计算公式；税负越低，则公司每单位收入的利润就越高，所以，低税负的国家是一项竞争优势。

计算息税前利润率，有助于在同一行业不同公司或不同地区的公司之间进行比较，它是经营利润（即息税前利润 EBIT）与营业收入之比。这一比率衡量公司的实际经营业绩，不考虑利息费用（包括负债水平和负债成本）和税负的差异。

$$息税前利润率 = \frac{息税前利润}{营业收入}$$

在经营利润上加入折旧摊销，可以进一步拓展息税前利润率的定义。息税折旧摊销前利润（EBITDA）表示未扣除利息费用、企业所得税和折旧、摊销之前的利润。

$$息税前折旧摊销利润率 = \frac{息税折旧摊销前利润}{营业收入}$$

息税前利润率和息税折旧摊销前利润率分布：标普 500 指数成分股

图 2-3 表示所有标普 500 指数成分股的息税前利润率分布。息税前利润率平均值为 17.2%，中值为 15.9%。息税前利润率高于 25% 的标普 500 指数

成分股只有 20%。

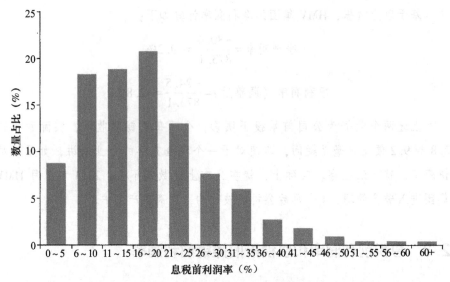

图 2-3　标普 500 指数成分股：息税前利润率分布

图 2-4 表示息税折旧摊销前利润率分布。图中，息税折旧摊销前利润率平均值为 24.9%，而中值为 22%。

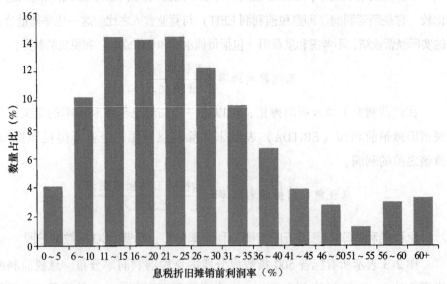

图 2-4　标普 500 指数成分股：息税折旧摊销前利润率分布

■ 例2-8 息税前利润率和息税折旧摊销前利润率：加拿大国家铁路公司

通过加拿大国家铁路公司的利润表，阐述这个利润率的计算过程（见表2-7）。

表2-7 加拿大国家铁路公司：简略利润表

（单位：百万美元）

	2009年
收入	7 897
劳动和附加福利	-1 701
购买服务和材料	-1 045
燃料	-1 026
折旧及摊销	-677
设备租赁	-247
工伤及其他	-325
经营利润	2 876

资料来源：加拿大国家铁路公司（2007）《美国公认会计准则》。

收入78.97亿美元，息税前利润28.76亿美元，则息税折旧摊销前利润率的计算结果如下：

$$息税前利润率 = \frac{2876}{7897} = 36.4\%$$

为了计算息税折旧摊销前利润率，折旧及摊销必须加回到经营利润中。上表显示折旧及摊销为6.77亿美元，所以，息税折旧摊销前利润为35.53亿美元（2876+677=3553）。息税折旧摊销前利润率的计算过程如下：

$$息税折旧摊销前利润率 = \frac{3553}{7897} = 44.9\%$$

上述两个数据都很不错，体现了加拿大国家铁路公司的市场优势地位和优异的成本管理能力。

2.4 资产周转率

资产周转率深刻地揭示了一家公司总资产的利用效率。资产周转率高，表明资金迅速回流到公司，相同营业规模所需的资金投入相应也少。

$$资产周转率 = \frac{营业收入}{平均资产总额}$$

因为商业模式与资本需求之间存在密切的关联，所以这一比率只能在同一行业中进行比较。在同一公司不同阶段运用这一比率，这种做法更加普遍，更有意义。

资产周转率分布：标普500指数成分股

图2-5表现标普500指数成分股的资产周转率的分布情况。如图所示，绝大多数公司的资产周转率小于1。实际上，只有25%的公司总资产的年周转次数大于1（资产周转率>1）。资产周转率平均值为0.8，而中值为0.6。

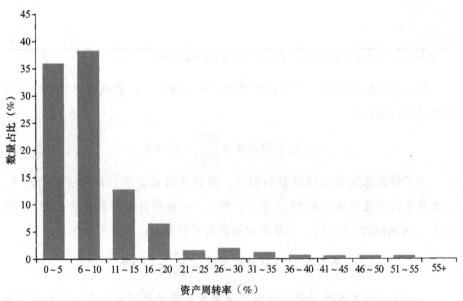

图2-5　标普500指数成分股：资产周转率分布

■ 例2-9　资产周转率：亚马逊（Amazon）

亚马逊2012年收入增长了27%，超过610亿美元，进一步巩固了其世界第一大互联网零售商的地位。为达到这一增长目标和经营规模，公司的资产规模从2012年年初的252亿美元增长到年末的325亿美元。根据上述数据，亚马逊的资产周转率计算如下：

$$资产周转率 = \frac{610}{(0.5 \times 325 + 0.5 \times 252)} = 2.1$$

这一数值也可解释为：公司的每 1 美元资产能创造 2.1 美元的收入。对于零售商而言，这一数值尤其重要。越高的资产周转率意味着所需的资产总额越少，且资产的盈利能力越高。因此，很容易将一家公司的资产周转率与投资收益率紧密地联系起来：

$$投资收益率 = \left(\frac{营业收入}{资产总额}\right) \times \left(\frac{息税前利润}{营业收入}\right) = \left(\frac{息税前利润}{资产总额}\right)$$

这一计算方法由唐纳森·布朗于 1919 年在美国化工巨头杜邦公司工作时首创，因此也被称为杜邦分析法。杜邦分析法的扩展版进一步列举了影响投资收益率的因素。

根据上述公式，投资收益率（ROI）可通过增加资产周转率或利润率的方式来提高。第一种方式主要取决于商业模式、资本支出和运营资本管理，而第二种方式则取决于定价能力和成本管理能力。

2.5 资产收益率

根据净利润等其他业绩指标，投资收益率的运用有不同表现形式，比如更为清晰直观的资产收益率。资产收益率考虑了净利润和利息费用的因素，同时，将这些因素与股东和债权人所拥有的平均资金总额相联系。

$$资产收益率 = \frac{净利润 + 利息费用}{平均资产总额}$$

与净资产收益率相比，资产收益率不受财务决策影响，这是其优点。它体现了所有利益相关者的回报，这就是将利息费用（公司债权人的回报）加回去的原因。分子中将净利润和利息费用作为股东和债权人的回报，那么显而易见，分母中也要体现股东和债权人所投入的资金。

标普 500 指数成分股：资产收益率分布

如图 2-6 所示，资产收益率的平均值和中值分别为 10.6% 和 9.1%。与净资产收益率（ROE）相比，这一比率无法通过负债杠杆人为提高，因此，分布图的右侧基本不存在异常极端值。

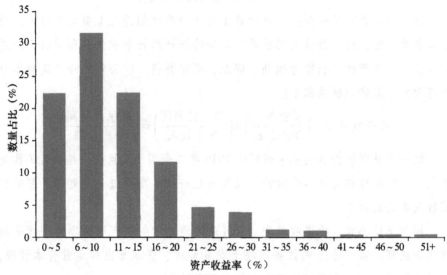

图 2-6　标普 500 指数成分股：资产收益率分布

■ 例 2-10　资产收益率：实例对比

资产收益率超过 10% 的公司通常被视为盈利能力很好的公司。通过消费品巨头宝洁公司、网上拍卖公司易趣（eBay），以及美国最大的铁路运营商 CSX 运输公司（后简称 CSX 公司）之间的比较，资产收益率差异取决于经营模式和所处行业的特性，显露无遗（见表 2-8）。

表 2-8　三家上市公司的资产收益率对比　（单位：百万美元）

	CSX 公司	宝洁公司	易趣
净利润	1 859	10 756	2 609
财务费用	556	769	63
资产总额	30 571	132 244	37 074
资产收益率	7.9%	8.7%	7.2%

资料来源：CSX 公司（2012）《美国公认会计准则》，宝洁公司（2012）《美国公认会计准则》，易趣（2012）《美国公认会计准则》。

首先，这几家公司都属资本密集型，所处行业环境各不相同，但它们都获得了很不错的资产收益率。令人意外的是，易趣在三家当中资产收益率最低——这是易趣收购贝宝（Paypal）公司所致。由于溢价收购，易趣资产负债表中出现了金额较大的商誉，同时，贝宝公司客户支付沉淀资金扩展了公司资产规模。正因如此，易趣在本质上拥有轻资产的商业模式以及良好盈利能力的同时，所公布的资产收益率还算不错，只是略微有所下降。这意味着易趣表现出的资产收益率要低于实际情况。

有趣的是，易趣的资产收益率与 CSX 公司 7.9% 的资产收益率相差无几，而 CSX 公司每年要在机车和轨道养护上花费数十亿美元。显然，CSX 公司属于资本密集型的商业模式，但因其在运输行业的支配地位（寡头垄断），CSX 公司仍能取得不错的利润。因此，从资产收益率计算公式可以看出，较大的分母（资产总额）被较大的分子（驱动因素是公司额外的创利能力以及高效的负债杠杆）抵消了。

在制造行业中，极少数公司能够达到软件企业等轻资产公司的盈利水平，例如，宝洁公司凭借其突出的定价能力和高效的资金利用率，获得了很高的资本收益率。另外一个原因是，宝洁公司将其资本密集型的业务外包。例如，为了提高物流效率和利用研发的协同效应，宝洁公司的一些供应商直接将其工厂建在宝洁公司所在地。当然，其中也有宝洁公司规模的原因，庞大的规模使得供应商非常愿意与宝洁公司合作。

2.6 已占用资金收益率

$$已占用资金收益率（ROCE）= \frac{息税前利润}{平均已占用资金总额}$$

已占用资金收益率（ROCE）反映了公司所投资金的效率。它由非流动资产加上净运营资本得出，其中净运营资本等于运营资本减去现金及现金等价物。

$$已占用资金 = 非流动资产 + 净运营资本$$

已占用资金表示公司开展经营所需投入的资金。非流动资产指用来生产或销售产品的资产，而净运营资本则是公司的存货加上应收账款，再减去应付账款的数额。之所以要扣除应付账款，是因为应付账款本质上是供应商所提供的无息贷款。因此，已占用资金是公司运营实际所需资金总的净额。另一种更简单的计算已占用资金的方法是股东权益加上金融负债，也就是说，直接（来自债权人）资本和间接（来自股东）资本都是有成本的。

■ 例2-11 已占用资金收益率：农场

为了深入理解这一比率，假设有两家农场，每家农场都有100万美元的经营利润。A农场种植棉花，所需的耕地和拖拉机价值500万美元。B农场专门生产玉米，拥有价值1000万美元的耕地和拖拉机。两家农场都有50万美元的流动资产，其中现金及现金等价物10万美元。A农场和B农场的应付账款都为20万美元。A农场和B农场的已占用资金收益率计算如下：

$$已占用资金收益率_A = \frac{100}{500+40-20} = 19.2\%$$

$$已占用资金收益率_B = \frac{100}{1000+40-20} = 9.8\%$$

A农场在占用较少资金的前提下，取得相同的经营利润，因此其占用资金的利用效率更高。净资产收益率等盈利能力指标未必能体现这一点，因为两家农场理论上可以拥有相同的股东权益金额。显然，A农场的资金利用效率更好，想必资金周转率也高。

虽然这个财务比率与资产收益率的联系紧密，但已占用资金收益率更进了一步，只考虑实际已投入的资金。投资需求较少的公司通常会产生较高的自由现金流，因此会具备得天独厚的优势。当然，在相对较少的资金支出下获得较高的利润，无疑能够增加公司的吸引力。

已占用资金收益率分布：标普500指数成分股

图2-7表现的是所有标普500指数成分股已占用资金收益率的分布图。

已占用资金收益率的平均值为13.3%,中值为11.4%。

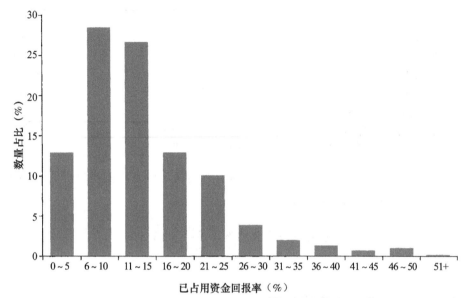

图2-7 标普500指数成分股:已占用资金回报率分布

■ 例2-12 已占用资金收益率:天狼星卫星广播公司(SiriusXM)

2012年,天狼星卫星广播公司凭借其收入规模,成为世界上最大的广播公司,有2400万用户订阅其流媒体业务。然而,在此之前的2008年,天狼星遭受了重大挫折,导致巨额的商誉减值,股东权益消耗殆尽。这严重扭曲了净资产收益率等盈利能力比率(作为净资产收益率公式的分母,权益总额几乎变为0)。

例如,2010年天狼星的股东权益比率低至2.8%,导致根据调整后净利润计算的净资产收益率异常(对我们的分析毫无帮助)。既然如此,为了了解公司的盈利能力,已占用资金收益率正逢其用。以下是2010年公布的资产负债表数据(见表2-9)。

根据上述数据,已占用资金的计算过程如下:

已占用资金=股东权益+金融负债

已占用资金=207 636+2 695 856+325 907+15 845+195 815=3 441 059

表 2-9 天狼星卫星广播公司：表内权益和负债情况

(单位：千美元)①

	2010 年
股东权益总额	207 636
长期负债	2 695 856
关联方长期负债	325 907
关联方流动负债	15 845
一年内到期的长期负债	195 815

①原文为"$m"，疑有误，单位应为"千美元"。——译者注
资料来源：天狼星卫星广播公司（2010）《美国公认会计准则》。

已占用资金收益率的计算方法：用经营利润（即息税前利润）的 4.65 亿美元，除以已占用资金 34.41 亿美元，如下所示：

$$已占用资金收益率 = \frac{4.65}{34.41} = 13.5\%$$

2.7 经营性现金流收益率

经营性现金流收益率（OCM）反映了每一美元的收入中实现了多少美分的经营性现金流。相比其他比率，这是一个最理想的指标。它的原则很简单：越多越好。经营性现金流收益率与净资产收益率很相近，但后者没有考虑非现金损益科目和运营资本需求。因此，经营性现金流收益率更加精确。但是，影响这一收益率的因素越多，它就越容易波动，也就越难于解读。

$$经营性现金流收益率 = \frac{经营性现金流}{净销售收入}$$

■ 例 2-13 经营性现金流收益率：亚萨合莱集团

表 2-10 是瑞典亚萨合莱集团（Assa Abloy）的现金流量表的摘要，亚萨合莱集团是一家锁具及安防系统制造商。

表 2-10　亚萨合莱集团：经营性现金流量

(单位：百万瑞典克朗)

	2009 年	2008 年
经营利润	4 374	4 269
折旧	1 014	921
重组成本反转	1 039	1 180
重组支出额	-676	-485
非付现项目	127	-49
已付利息	-596	-732
利息收入	89	14
收入所得税	-907	-742
运营资本变动	1 460	-5
经营活动现金流量	5 924	4 369

资料来源：亚萨合莱集团（2009）《国际财务报告准则》。

亚萨合莱集团在 2008 年和 2009 年的销售收入分别为 348.29 亿瑞典克朗和 349.63 亿瑞典克朗。根据这些数据，经营性现金流收益率的计算过程如下：

$$经营性现金流收益率_{2009} = \frac{59.24}{349.63} = 16.9\%$$

$$经营性现金流收益率_{2008} = \frac{43.69}{348.29} = 12.5\%$$

2008~2009 年，亚萨合莱集团的经营性现金流收益率大幅提高。这意味着亚萨合莱集团 2009 年每 1 瑞典克朗收入所实现的经营性现金流，比 2008 年要多 4.4 瑞典欧尔[⊖]。

比率分析能更好地解读结果。

在这个例子里，运营资本发生了明显的变化，而经营业绩只是略微提升。现金流入增加是因为运营资本中已占用资金的减少，这可能是由于存货销售或应收账款回收的周期缩短。如果公司想持续增长，来年必须增加运营资本，那么，将对经营性现金流和经营性现金流收益率产生负面影响。

在一些公司，运营资本的变动会显著影响经营性现金流。由于这个收益率会因运营资本的大幅变动而受到扭曲，我们可以使用运营资本变动前的经营性现金流，而不用常规的经营性现金流。我们将这一新的指标称为"现金收益"，它等于净利润加上折旧和非付现一次性项目。

⊖　100 欧尔＝1 克朗。

第3章 财务稳定性比率

The Art of Company Valuation and Financial Statement Analysis

> 唯有变化才是永恒、永续和不朽的。
>
> ——亚瑟·叔本华

一项长期投资需要满足两个基本标准:第一,它应该产生合理的已投资金收益率(相关指标已在第2章介绍);第二,一家企业必须有稳固的资金结构和充足的现金流量,才能获得长期的成功。

本章介绍的相关比率是用来确认和衡量公司财务稳定性的。虽然在前面首先介绍的是盈利能力比率,但财务稳定性的重要性再怎样高估都不过分。尤其是在今天的商业世界里,墨菲定律无比适用:任何可能出错之事,必会有人错之!

3.1 权益比率

权益比率反映了总资产中有多大比例是通过股东权益资金购买的。

$$权益比率 = \frac{权益}{总资产}$$

权益比率高的公司,通常被认为采用了保守的融资策略,因为权益比率越高,公司所用杠杆就越低。与股东权益相反,负债具有税收抵扣的好处,因为利息支出的税收抵扣,可以降低公司的税负。

此外，负债的筹资成本低于股东权益，因为一旦公司破产，债权人的要求权优先于股东，会首先得到清偿。同时，由于债权人面临的风险较低，因此要求的回报补偿也较低。而且，只有在债权人全部受偿之后，公司才会去考虑股东的利益。由于负债成本低于股东权益，所以，任何企业都可以找到一定比例的借贷资本，以期降低总的资金成本。

另外，为运营资本筹资时，合理的做法是选取最小金额的负债。例如，存货往往是通过供应商信用或循环信用额度提供资金。显然，增加负债水平会提高企业风险，因为利息负担会增长，同时，负债必须偿还或需要在某个时点进行再融资。

特别是在经济低迷时期，固定利息的支付可能成为周期性行业企业或者低利润率企业的噩梦。帕拉塞尔苏斯的理论同样适用于负债的这种属性：剂量决定毒性。

与负债相比，股东提供的资金不会有使用期限之说，公司也没有义务一定要向股东支付红利。在经济困难时期，大额股本金的缓冲作用能够使企业保持流动性，显著增强企业的灵活性。

因此，为了应对经济低迷时期的可能风险，以长期投资为导向的投资者应该优先选择权益比率高的公司。这个比率的精确值取决于企业所依的商业模式及其利润的波动性。

不确定性很高的那些初创企业，应采用尽可能高的权益比率，以期渡过更加困难的时期；成熟或波动性较小的商业模式（诸如雀巢和宝洁公司）则可以采用相对较低的权益比率。正如我们之前所见，百胜餐饮 2009 年公布的权益比率为负数，但因其川流不息的利润，它并没有出现财务困境！

如果权益比率超越各自商业模式所适用的目标值范围，那么，资本收益率将下降，且不会显著增加财务稳定性。因此，权益比率的评价应兼顾风险和收益这两方面。另外，因为负债比权益成本更低，所以，很多管理者更愿意在顺境之时，通过借款来提高企业价值。

以下的例子将说明这种杠杆效应，它在很多情况下会给企业造成财务困境！

■ 例 3-1　杠杆效应：私人借款

某银行提供一项期限为 10 年，年利率为 4% 的贷款；贷款金额 10 000 美元，并用于购买票面年利率为 7% 的债券。这里的利率差（7% 的债券收益减去 4% 的利息）即是投资者的利润。

这笔买卖每年盈利 300 美元（10 000 美元×0.07−10 000 美元×0.04），连续两年内看似无任何风险。但之后，债券发行人陷入财务困境，债券价格急剧下跌，利息暂缓支付。在收入来源消失的同时，银行还会持续收取每年 400 美元的利息。

很多企业采用名为"资产负债表杠杆化"的类似策略。假设某公司的总资本收益率为 10%，贷款利率为 5%，那么，只要新增资本的投资收益率高于 5%，则策略奏效。然而，在经济繁荣时期，管理者和投资者通常会忘记物极必反，衰退会紧随繁荣而至，收益率将下降。

为提高边际收益率而大幅提高风险，无助于高盈利企业（只有这类企业才是长期投资的考虑范围）。通过资产负债表杠杆化而获得的机会与它引起的相关风险，并不成比例。这种方法的负面案例不少，其中，有两个轰动性的：一是跑车制造商保时捷企图通过用借贷资本收购股票的方式，兼并比自身大很多倍的大众汽车；二是索尼领导的财团试图通过杠杆的方式收购米高梅公司，但后者最终借助《美国破产法》第 11 章，采取了保护措施。

权益比率分布：标普 500 指数成分股

如图 3-1 所示，权益比率的平均值是 37.3%，而中值为 38.5%。只有 8% 的公司公布的权益比率低于 10%。同样，标普 500 指数成分股中，仅有 5 家公司的权益比率超过 80%。

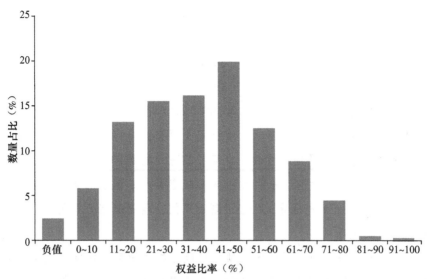

图 3-1 标普 500 指数成分股：权益比率分布

■ 例 3-2 权益比率[⊖]：瑞安航空公司

看看瑞安航空公司（Ryanair Holdings plc）资产负债表中的负债和权益项目（见表 3-1），可以据此计算公司的权益比率。瑞安航空仿效西南航空低成本的运营理念，跻身于最赚钱的欧洲航空公司之列。瑞安航空拥有每年近 8000 万的乘客量和超过 300 架飞机的机群，还是欧洲最大的航空公司之一。

表 3-1 瑞安航空公司：权益和负债的某些头寸

（单位：百万欧元）

	2012 年
应付账款	138.3
一年内到期的长期负债	399.9
其他流动负债	1 373.5
非流动长期负债	660.3
其他非流动负债	3 098.4
股东权益	3 273.6
负债与股东权益合计	8 944.0

资料来源：瑞安航空公司（2012）《国际财务报告准则》。

⊖ 原文为"return on equity"，疑有误，应为"equity ratio"。——译者注

瑞安航空公司的股东权益除以总资产（或负债和所有者权益合计），得出 2012 年股东权益比率：

$$权益比率 = \frac{3273.6}{8944.0} = 36.6\%$$

与运作稳健的工业公司相比，36.6% 的股东权益比率算是相当差的。然而，就长期不盈利且属资本密集型的航空业而言，瑞安航空公司的权益比率是非常健康的。这主要是因为该公司相对较高的利润率，使其可以在几无负债的情况下保证公司运营。低负债给瑞安航空带来了明显的竞争优势：即使在 2008~2009 年金融危机导致的经济衰退期间，瑞安航空公司仍在继续购置飞机和扩充其机场网络。

与之相反，高杠杆公司此时必须相应缩减扩张速度，或在不立即减少飞机的前提下开展融资租赁业务。特别是在宏观经济不佳的情况下，一个健康的股东权益比率可使公司专注于业务增长，而不必太过于关注自身所负担的利息费用以及债务再融资问题。

■ 例 3-3　权益比率⊖：法航荷航集团

现在，来看看法国航空公司——法航荷航集团（Air France-KLM Group SA）2012 年年末的资产负债表，数据如表 3-2 所示。

表 3-2　法航荷航集团：股东权益和负债的某些头寸　（单位：百万欧元）

	2012 年
法航荷航集团持有股本	4 924
少数股东权益	56
股东权益合计	4 980
长期负债	9 565
其他非流动负债	3 102
一年内到期的长期负债	1 434
应付账款	2 219
其他流动负债	6 174
负债和股东权益合计	27 474

资料来源：法航荷航集团（2012）《国际财务报告准则》。

⊖ 原文为 "return on equity"，疑有误，应为 "equity ratio"。——译者注

基于以上数据，法航荷航集团的权益比率为：

$$权益比率 = \frac{4924}{27\,474} = 17.9\%$$

注意，在计算权益比率时，总是使用剔除少数股东权益后的股东权益。将法航荷航集团与瑞安航空的权益比率数值进行比较，能够清晰地显示出两家航空公司在财务灵活性方面的明显差异，特别是在它们所处的周期性行业里，这种差异显得更加醒目！

另一个显著差别是每家公司负债的构成。瑞安航空的资产负债表很少有像银行贷款之类的金融负债，而法航却背负着很重的融资压力，更受制于债权人。下一个比率——资本负债比率，将着力探讨这个问题。

3.2 资本负债比率

资本负债比率是衡量财务稳定性最重要的一项指标。该指标表述净金融负债（即金融负债-现金及现金等价物）占股东权益的比例。由于金融负债、库存现金及股东权益三者之间的关系，该比率包含了资产负债表所有关乎公司财务稳定性的构成要素。

$$资本负债比率 = \frac{(金融负债 - 现金及现金等价物)}{股东权益}$$

与间接包含了所有负债的权益比率相比，资本负债比率只考虑有息负债（也称金融负债或金融债务）。与权益比率相比，资本负债比率认为较多的应付账款是有益处的，因为它们是免息负债。由于它们在资产负债表上，通常是与资产项的应收账款和存货匹配并排的科目，所以，大额应付账款通常不会被视为负面的东西。低资本负债比率意味着公司低水平的净负债。因此，这一比率也适用于这样的结论：公司的资本负债比率越低，实际的债务负担越小。

如果公司的可支配现金量超过金融负债，则被视为无负债状态。在此情况下，资本负债比率为负数。从风险收益的观点来看，10%~20%的资本负债比率被认为是理想的，因为这一水平既无多余现金，也未忽视财务稳定性。

20%~50%的数值通常被认为是合理的。然而,对于70%以上资本负债比率的公司而言,它的财务稳定性已处于危境之中。如果数值超过100%,则需要考虑增加资本或大幅削减债务,因为此时净金融负债已超过股东权益!

但是也有例外情况,一些运营良好的公共事业或铁路类的大型公司,通常具有很高的资本负债比率,然而因其现金流非常稳定,所以其财务稳定性也很好。

资本负债比率分布:标普500指数成分股

如图3-2所示,所有标普500指数成分股的资本负债比率中值为34.2%。特别值得关注的是,拥有负资本负债比率的公司数量很多;资本负债比率超过100%的公司占19%——这种水平通常都是不可持续的,所以这些公司很危险。

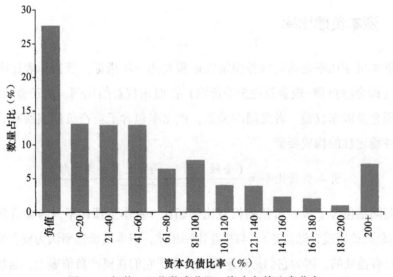

图 3-2　标普500指数成分股:资本负债比率分布

以下通过瑞安航空、法航荷航集团、斯沃琪集团和化工集团利安德巴塞尔的实例,来计算和解读这一比率。

■ 例 3-4　资本负债比率:瑞安航空与法航荷航集团

依据例3-2和例3-3中瑞安航空与法航荷航集团的简略资产负债表数据,

相关的资本负债比率计算如下（注意：两家公司的现金及现金等价物分别为 35.34 亿欧元和 34.20 亿欧元）。

$$资本负债比率_{瑞安2012} = \frac{(3.999 + 6.603 - 35.34)}{32.736} = -72.0\%$$

$$资本负债比率_{法航2012} = \frac{(95.65 + 14.34 - 34.20)}{49.24} = 154\%$$

这些资本负债比率数据证实了之前所得到的权益比率值。瑞安航空资产负债表上的现金及现金等价物超过其银行债务，导致它的资本负债比率为负数。当某公司的现金头寸超过有息负债时，就称它处于净现金头寸状态。理论上，瑞安航空能够在偿还所有的银行债务后仍处于净现金头寸的良好状态。

相比于瑞安这一非常健康的数值，法航荷航集团的资本负债比率却高达154%，这意味着其资产负债表上的净负债（即金融负债−现金）明显高于股东权益。这使得法航的处境不妙，它必须依赖银行和债券持有人等外部单位，而这对于周期性行业的企业而言非常危险！正因如此，一旦公司违反了既定的财务约定事项（如最低权益比率）时，银行往往会要求立即偿还贷款。

■ 例3-5 资本负债比率：斯沃琪集团

斯沃琪集团（Swatch Group）2012年的资产负债表中，金融负债是1.35亿瑞士法郎，而现金及现金等价物（含有价证券）则是19.67亿法郎！因此，净负债为−18.32亿瑞士法郎。将此数值与股东权益93.44亿瑞士法郎相比较，得出资本负债比率为−19.6%。

$$资本负债比率 = \frac{(1.35 - 19.67)}{93.44} = -19.6\%$$

斯沃琪集团有净现金头寸，可视为是无债务企业。在拥有净现金头寸的公司里，当股东权益减少时，资本负债比率在数学上会随之进一步下降，但通常只是把负的资本负债比率简称为"净现金头寸"，无须计算相关的精确数值。因此，在这种情况下，通常无须做明确的计算，因为金融负债完全被流动性覆盖，财务稳定性有了保障。

■ 例3-6 资本负债比率：利安德巴塞尔工业公司

化工巨头利安德巴塞尔（LyondellBasell）工业公司（后简称为利安德巴塞尔）的例子则恰恰相反。该公司2008年年末的资产负债表向投资者清楚地揭示了即将来临的破产申请。破产之前的头一年，公司的资本负债比率高达1244%。在此提醒一下：这个比率超过70%，就表明公司已陷入困境。公司的金融债务负担高达244.51亿美元，而其库存现金仅为5.60亿美元，股东权益也不过19.21亿美元。在这种情形下，该公司的资本负债比率计算如下：

$$资本负债比率 = \frac{244.51 - 5.60}{19.21} = 1244\%$$

显然，具有类似资本负债比率的周期性公司，不可能持续生存下去。实际上，2009年该公司根据《美国破产法》第11章提出破产重组申请后，实行了债转股，削减了大部分债务，并于2010年5月后，由破产边缘再度崛起。如今，利安德巴塞尔已是世界第三大化工公司。由此可以看出，利安德巴塞尔的问题是由其巨额负债引起的，而非经营状况所致。

因此，这一比率总是需要结合具体环境来考虑。即使是通常稳定的公司，一次战略性收购或扩张计划，往往就能把公司的资本负债比率提高到相当危险的水平。但只要这种高资本负债比率只有短期效应，且随后能通过充足的现金流平衡借贷，那么，这类异常情况就不会带来问题。

此外，为了评估那些潜在的扭曲因素，资本负债比率应与动态资本负债比率一起考虑，尤其是要与现金流状况结合起来考虑。

3.3 动态资本负债比率

$$动态资本负债比率 = \frac{金融负债 - 现金及现金等价物}{自由现金流}$$

这一比率表示在全部自由现金流用于偿还金融负债时，所需的理论清偿期限（以年计）。因为自由现金流波动较大，所以，应该采用过去几年内的合理平均值。

相对于资本负债比率而言,动态资本负债比率的优点是考虑到了收益方面。极端情况下,即使是一家资本负债比率低的公司,如果其现金流无法偿还债务,它还是会因财务困境而倒闭。

就动态资本负债比率而言,两年的数值被认为很不错,但五年以上的数值则被认为是麻烦将至。

对于成长型公司而言,因为其在短期内的投资大,所以通常这些公司的自由现金流较少或是负值,应该采用中期自由现金流的合理预期值。

在特定环境下,具有良好自由现金流的超稳定商业模式,能在不过度影响财务稳定性的情况下,进行高负债融资。快餐连锁企业百胜餐饮的案例清晰地展示了动态资本负债比率与资本负债比率相结合的意义。

■ 例3-7 动态资本负债比率:百胜餐饮

很多年来,百胜餐饮将巨额的借贷资金用于红利支付和股份回购。孤立地来看,它的资本负债比率数值让人吃惊!但是,因为其稳定的商业模式,百胜餐饮承受得起这种财务策略——就像它的动态资本负债比率所佐证的那样(见表3-3)。不过,这并不意味着此类负债策略就能达到价值最大化的目的。

表3-3 百胜餐饮:财务健康状况

百胜餐饮集团	2007年	2008年	2009年	2010年	2011年	2012年
资本负债比率	213.7%	n/a	284.1%	134.8%	110.5%	96.1%
动态资本负债比率	2.9年	5.7年	4.8年	1.8年	1.7年	1.8年

该公司每年的资本负债比率都很高——表示财务稳定性差。2008年餐饮集团的股东权益甚至是负值,这意味着无法计算这个比率。如果通过考虑公司的自由现金流来衡量财务稳定性,则效果会好很多。

2007~2010年,百胜餐饮的动态资本负债比率平均值为3.8年。这一数值被认为是适中的。由于公司较高的借贷水平与来自经营业务的充足现金流相匹配,因此我们认为其财务稳定性比较合理。随后的数据也充分证实了这一点:2012年,动态资本负债比率降至1.8年,资本负债比率降至100%以下。

■ 例 3-8　动态资本负债比率：箭牌公司

表 3-4 展示了 2007 年 12 月 31 日箭牌公司（Wrigley）的简略财务状况，供我们进一步思考这个比率。

表 3-4　箭牌公司：财报的某些头寸　　　　（单位：千美元）

	2007 年
现金及现金等价物	278 843
长期负债	1 000 000
股东权益	2 817 480
经营性现金流	1 004 000
适度投资	251 000
可用现金流	753 000

资料来源：箭牌公司（2007）《美国公认会计准则》。

2007 年，箭牌公司的动态资本负债比率为 0.96 年。这表明公司能在不放弃必要投资的情况下，1 年内清偿所有债务。因为这些比率都受制于会计方法的财务数据，所以在计算之前应做保守的调整。特别是，租赁债务通常在资产负债表以外，应加回到金融负债中。

过去几年中，租赁方式的使用量剧增，导致了资产负债表总体质量和可读性下降。这是因为某些情况下租赁合同所带来的债务不会体现在资产负债表内。根据《国际会计准则第 17 号》，《国际财务报告准则》明确了所谓的经营租赁和融资租赁合同的区别。在融资租赁合同中，很大的机会和风险与被租赁资产一起，转移给了承租人。

在经营租赁合同中，机会和风险则留在出租人手里（因为期限短）。《美国公认会计准则》对经营租赁与融资租赁的差别规定得更为详细：如果由承租人保证的所有现金支付额，超过标的资产价值的 95%，那么，租赁标的物（例如公司汽车）必须列入资产负债表的资产和负债科目。

在此情况下，租赁合同被认为是一项融资租赁或资本租赁。因此，这时的财务报表分析是没有问题的，因为被租赁资产的义务能清晰界定，同时，能作为金融负债的一部分进行计量。如此这般，资产在租赁合同期限内折旧，同时在利润表中体现为一项费用。

另一种情况是经营租赁。即使企业把这种定义明确的负债登记入账（需要在未来偿付），但资产负债表不受影响。资产负债表左边没有相应资产，右边也没列入相应负债。就会计核算目的而言，这对于航空公司是很大的问题，因为整个机群所形成的负债没有反映在资产负债表中！

这的确是一个问题，因为双方完全达成一致的还款义务真实存在，但仅仅出于分类原因，或许会作为一项负债显现，也或许不会。然而，在后一情形下，企业有义务在财报的附注部分列示与经营租赁相关的未来预期的支付项。为了准确确定金融负债，需要将每年租赁支付额进行贴现，并将现值加到现有的金融负债里。

■ 例3-9 经营租赁：蒂芙尼

珠宝商蒂芙尼（Tiffany & Co.）的案例说明了如何通过返租交易，将大批商店出售后立即租回，以创造短期的现金流入。公司2007年年报附注J列示了经营租赁的最低支付额（见表3-5）。

表3-5 蒂芙尼：经营租赁负债　　　　　　（单位：千美元）

	年度最低租赁支付额
2009年	114 078
2010年	109 092
2011年	101 146
2012年	91 878
2013年	84 736
以后	523 609

资料来源：蒂芙尼（2007）《美国公认会计准则》。

为了能将这些债务列入现有的金融负债中，必须以公司当时的平均长期贷款利率6.5%对这些租金支付额进行贴现。根据公司财报附注中有关金融负债的内容，可以计算出这个利率。因为不知道"以后"科目支付额的年度分布情况，所以，用2009~2013年支付额的平均值（约1亿美元）除这个数值。得出的结论是2013年以后的期限为5.23年，四舍五入为5年。

通过实施经营租赁交易，公司能将大约 7.23 亿美元的金融负债从资产负债表（见表3-6）剔除。正因如此，要相应调整公司的资本负债比率，从 12.6% 升至 59%。动态资本负债比率由 12 个月升至 4.7 年。

表 3-6 经营租金资本化

租赁负债的现值（千美元）
114 078/1.065
+109 092/1.065^2
+101 146/1.065^3
+91 878/1.065^4
+84 736/1.065^5
+100 000/1.065^6
+100 000/1.065^7
+100 000/1.065^8
+100 000/1.065^9
+100 000/1.065^{10}
=合计 7.23 亿美元

■ 例 3-10　调整欧洲航空业的经营租赁业务

实行售后回租不仅能降低表内负债，还会影响利润表数据，甚至还能影响公布的股东权益数据。经营租赁仅仅体现为一项租赁费，所以会影响到利润表。然而，如果同一资产被认定为资本或融资租赁，租赁费会被折旧费和利息费用取代。如果所有经营租赁合同重分类为融资租赁，则会改变股东权益规模。

这是因为根据现行会计准则，一项由融资租赁形成的资产通常采用直线折旧法。但是，在资产使用期限的第一年，资产负债表负债项相应的科目，并不以同样金额减少。这是因为年度的租赁费用被作为债务本金偿还额和利息费用两部分处理了。因此，租赁资产和相应的负债不会同步减少。

这样，为平衡两边头寸，股东权益必须调减。国际会计准则制定者目前以完全去除经营租赁的意图来审视经营租赁会计。因此，应该通过分析附注中更多的租赁数据，来考虑这种转变对资产负债表的影响。

会计准则制定者的这一举措如何影响财务比率呢？

对于无租赁业务的行业而言，很明显无论怎样都没有影响。但是，对于零售商和航空业这类大量运用租赁合同的公司和领域而言，则会产生巨大的影响。以下有关欧洲航空业的案例将说明，如果对所有经营租赁都予以资本化（即都作为金融租赁处理）时，关键财务比率的变化情况。

图 3-3 展示了 2010 财年欧洲最大的 11 家航空公司相关关键比率的中值变化。如图 3-3 所示，如今一些费用计入财务成果并列示在经营利润以下，所以，该组公司息税前利润率的中值从 2.4% 提高至 5.1%。但是，总的说来净利润受到了负面影响，因为该组公司的净利润率中值从 1.7% 降至 1.1%。

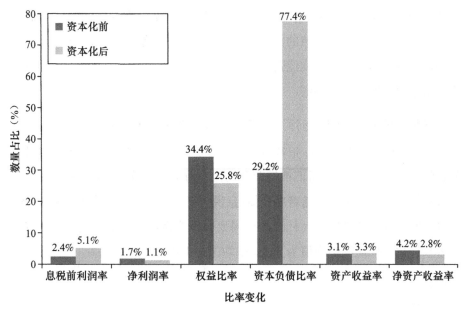

图 3-3　欧洲航空业：资本化前/后的比率中值

资料来源：作者计算结果。

不出所料，表外租赁债务的资本化对股东权益比率和资本负债比率的影响最大。令人吃惊的是，该组公司的资本负债比率中值从合理的 29.2% 提高至令人担忧的 77.4%。

不过，样本内部存在着显著的差异。瑞安航空的资本负债比率仅从 25.4% 升至 41%，而德国第二大航空公司——柏林航空，则创纪录地从 96.8% 飙升至 553.4%。这些差异说明不同的商业模式意味着，即使处于同一行业，经营租赁交易运用的结果差异很大。

3.4　净负债/息税折旧摊销前利润

净负债与息税折旧摊销前利润之比是将公司的净负债，即金融负债扣除库存现金，与利息、所得税和折旧之前的利润进行比较。息税折旧摊销前利润（EBITDA）可在短期内用于支付利息以及少量债务。由于息税折旧摊销前利润近似等于现金流总额，因此这一比率能用于衡量金融负债的偿付能力。息税折旧摊销前利润对负债的偿还程度越高，全额清偿的可能性越大。

通过将折旧费用加回到经营利润（即息税前利润 EBIT）的方式，即可计算得出息税折旧摊销前利润。

净负债/息税折旧摊销前利润分布：标普500指数成分股

图 3-4 展示了标普 500 指数成分股的净负债/息税折旧摊销前利润比率的分布情况。净负债/息税折旧摊销前利润比率通常是衡量公司财务能力的一项很可靠指标。图 3-4 中，随着净负债/息税折旧摊销前利润比率的提高，公司数量不断下降，这是因为高杠杆的公司要么破产倒闭，要么被迫对资产负债表去杠杆化。此比率的中值为 1.1，平均值为 1.4。

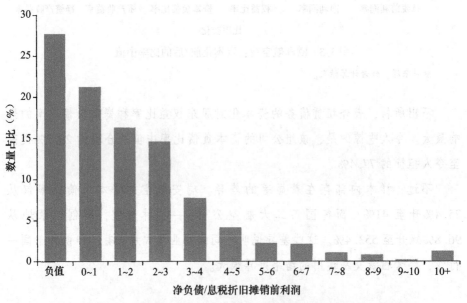

图 3-4　标普 500 指数成分股：净负债/息税折旧摊销前利润比率分布图

■ 例 3-11　净负债/息税折旧摊销前利润：贝泽克电信公司（Bezeq Telecommunication Corp.）

贝泽克电信公司（后简称贝泽克）是以色列最大的电信企业，近年因其颇为激进的红利政策而广受关注——它通过新增负债筹资来支付股东红利的部分资金需求。

根据贝泽克的资产负债表和利润数据（见表3-7），其总负债为95.46亿以色列新谢克尔，扣除4.66亿以色列新谢克尔现金和10.81亿以色列新谢克尔投资（主要为交易所买卖基金ETFs），得出净负债为79.99亿以色列新谢克尔。

表3-7 贝泽克：财务报表的某些头寸

（单位：百万以色列新谢克尔）

	2012年
现金	466
投资	1 081
债券、贷款和借款	1 140
公司债券	4 250
银行贷款	4 156
经营利润	3 035
折旧摊销	1 436

资料来源：贝泽克电信公司（2012）《国际财务报告准则》。

通过将经营利润（EBIT）和折旧摊销费用相加的方式，计算得出息税折旧摊销前利润为44.71亿以色列新谢克尔。

因此，贝泽克的净负债/息税折旧摊销前利润比率如下：

$$\frac{净负债}{息税折旧摊销前利润} = \frac{79.99}{44.71} = 1.79$$

一般而言，净负债/息税折旧摊销前利润比率低于1时，被认为经营状况很好。在此情况下，偿债的可能性很高。与此相反，这个比率高于3时，表明信用质量很差。一旦净负债/息税折旧摊销前利润比率高于8，通常不再具备及时偿债能力。

贝泽克的案例中，1.79的比率还不错。但是，还必须格外关注息税折旧摊销前利润各构成要素的进一步发展和变化情况。

3.5 资本支出比率

假设你拥有一家公司，年利润为500万美元。但是，为了达到盈利目标并保持竞争力，必须每两年投入 1000 万美元用于购买新设备。因此，虽然公司在不断盈利，但这些钱却无法从公司中变现取出。

资本支出比率通过资本支出（CAPEX）与经营性现金流之间的比率来描述这一问题。实践中，现金收益，即净利润加上折旧和其他非付现项目，通常代替经营性现金流来使用。因为后者往往因运营资本的周期性波动而发生明显的变化。

$$资本支出比率 = \frac{资本支出}{经营性现金流}$$

在第 1 章的案例中就已阐明，从长久来看，若企业投资比率超过 100%，则经营不可持续。所以，那些连续多年投入超过经营性现金流的公司，结果都不得不依靠外部筹资，最终必然导致过度负债。这也解释了汽车、航空或重工业等资本密集型产业的业绩长期走弱的原因。

长期投资者通常对那些投资收益率高、资本需求小的公司感兴趣。

■ 例 3-12　资本支出比率：罗宾逊全球物流公司

表 3-8 为美国运输服务提供商罗宾逊全球物流公司（C. H. Robinson Inc.，后简称罗宾逊公司）2012 年年初和年末现金流的相关数据。

表 3-8　罗宾逊公司：简略现金流量表　　（单位：百万美元）[①]

	2012 年	2011 年
净利润	593 804	431 612
折旧	38 090	32 498
其他调整项	(222 432)	55 016
运营资本变动	50 880	(89 414)
经营活动现金流净额	**460 342**	**429 712**
不动产和设备购置	(36 096)	(35 932)
软件购置和升级	(14 560)	(16 874)

[①] 原文为"\$m"，疑有误，此处单位应为"千美元"。——译者注
资料来源：罗宾逊公司（2012）《美国公认会计准则》。

在该公司的现金流量表中，"软件购置和升级"项目格外显眼。在这种情况下，罗宾逊公司没有将与软件升级相关的费用列入利润表，只是将这些升级费用资本化，在资产负债表中列示为一项可折旧的资产。因此，罗宾逊

公司的当年资本支出总额达 5065.6（即 3609.6+1456.0）万美元，上一年则为 5280.6 万美元。资本支出比率计算如下：

$$资本支出比率 = \frac{5065.6}{46\,034.2} = 11\%$$

这是一个相当低的比率，但若公司正在做的投资是足量的，而且公司每年只需现金流的一小部分进行再投资就可以保持竞争力，那么，这就是一个非常好的比率。换句话说，这意味着公司能够将 89% 的经营性现金流，以红利或股票回购的方式分配给股东，或者将其用于并购竞争者，以赢得更多的市场份额。

考虑到罗宾逊公司 5.2% 的净利润率还算不错但不出色，你不禁会感到奇怪：这家公司竟然会有如此低的资本支出比率！还是一样，答案仍然在商业模式本身。

罗宾逊公司是本土最大的运输服务和物流解决方案提供商之一，然而，公司却没有货车或火车等运输设备。它在各独立的运输公司之间建立了广泛的合作网络，会根据终端客户需求和最终的业务规模来选择和雇用这些运输公司。

这也说明了为什么罗宾逊公司只需很少的资金即可维持运营。尽管它的利润率很一般，但有限的投资需求使得资本支出比率显得相当不错！

■ 例 3-13 资本支出比率：箭牌公司

为深入理解这个比率，这里以箭牌公司举例（2008 年，箭牌公司被玛氏公司收购，后者得到了沃伦·巴菲特的伯克希尔-哈撒韦公司的鼎力相助）。箭牌公司优异的市场地位为其带来了良好的现金流。另外，公司的商业模式决定了它每年只需有限的资本支出（见表 3-9）。

表 3-9 箭牌：现金流量表的某些头寸 （单位：百万美元）

	2004 年	2005 年	2006 年	2007 年
经营性现金流	725	740.3	721.4	1 003.9
资本支出	279	281.7	327.7	251.4
资本支出比率	38.48%	38.05%	45.42%	25.04%

经营性现金流扣除资本支出之后的剩余部分（自由现金流）能被用于偿还债务、支付红利和回购股票。从这个意义上讲，资本支出比率表达的是自由现金流的创造能力。此外，资本支出比率很小的公司，具备可以使用自有资金进行投资的优势。至少在某种程度上，不必对外借款。

很多快速成长的公司因缺乏内部融资能力而倒闭。但是，箭牌公司从一开始就形成了资金需求量很小的商业模式——每年只需更新部分设备和进行工厂维护。在这个方面，更为突出的案例是谷歌或微软等成功的IT企业——它们能在最低投资水平下快速发展。

■ 例3-14　资本支出比率：公司比较

为了说明这个比率的重要性，再比较一下可口可乐、麦当劳、力拓集团和美国铝业（见表3-10）。

表3-10　四家上市公司比较

	可口可乐	麦当劳	力拓集团	美国铝业
资本支出比率	26.1%	43.7%	76.3%	84.2%
股东权益比率	53.6%	43.2%	51.9%	41.1%
净资产收益率	39.5%	35.7%	23.2%	1.2%

资料来源：财务报表（2012）。

可口可乐强大的市场地位和明显的竞争力优势，使得自身现金流可以满足所有资本支出，这导致公司近3/4的经营性现金流为自由现金流。无须银行贷款等外部筹资的能力，也表现在可口可乐公司高达53.6%的股东权益比率上。

麦当劳也有一个健康的资本支出比率——虽比不上可口可乐的数值那么惊艳。这主要是餐饮企业更为偏重固定资产这种商业模式之故——与可口可乐相比更是如此。这种商业模式使得麦当劳必须对其餐饮店进行投资：提供加盟连锁店的设备并支付相关的成本。

相反，2012年力拓集团的投资额超过其经营性现金流的3/4，但这并不见得是一个危险信号。如果公司正处于投资周期的中段，在为潜在盈利项目的发展而投资，那么，较高的资本支出比率也是合理的。

然而，该案例中的力拓集团在矿山、不动产、工厂和设备方面投资需求巨大，这个较高的资本支出比率并不是例外，而是一种常态。力拓集团的净资产收益率表明公司的投资回报很高——取得了高达23.2%净资产收益率，而且，51.9%的权益比率说明公司没有过度借贷。因此，虽然力拓集团明显属于资本密集型企业，但仍能为股东获取不错的投资收益率。

美国铝业则相反。公司活跃于资本密集型行业且主要从事大宗商品业务，这使得美国铝业得花费大量的经营性现金流来维护现有资产和购置新资产。就像低至1.2%的净资产收益率所显示的那样，这些投资并非高回报的类型。如果仅仅基于这些数据，公司就不能算作是高质量的长期投资项目。

3.6 资产折旧比率

一般来说，较低的资本支出比率是一项竞争优势，或是竞争优势之下的一种产物。然而，这种情况也可通过人为减少投资来实现——这是一种不可取的做法。即使那些资本需求较低的公司也不会在这方面节省，因为在IT、供应链或更新工厂等方面的投资能够极大地提高效率。

例如，朗讯微系统公司引进了甲骨文企业管理系统，使得公司业务流程的整个处理时间，由一周以上缩减至八小时以内，并且仅通过降低物流成本，就将息税前利润率提高了0.5个百分点。高露洁公司甚至通过上线新的SAP系统，即可将下订单到发货的时间缩减一半。

足智多谋的管理者可能认为，持续地放弃投资可在短期内增加自由现金流。这里借助资产折旧比率指标，可以验证这种方法的真伪。

$$资产折旧比率 = \frac{资产累计折旧}{历史成本法下的资产总额}$$

这一比率表明公司资产的使用年限和状况。资产折旧比率表示多少比例的资产已折旧完。这个比率高则表明，不久的未来需要巨额的投资，以替换陈旧或过时的设备。通过与行业竞争者之间进行比较，往往能更深入地理解这一问题的内涵。

■ 例3-15 资产折旧比率：德国电信

德国电信（Deutsche Telekom）是德国最大的电信服务提供商（之前为国有企业）。表3-11为有关德国电信固定资产的相关数据（见财报附注6）。

表3-11 德国电信：不动产、工厂和设备一览表

(单位：百万欧元)

2008年12月31日资产（历史成本）	120 415
2009年12月31日资产（历史成本）	126 507
2010年12月31日资产（历史成本）	129 749
2008年12月31日累计折旧	78 856
2009年12月31日累计折旧	81 039
2010年12月31日累计折旧	85 541

公司的资产折旧比率计算如下：

$$资产折旧比率_{2010} = \frac{85\ 541}{129\ 749} = 65.9\%$$

$$资产折旧比率_{2009} = \frac{81\ 039}{125\ 509} = 64.1\%$$

$$资产折旧比率_{2008} = \frac{78\ 856}{120\ 415} = 65.5\%$$

2008~2010年，这个比率并未显示出清晰的走势。但是，通过与2002年52.7%的资产折旧比率相比较，则可以得出这么一个结论：德国电信要么在2002年之前的那些年进行了大量投资，要么在2002年之后大幅度地减少了投资。

与这一比率相关的一个问题是：某项资产真实的使用年限和公司账面上假定的使用年限的区别。因为某些资产虽已在账面上核销，但实际仍在使用，所以，对这些比率数据需要详细核实。

■ 例3-16 资产折旧比率：CSX公司

CSX公司是美国主要的铁路公司之———铁路网络里程达21 000英里⊖，

⊖ 1英里≈1609米。——译者注

拥有4000多辆机车、8.7万多列货车及集装箱。CSX公司的财务报表附注6列明了这些资产的详细构成和具体情况（见表3-12）。

表3-12　CSX公司：不动产、工厂和设备明细一览表

（单位：百万美元）

	成本	累计折旧	账面净值
2012年			
铁路小计	23 419	(5 153)	18 266
设备小计	9 301	(4 008)	5 293
合计			
2011年			
铁路小计	22 379	(4 889)	17 490
设备小计	8 621	(3 801)	4 820
合计			
2010年			
铁路小计	20 906	(4 317)	16 589
设备小计	7 443	(3 147)	4 296
合计			
2009年			
铁路小计	20 013	(4 032)	15 981
设备小计	7 466	(3 038)	4 428
合计			

资料来源：CSX公司（2012，2010）《美国公认会计准则》。

CSX公司分别公布了铁路和设备资产的历史成本（1）、累计折旧（2）和账面净值（1）-（2）。铁路资产包括轨道和其他轨道材料、枕木、路基及其他，而设备主要包括机车、车厢和工作设备。依据如此详细的信息，可分别计算出铁路和设备这两部分的资产折旧比率。

对于铁路资产而言，公司的资产折旧比率计算如下。

$$资产折旧比率_{2012铁路} = \frac{5153}{23\,419} = 22\%$$

$$资产折旧比率_{2011铁路} = \frac{4889}{22\,379} = 21.8\%$$

$$资产折旧比率_{2010铁路} = \frac{4317}{20\,906} = 20.6\%$$

$$资产折旧比率_{2009铁路} = \frac{4032}{20\,013} = 20.1\%$$

对于设备资产而言，公司的资产折旧比率可计算如下。

$$资产折旧比率_{2012设备} = \frac{4008}{9301} = 43.1\%$$

$$资产折旧比率_{2011设备} = \frac{3801}{8621} = 44.1\%$$

$$资产折旧比率_{2010设备} = \frac{3147}{7443} = 42.3\%$$

$$资产折旧比率_{2009设备} = \frac{3038}{7466} = 40.7\%$$

通过比较四年的数据发现，CSX 公司铁路资产的资产折旧比率从 20.1% 增长到 22%，可能受制于投资不足的困扰。设备资产方面，虽然趋势不明显，但也存在投资不足的迹象。显然，资产折旧比率数字的变动非常缓慢，因为历史投资额和近期的投资支出采用的是一样的加权方式，因此，应该把这一组数据与尽可能老的一组比率进行对比才有效。

在 2002 年 CSX 公司的年报中，铁路的资产折旧比率为 21.6%，而设备的资产折旧比率为 39.2%。这显示出了一个缓慢而持续的投资不足的趋势，至少从绝对值上看是如此。然而，这里需要注意如下情况的可能性：这种现象可能是铁路设备价格下降之故或机车发动机的燃油效率提升所至。

另一个可能使得该比率分析复杂化的因素是长期租赁日益的频繁运用。当铁路或设备资产可通过经营租赁方式取得，而且，不会体现在资产负债表上，那么，这就使得公司的资产显得比实际情况更为陈旧。

3.7 生产性资产投资比率

生产性资产投资比率与资产折旧比率的目的相似，但更为动态，它将年资本支出与折旧费用进行比较。

$$生产性资产投资比率 = \frac{资本支出}{折旧费用}$$

一般说来，增长与投资相关联。如果投资（资本支出）超过年度折旧费用，则公司通常在同一时期的固定资产的购置超过折旧费用。如果比率低于100%，则需要检查公司设定的折旧率是否偏高，是否盖过资产的物理年限，或者随着增长趋缓，更低的投资额是否合理。

另一原因是技术更新。例如，百货公司整体转型为电子商务公司，而电子商务属于轻资产行业，所以资产投资额下降。

计算该比率所需的折旧和投资数据可从现金流量表中得到。

■ 例3-17　生产性资产投资比率：荷兰皇家壳牌

2008~2010年，石油巨头荷兰皇家壳牌公司（Royal Dutch Shell）公布的折旧费分别为136亿美元、144亿美元和155亿美元。另外，现金流量表中的净投资额分别为303亿美元、252亿美元和236亿美元。

通过以上数据计算得出的生产性资产投资比率分别为185%、175%和152%。因此，在我们关注的这3年中，投资活动部分的增长动态在下降，但公司仍在成长，因为它的增长比率远高于100%。

3.8　现金消耗率

就快速成长的年轻公司而言，它们的资本需求和固定成本往往超过自己的经营性现金流和利润。因为快速发展通常伴随着大额的运营资本投资（如为确保存货的充足），所以，传统的估值方法得出的总是负面结果。

对年轻企业采取善意的怀疑态度没错（尤其是在经济繁荣时期），但在这个领域，也会常常发现一些与投资相关的有趣概念，如现金消耗率就是其中之一。现金消耗率说明：一家公司在亏损时，它的业务还能持续多长时间。

这个比率是将净亏损（绝对值）与股东资本进行比较，适用于亏损公司。

$$\text{现金消耗率} = \frac{\text{股东权益}}{\text{净亏损绝对值}}$$

这个比率表示公司所能承受的最大亏损年限。这一数值越接近零，则越有必要增加资本投入或采取其他融资手段，以避免破产。

比如，如果现金消耗率是五年，则表示股东权益将在连续五年亏损之后消耗完毕。在此情况下，有一个很重要的关注点，即投资者应该清楚地知晓公司何时才能达到盈亏平衡。例如，如果在两年后就能达到盈亏平衡点，则资金储备是足够的。一般而言，应该用悲观的假设来做这种预测，因为若这种假设的预测无法实现的话，就会出现亏损殆尽的危险。

■ 例 3-18　现金消耗率：泡沫公司 VS 大梦公司

泡沫公司（Bubble Ltd）是新型沐浴盐产品的生产商，而大梦公司（DreamBig Ltd）则是互联网初创企业。2009 年年底，两家公司的股东权益都为 100 万美元。表 3-13 列示了两家公司每年净亏损的历史数据。

表 3-13　现金消耗率：泡沫 VS 大梦　　（单位：美元）

年份	泡沫利润	大梦利润
2007	-3 000 000	-4 000 000
2008	-2 500 000	-3 000 000
2009	-2 000 000	-2 000 000
2010（预计）	-1 500 000	-1 000 000

2009 年，两家公司的市价总值都是 30 万美元。哪家公司更好？

通过已给出的公式计算，泡沫公司 2010 年现金消耗率为 8 个月，而大梦同期的则为 12 个月。所以，两家公司都面临着在下一年消耗完自身股东权益的风险，或必须发行新股进行增资。

$$\text{现金消耗率}_{\text{泡沫}} = \frac{1\,000\,000}{|-1\,500\,000|} = 8 \text{ 个月}$$

$$\text{现金消耗率}_{\text{大梦}} = \frac{1\,000\,000}{|-1\,000\,000|} = 12 \text{ 个月}$$

对于年轻企业而言，未来前景特别重要。

不考虑其他数据，根据收益变动趋势，可以得出泡沫公司 2010 年亏损额 150 万美元，这导致其账面上破产（股东权益<0）。募股增资、稀释股权是唯一的选择。

如果大梦公司再亏损 100 万美元，则股东权益就消耗殆尽，但如果公司继续保持该利润走势，则会在下一年达到盈亏平衡点。

由此来看，大梦公司是两个糟糕的选项中较好的一个。

这个案例说明，如果未来不确定性很高，那么，在现金消耗率低于 24 个月的情况下，无论如何都要放弃投资该企业并进行企业估值。当投资于一家年轻公司时，确保它有长期融资（权益方式优先）十分重要。

这一公式的另一种变形是在分子中使用实际库存现金，在分母中使用经营性现金流出——可用来衡量公司的资金最终何时消耗完毕。

3.9 流动（非流动）资产与总资产比率

流动资产占总资产比重越大，则公司的运营空间越大。根据定义，流动资产是期限不足 12 个月的资产，所以，流动资产与总资产比率高，则表明企业适应性和灵活性强。反过来，流动资产与总资产比率低的公司，通常有行业门槛较低的问题。

$$流动资产与总资产比率 = \frac{流动资产}{总资产}$$

在快速发展的行业中，长久来看，灵活性是一项基本要求。相反，流动资产与总资产比率低的公司，其大部分资产被缚于非流动的固定资产。这些资产可能是工厂建筑物和机器设备等。

如果半导体行业发生新变化，如新一代芯片问世，那么整个行业可能都会为之而变，不动产、工厂和设备都要更新——这种开销通常是天文数字！

同样地，流动资产与总资产比率高的公司并不完全意味着公司的灵活性很强。反而，它可能表示公司的存货滞销或应收账款回收不佳。在这种情况下，更高的运营资本需求仅仅意味着一种求生的挣扎。

和流动资产与总资产比率相对的，是非流动资产与总资产比率：

$$非流动资产与总资产比率 = \frac{非流动资产}{总资产}$$

非流动资产与总资产比率高往往伴随风险，因为这种企业无法对变化的市场趋势做出快速反应。非流动资产与总资产比率低的商店老板，能通过调整出销路好的产品组合，快速适应市场变化。但是，这些产品的制造商却无法对需求的变化做出快速反应，因为它们需要据此更新设备或研发新产品。

为了尽可能降低市场新变化和需求变动的风险，非流动资产与总资产之比高的公司，应该具有一个有效且切实可行的相关战略。

然而，在某些情况下，非流动资产占比大的公司，其行业门槛较高，如具有广泛门店网络的零售商、管道提供商或有线电视运营商等。所以，如果在一个变化缓慢的市场环境下拥有市场主导地位，则非流动资产与总资产比率高是好事。在上述情况下，这些固定资产巩固了公司的市场地位。

有关这一情形的另一个优秀案例是加拿大国家铁路公司。该公司的铁路网里程超过 20 100 英里，拥有成千上万的机车。仅仅是复制这种规模的资产，就必须投入 340 亿美元以上。在这层意义上，可以视这种现有网络为一种自然垄断。

■ 例 3-19 流动和非流动资产比率：公司比较

表 3-14 所示的对比更为清晰地展现了基于不同商业模式的不同比率，并提示了在解读所得结论时，要关注一些暗藏的陷阱。

表 3-14 资产比率：三家上市公司的对比情况

	加拿大国家铁路公司	康宁公司	脸谱网（Facebook）
非流动资产	247.90 亿美元	196.80 亿美元	38.36 亿美元
流动资产	18.69 亿美元	96.95 亿美元	112.67 亿美元
资产总额	266.59 亿美元	293.75 亿美元	151.03 亿美元
流动资产/资产总额	7%	33%	74.6%
非流动资产/资产总额	93%	67%	25.4%

资料来源：财务报表（2012）《美国公认会计准则》。

加拿大国家铁路公司的表现还算正常。公司在加拿大和美国的铁路运营，需要在铁轨和机车方面的巨额投资。在流动资产方面，加拿大国家铁路公司没有或只有很少的存货，主要是应收账款。

在这种情况下，不应该视非流动性资产占比大为负面因素，因为美国铁路面临技术更新的风险很小。而且，相比于汽运和船运，铁路的成本和规模优势进一步夯实了它的地位。最后，它现有轨道和枢纽网络（公司直接拥有的网络），能够为企业提供天然门槛类的保护，将潜在竞争者挡在门外。

康宁公司是一家特种玻璃和陶瓷生产商，而且，与智能手机行业密切相关——因为其专利产品"大猩猩玻璃"是智能手机的主要部件。另一个重要的经营领域是公司的液晶显示器（LCD）业务——是与三星公司合资的企业开展的。除此之外，公司还与陶氏化学公司组建了合资企业。总的来说，所有合资企业的相关科目占康宁公司资产负债表的27%。

在合资企业的背景下，相关的所有资产负债都不在母公司的资产负债表中体现，但母公司在合资企业中的股东权益，是作为一项长期投资体现在资产负债表上。因此，虽然康宁公司的合资企业本身具有非流动资产和流动资产，但合资企业在康宁报表上反映的全部是非流动资产的数据。

于是，通过这种合资企业的会计处理后，在非流动资产与总资产比率这个数值上，康宁公司的非流动性显得比实际情况高。对于那些拥有其他公司大额股份，但又未全部纳入合并报表范围的集团公司而言，这种情况必须加以考虑。

相比之下，脸谱网只需要很少的固定资产就可以维持运营。除了公司总部和服务器群等非流动资产之外，其他大部分都为流动资产——约占资产负债表总额的3/4。通过数据的细致梳理后发现，公司还持有很多库存现金。

对于高科技和互联网公司而言，这是很常见的现象。因为趋势变化无常，必须及时应对，把竞争者拒之门外，所以，高科技公司需要在短期内，就显现出高度的灵活性。手持适量可用现金能够确保这种灵活性，能让公司迅速做出投资决策，及时捕捉市场机遇。

3.10　权益/固定资产及权益和长期负债总额与固定资产比率

根据会计指导原则，企业的非流动资产相应地要与其长期资金相匹配，而它的流动资产要与其短期资金相匹配。所以，为了给某公司非流动资产筹资，需要运用长期负债和股东权益。因此，这两个相关比率的细分，允许我们评估仅考虑股东权益（供公司无限期自由支配）的融资程度。

$$权益与固定资产比率 = \frac{权益}{非流动资产}$$

权益与固定资产比率表示股东权益资本多大程度上可覆盖非流动资产。因为公司还会借入长期资金，所以，它的目标值范围70%~90%可视为充足。

$$权益和长期负债总额与固定资产比率 = \frac{(股东权益 + 长期负债)}{非流动资产}$$

把长期负债加到公式中后，则成为股东权益和长期负债总额与固定资产比率。100%以上的比率意味着，除了非流动资产以外，部分运营资本也来自长期资金。这个比率的目标值在130%左右。

对于周期性或受困于资金问题的公司，这一比率非常重要。在股东权益和长期负债总额与固定资产比率低于100%时，一旦面临短期信贷问题（比如货币市场枯竭），公司就会陷入财务困境。

雷曼兄弟就是忽视这一比率的最著名的受害者之一。为了赚取利差，该公司通过短期负债支撑长期投资。后果则是众所周知的悲剧！在金融危机袭来之时，即便是通用电气等巨无霸，也存在因货币市场冻结而被迫延期归还短期债务的问题。

当然，只有在资产和负债长期错配的情况下，才会发生此类风险。如果相关的两者都同时到期，则不需要任何追加的外部筹资。在评估短期和长期的财务稳定性时，投资者应该关注这一点。

■ 例3-20　巴西国家石油公司

我们将通过巴西国家石油公司（Petroleo Brasileiro SA）的案例，展示股东权益与固定资产比率以及股东权益和长期负债总额与固定资产比率的计算过程和内涵解读。巴西国家石油公司又被称为巴西石油公司，是巴西最大的公司。表3-15是巴西石油公司2012年年底资产负债表的简略版。

表 3-15　巴西国家石油公司：简略资产负债表

(单位：百万美元)

流动资产	57 794	流动负债	4 070
非流动资产	250 746	非流动负债	128 536
		股东权益	169 039
资产总额	331 645	负债和股东权益总额	331 645

资料来源：巴西国家石油公司（2012）《国际财务报告准则》。

根据资产负债表所列示的资产，很明显，长期资产，特别是不动产、工厂和设备，构成了巴西石油公司绝大部分的资产。这引出了一个问题：这些资产是否都通过资产负债表右方的相关筹资科目而得到满足。为了验证，我们计算如下两个比率：

$$权益与固定资产比率 = \frac{169\ 039}{250\ 746} = 67.4\%$$

$$权益和长期负债总额与固定资产比率 = \frac{(169\ 039 + 128\ 536)}{250\ 746} = 118.7\%$$

权益与固定资产比率是 67.4%，略微偏离 70%~90% 的目标值范围，但仍可视为安全。考虑长期负债后，比率达 118.7%，这已与目标值 130% 非常接近。因此，总的说来，巴西石油公司资金与资产的比率不错，即长期资产能够通过长期筹资的方式全部得到满足。

3.11　商誉比率

在沃达丰公司以创纪录的 1120 亿英镑收购了曼内斯曼公司的六年之后的 2006 年，这一英国移动通信提供商宣布税后净亏 218 亿英镑！

到底发生了什么？

这家英国公司高估了曼内斯曼公司的价值，随后，由于未达到收购预期，被迫调整资产负债表的相关账面价值——出现了数十亿美元的商誉减值。在此提醒一下，商誉是买方以高于目标公司账面价值的价格收购目标公司而形成的溢价。类似这些资产负债表潜藏的定时炸弹，可以通过以下公式予以量化：

$$商誉比率 = \frac{商誉}{股东权益}$$

公司必须每年对资产负债表内的商誉进行减值测试。所谓减值测试是核实商誉金额是否合理。如果不合理，商誉金额要调减，这会对利润表产生负面影响。根据现行国际会计准则，商誉与多数其他资产一样，不进行每年的计提折旧。就资产负债表相关比率而言，商誉一般是携风险而来，因为很多公司对被收购公司的估值过于乐观，造成以后年度的大幅度资产减值。

这通常是在收购时超高并购价格的直接恶果。不过，商誉不应该受到诋毁，因为有些公司的价值毫无疑问地会在资产负债表列示的股东权益之上。但是，商誉比率高，往往存在减值的潜在风险，这会减损股东权益。因此，商誉不应在股东权益中占比过高。作为一个经验法则，30%是最高比率。这样，即使发生商誉全部减值的情况，那些余地阔绰的资产负债表比率通常也不会出问题。

减值不会影响流动性，也没有形成现金流出，但这种贬值形式都是高估自身资产的直接后果，不能看成是好事。因此，在企业的估值过程中，应对商誉进行独立的价值重估测试。如果测试结果低于账面所记价值，则必须抵减股东权益。

在第8章最后，将有一个单独的篇幅，介绍在做估值分析之前，如何对资产负债表进行特殊的调整和相关的编辑工作。

第 4 章

运营资本管理的比率

> 以长期之规制当期业务，是一种误导。从长而论，我们都完蛋了。
>
> ——约翰·梅纳德·凯恩斯

拥有一家产品实际交付前就收到货款的企业当然很有价值。在所购产品入库数月后才付货款无疑是聪明的做法。沃尔玛、乐购和家得宝这些大型零售商就是采用这些方法，提升它们的盈利能力的。由于它们的供应商很大程度上仰仗于它们，供应商不得不接受这些零售大鳄的付款条件，或不得不用大幅折扣去设法叩开它们的大门。

如果沃尔玛是在两个月后支付货款，却能在几个星期内卖出货物，那么，供应商本质上是给出了一笔无息贷款。例如，计算机厂商戴尔对其客户成功地采用了这种方式，因为后者通常都是提前打预付款给前者。同时，戴尔的供应商高度依赖于它，所以，给予戴尔非常优惠的付款条件，进一步提高了戴尔现金流的创造能力。

运营资本管理的目标：最佳量级的存货、应收账款和库存现金（即流动资产），匹配一个经济实惠的短期负债量级（尤其是供应商信用）。如果实施得当，运营资本管理会减少企业内的资金占用量，释放占用资金并最终提升盈利能力。

有一点很清楚：即便是最成功的企业（如第 1 章现金流量表一节所述），也会由于不良的运营资本管理，致使企业现金告罄。这就是太多客户赊账之时会发生的情况：企业获得了高收入，但没有资金实际进账，无钱采购新的物品，无钱支付员工工资，更无钱进行投资。是的，过度的销售额预期常常导致产品的堆积，进而压占过多的资金。如果这些产品过季或过时，就必须做相应的减值折旧。

所以，高效的运营资本管理意味着流动资产和应付账款的最佳比例。如果前者太大，被缚的资金太多，那么，盈利能力就会骤降。若企业没有足够的流动资产（相对于流动负债），那么，企业就会处在流动性不足的险境（因为要用流动资产支付到期的流动负债，如通过出售货物或回收应收账款）。换言之，如果欠供应商的账款量级巨大，而且，没有足够可以快速变现的流动资产，那么，企业就会面临短期债务违约之险。

更有甚者，如果库存产品不足，会导致供应瓶颈的出现。在当今按需消费的环境下，这是一个关键因素。

相比于财务稳定性比率，流动性比率提供与企业短期资金融通相关的信息。另外，由于这些比率还要揭示一家企业是否在资产负债表上滞留太多的流动资产，所以，运营资本比率也被视为盈利能力的指标。

本章首先阐述应收账款天数的计算和解读（辅助案例是亚马逊和陶氏化学），然后，介绍与运营资本管理和存货保有量相关的各种比率。应收账款天数和应付账款天数反映了发票和债务的支付速度，这是看清运营资本管理的第一步。

4.1 应收账款天数和应付账款天数

$$应收账款天数 = \frac{平均应收账款 \times 360}{销售额}$$

应收账款天数（DSO）显示公司需要多少天才能从客户那里收回账款。因而，在应收账款天数增加时，说明应收账款管理正在恶化。这个数值的不断增大会削减经营性现金流，因为实际流入公司的资金越来越少。

当与它的对应词"应付账款天数"（DPO）一起考虑时，这个比率的内涵就更加清晰了：

$$应付账款天数 = \frac{平均应付账款 \times 360}{销售成本}$$

类似于应收账款天数，应付账款天数量化公司需要多长时间才会支付供应商的账款。两个数据之间的目标关系如下：

$$应收账款天数 < 应付账款天数$$

设置这么一个目标关系是基于这样一个建议：从公司的利益来看，最好是尽早收回客户的账款，同时，尽量推迟自己的付款账期。这种时间差越大，公司持有的无息信用资金的时间就越长。其结果是，对外部的短期融资需求，或依赖过度透支的需求会降低。原则上，仅在同行业内，应收账款天数和应付账款天数才有可比性。例如，直接向终端消费者售卖的公司（如沃尔玛和乐购等），通常会当场收到货款，而处在供应链中间的公司，常常不得不以赊账的方式销售自己的产品。

作为如何计算和解读这些数据的例子，让我们来看看亚马逊和陶氏化学的财务报表。

■ 例 4-1 应收账款天数/应付账款天数：亚马逊

基于表 4-1 的数据，就亚马逊公司的应收账款天数所做的计算如下：

$$应收账款天数 = \frac{0.5 \times 3364 + 0.5 \times 2571}{61\ 093} \times 360 = 17.5(天)$$

应收账款天数的计算方法：用 2009 年的净销售总额除同一年的平均应收账款。由于应收账款仅仅于资产负债表日公布，为了把它们与净销售额（涵盖整年的）相比，必须使用平均值。若使用应收账款的季度数据，则可以进一步优化这个指标——尤其是对季节性业务特征较强的公司，这种方法的意义很明显。

表 4-1 亚马逊公司：财报的某些头寸 （单位：百万美元）

	2012 年	2011 年
净销售总额	61 093	48 077
销售成本	45 971	37 288
应收账款，交易和其他	3 364	2 571
应付账款	13 318	11 145

资料来源：亚马逊公司（2012）《美国公认会计准则》。

应付账款天数的计算方法比较相近：

$$应付账款天数 = \frac{0.5 \times 13\,318 + 0.5 \times 11\,145}{45\,971} \times 360 = 95.8(天)$$

亚马逊的这两个数据相当引人注目。鉴于亚马逊的客户多数是终端客户，且他们都是以信用卡或挂账方式付款，所以，它的账款回收速度是令人惊讶地快！而且，由于亚马逊的规模和重要性，大多数亚马逊的供应商不得不接受它的付款条件（即确定亚马逊欠它们最大金额和最大期限的条款）。这两个数据的差额显示：亚马逊享有的供应商净信用天数超过了78天，这大幅降低了亚马逊的融资需求。

■ 例4-2　应收账款天数/应付账款天数：陶氏化学

表4-2显示了陶氏化学2011年年底和2012年年底利润表及资产负债表的数据。

表4-2　陶氏化学公司：财报的某些头寸（单位：百万美元）

	2012年	2011年
净销售额	56 786	59 985
销售成本	47 792	51 029
应收账款和票据		
交易	5 074	4 900
其他	4 605	4 726
应付账款		
交易	5 010	4 778
其他	2 327	2 216

资料来源：陶氏化学公司（2012）《美国公认会计准则》。

陶氏化学（Dow Chemical）把它的应收账款和应付账款细分为"交易"和"其他"。对于计算账款的天数，重要的是使用"交易"数据。记在"其他"项下的金额，可能包含了贷款的应收账款，比如给予其他公司或其他非经营性活动贷款的应收账款。把它们包含在计算里，很大程度上会使计算结果的业务含量稀释。

同样的道理也适用于应付账款的情形。例如，在这类科目里的"其他"项下，也可包含为工厂建设而开出的账单。很明显，所有这些账款与客户——公司——

供应商这个业务链几乎没有关系，因此，在计算这种指标时，应该将其略掉。

$$应收账款天数 = \frac{\frac{1}{2} \times 5074 + \frac{1}{2} \times 4900}{56\,786} \times 360 = 31.6(天)$$

$$应付账款天数 = \frac{\frac{1}{2} \times 5010 + \frac{1}{2} \times 4778}{47\,792} \times 360 = 36.9(天)$$

在应收账款的回收和应付账款的支付之间，陶氏化学计算出的两者差异较小。这意味着该公司能够利用的供应商资金的时间很短。为什么会是这样呢？尽管陶氏化学的大部分产品是以挂账方式销售的，但它的应收账款天数却是一个不错的数值：31.6天。这意味着好像没有应收账款的回收问题。

相反，面对供应商，陶氏化学好像并没有非常好的讨价还价的地位，结果是它无法向供应商施压得到较好的付款条件。问题来了：为什么陶氏化学不能向其供应商施压呢？这个答案可以简洁地概括为：自己活，也得让他人活。大多数陶氏化学的供应商生产类似于大宗商品的产品，利润可能很小。如果陶氏化学以更长的付款期限挤压它们，这个群体的弱者就会关门倒闭，结果可能是消减了自己的供应商队伍。

4.2 现金比率

$$现金比率 = \frac{库存现金 + 短期投资}{流动负债}$$

现金比率是公司的现金、流动资产和证券（都是能够易于快速变现的资产）之和与公司流动负债之比。这个比率（像速动比率和流动比率）源自一个概念：短期负债要能被足够多的变现能力快的资产所涵盖。

在支付短期债务时，库存和应收账款是企业可以进一步处置的流动资产，所以，对这个比率而言，10%～20%的目标值就足够了。不过，如果公司库存现金比率更高，并不是一个坏事，但会被视为一种奢侈行为，会对公司的资本回报产生负面影响。

有些季节性采购量大的企业，有时会手持大量的现金。例如，冬季面临暴雪天气的乡间轮胎店，会在暴风雪之前的夏季和秋季库存累积冬季用胎。在这种情况下，高于目标值的现金比率就不应该视为负面。

的确，在危机期间，当信贷市场崩溃，或其他"万一"的情形真的出现时，足够的现金贮备能确保公司的生存。沃伦·巴菲特曾经说过这么一句戏谑性的名言：我总会持有100亿美元现金，以备本·伯南克携林赛·罗韩（女明星）私奔至南美这类事件的发生。

■ 例4-3 流动性：安然/商业票据市场

商业票据是货币市场票据，期限从1天到9个月不等。在美国，许多公司利用商业票据市场储备短期信贷。2009年，这个市场未到期商业票据总数为1.5万亿美元，这一数字彰显了这种融资手段（或更广义的短期融资本身）的意义。

为了日常业务经营，大型企业通常需要相当数量的流动性——其来源一般都是商业票据市场。因此，被这个市场排除在外，就等于判了企业的死刑。

2001年，因安然财报做假和评级机构穆迪威胁要下调安然信用评级的传言，市场变得越来越焦躁不安时，商业票据市场立即把这家企业集团拒之门外。在这段时间，安然公司为了维持业务的运营，平均每小时需要花费7万美元。随后不久，这家美国第九大企业集团就宣布破产了。

2008~2009年金融危机的最严重的时期，货币市场也有类似的反应。人们甚至丧失了对一流企业的信心，盖因它们面临被商业票据市场拒绝的风险。此时，拥有30万员工的通用电气公司，几乎就要申请紧急贷款了，因为无法进入商业票据市场，公司只能使用数量不足的短期现金苦撑。

这类危机给我们带来的最重要的教训之一是：在极端的情形下，企业总会痛感现金的不足，或如约翰·梅纳德·凯恩斯所言："市场的脱缰之势会超出你保持偿付能力的时间。"但过度的流动性同样使企业面临着风险：这些资金将无法创造利润，或只能依据管理层的意愿使用。

现金比率分布：标普 500 指数成分股

标普 500 指数成分股的现金比率中值是 40%（即 0.4）。如图 4-1 所示，在 2003 年底的资产负债表上，多数标普 500 指数成分股公司持有很多现金，但持所荐目标值 10%~20% 现金比率的公司数是所有不同比率值组群里最多的。

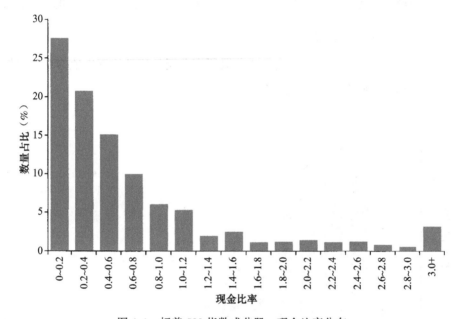

图 4-1　标普 500 指数成分股：现金比率分布

下一节主要是例证和解读不同的流动性比率。

4.3　速动比率

$$速动比率 = \frac{库存现金 + 短期投资 + 应收账款}{流动负债}$$

即

$$速动比率 = \frac{流动资产 - 库存}{流动负债}$$

由于应收账款可以通过如保理业务等方式相对较快地转换为现金，所以，速动比率通过增加现有应收账款的方式扩展了现金比率。把这些资产"快速"转化为现金是这个比率得此名的原因。

就现金比率而言,一个无意义的高比率值意味着太多的资金空置于企业之手,而低比率值则潜伏着短期资金周转的不稳定性。因此,它的目标值是90%~100%,这是一个维系资金周转稳定和资金有效利用之间平衡的比值。

速动比率分布:标普500指数成分股

如图4-2所示,标普500指数成分股所有公司的速动比率中值为0.9(即90%),这是盈利能力和财务稳定之间取舍的佳值。

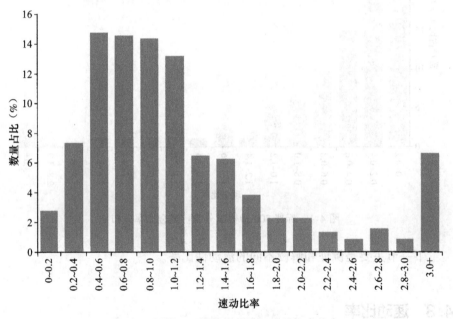

图4-2 标普500指数成分股:速动比率分布

4.4 流动比率或运营资本比率

$$流动比率 = \frac{流动资产}{流动负债}$$

流动比率(也称为运营资本比率)是整个流动资产(或流动资金+应收

账款+存货）与流动负债之比。这个比率的目标值应该在 120%~170%。为何是这个目标值？流动资产用于推动企业的业务经营，通常是一年之内用毕。就是这个小于一年的期限正好适应了短期负债的时长特性。因此，这些负债应该被处在资产项的对应部分（流动资产）绰绰有余地覆盖。

由于这个缘故，100%的目标值似乎足矣——足够支付所有的短期负债了。不过，别忘了，公司还需要一定数量的流动资产来从事日常运营。加之，无法保证所有的流动资产都能在很短的时间内，按其账面价值变现。因此，就流动比率而言，需要在100%这个门槛之上有一个缓冲值。

认真观察就会发现，流动比率内含的折中属性，即它的财务稳定性一如其盈利性一样重要。如果流动比率目标值超过了其最高值170%，企业被占压的资金就会太多，盈利能力就会下降。实际上，这个关键比率是流动性和盈利性之间的平衡游戏。

流动比率分布：标普500指数成分股

图4-3 刻画的是所有标普500指数成分股公司的流动比率分布。它们的

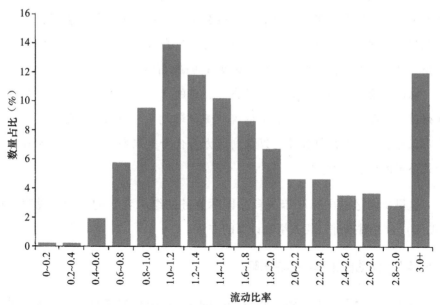

图 4-3　标普 500 指数成分股：流动比率分布

中值是非常健康的 1.5（即 150%）。不过，18% 公司的流动比率值低于 100%，这对它们的短期偿付能力是一个威胁。

■ 例4-4　流动比率：公司比较

2012 年年底，苹果公司、黑莓公司和诺基亚公司公布了如表 4-3 所示的数据，展示了各自运营资本管理现状。

表4-3　流动性比率：三家上市公司的比较　　　　　　　　　　（%）

	苹果公司	黑莓公司	诺基亚公司
现金比率	75.6	77.0	64.8
速动比率	103.9	145.2	102.7
流动比率（经营资金比率）	149.6	205.9	142.6

资料来源：财务报表（2012）《美国公认会计师准则》。

在这个例子里，所有公司都呈现出健康的流动性比率。较高的现金比率（都在目标区域值之上）反映了这些公司丰沛的现金——真正技术型公司的典型表现。就像早先指出的那样，这并不是高效的流动性管理，但确保了高度的灵活性和财务稳定性。后者对黑莓公司和诺基亚公司特别重要，因为它俩在移动终端市场遇到了麻烦，被领先公司逐渐甩开了距离。就其数据表现而论，至少在短期内，它们不会遭遇现金短缺的问题。

总的来看，苹果公司和诺基亚公司公布的速动比率和流动比率，接近于理想值，黑莓公司资产负债表上的流动资产超过了理想值。不过，由于黑莓公司正处在最严峻的挑战期，以盈利能力为代价换取额外的财务稳定性，可能是公司的明智之举。

这里将用亿滋国际（卡夫食品国际业务的继承者）的例子，说明使用（美国）合并财报进行相关精确计算的方法。

■ 例4-5　流动性比率：亿滋国际

表 4-4 列示了亿滋国际（Mondelez International）的流动资产。该公司的流动负债达到了 148.73 亿美元。

表 4-4 亿滋国际：流动资产摘要　　（单位：百万美元）

	2012 年
现金及现金等价物	4 475
净应收账款	6 129
净存货	3 741
其他流动资产	1 277
流动资产总计	15 622

资料来源：亿滋国际公司，(2012)《美国公认会计准则》。

现金比率的求取方法：现金及现金等价物除以流动负债：

$$现金比率 = \frac{4475}{14\,873} = 30.1\%$$

对于速动比率，分子应该包括公司的净应收账款：

$$速动比率 = \frac{4475 + 6129}{14\,873} = 71.3\%$$

为了计算流动比率，既可以用亿滋国际的流动资产总额，也可以用现金、应收账款和库存的总数。在这个比率的计算里，采用156.22亿美元的流动资产总额。

$$流动比率 = \frac{15\,622}{14\,873} = 105.0\%$$

亿滋国际采用了一个相当激进的、利润驱动型的运营资本管理策略，公司的运营资本正好是所需的量级。鉴于它稳健的业务模式和颇具韧性的现金流，这种策略不会对公司财务稳定性产生负面影响。

4.5　库存强度

$$库存强度_{RS} = \frac{原材料及物料}{总资产}$$

$$库存强度_{SF} = \frac{半成品 + 产成品}{总资产}$$

这些比率给出的是物料（即物品）与总资产之比的信息，因此，构成了一个衡量资金效率和资金投入的标尺。一般来说，库存比例越大，占压于运营资本的金额就越大——这对盈利能力和现金生成能力,都会产生有害影响。而且,这个比率相较于前年上升意味着相关库存产品的销售问题。因此,时间一长,库存强度指标就特别有意义,尤其是快消品行业应该使用这个指标。

由于库存的绝对增长通常会引起收入和总资产的增长,所以,可持续的增长不会对这个比率产生影响。不过,一次突如其来的库存增长应该慎重对待。

■ 例4-6 库存强度:索尼公司

2012年年底,日本巨头索尼公司(Sony Corporation)公布了下述有关其库存成分的信息。精确的库存数据(见表4-5)可以在其财报的附注里找到。

表4-5 索尼公司:库存摘要 (单位:百万元人民币)

	2011年	2012年
成品	498 430	489 519
半成品	88 236	85 631
原料、所购部件和物料	120 386	134 904
总计	13 295 667	14 206 292

资料来源:索尼公司(2012)《美国公认会计准则》。

基于这组数据,可以计算得出2011年和2012年公司的库存强度分别为4.4%和4.0%。无论是绝对还是相对而言,鉴于索尼公司2012年销售业绩增长的背景情况,可把这组库存强度比率看作是向好的指标,因为随着公司销售业绩的增长,占用的资金量反倒减少了。

4.6 库存周转率

$$库存周转率 = \frac{销售成本}{平均库存量}$$

要慎重对待库存周转率的下降,因为占用资金和减值风险都会增加。用360除以这个数值,得到库存天数。这个比率反映了产品在公司库存里的平均时长。

$$库存天数 = \frac{360}{库存周转率}$$

就资金效率和盈利能力而言，库存天数应该是越低越好，但同时，不能妨碍公司的及时交货能力。周转天数和周转率没有什么大的区别。不过，周转天数更加具体和易于理解，因此，它是两个比率中更受欢迎的一个。

■ 例4-7 库存天数：亚马逊公司

对于2012和2011年，亚马逊的库存金额分别是60.31亿美元和49.92亿美元，销售成本分别是459.71亿美元和372.88亿美元。基于这些数据，所计算的库存周转率如下：

$$库存周转率 = \frac{459.71}{0.5 \times 60.31 + 0.5 \times 49.92} = 8.34$$

把这个比率转化为库存天数：

$$库存天数 = \frac{360}{8.34} = 43.2(天)$$

这个数据说明亚马逊的商品库存平均是43天。很明显，这个数据越小，资产周转率越高——对公司的资金回报有正面影响。规划和分析库存天数的长期趋势，有助于揭示公司关键的库存管理能力以及任何的潜在趋势。

在数据分析中，能够像这个比率一样，与企业面临的现实环境紧密相关的比率值极少。例如，这个比率会因下述原因上升（即公司囤货）：预期将有一次大规模的批发活动，或利用难得的低廉采购价，大肆囤积原料等，以期产品成本的最小化和未来某日的利益最大化。此外，还有季节性因素，例如滑雪板厂家为旺季而囤积的原材料和产品等。

除了要对企业业务现状做彻底的调研之外，还应该有一个相关的判断：一个产品或一个产品线会以怎样一个速度过时淘汰。不受品位、潮流或技术影响或影响程度很低的产品，通常不会出现库存冲销的问题。变化快的产品的库存量应该保持在一个最低限度，因为若不能快速售出的话，它们会变得一钱不值。新闻日报的业务就是一个极端的例子——你认为，会有人去购买昨天的日报吗？

4.7 现金转换周期

有了已经熟悉的比率——应收账款天数、应付账款天数和库存天数，现在可以计算现金转换周期了（见表4-6）。这个比率反映了在减去应付账款后库存和应收账款所占压资金的时间长度。

计算的结果是现金平均投入天数。这里有两个重要的点要记住：这个比率既内含流动性函数（由于资金占用时间太长而需要借入短期资金吗？），也包含利润能力函数（资金需要多长时间才能流回来？）。实际上，这个比率反映了公司在运营资本管理方面的表现。类似于已经介绍过的流动性比率，应该以历史发展的眼光解读现金转换周期这个指标。

表4-6 现金转换周期的计算

	销售回款天数（以天计）
+	库存天数（以天计）
-	应付账款天数（以天计）
	现金转换周期（以天计）

■ 例4-8 现金转换周期：亨得利控股

亨得利控股（Hengdeli Holdings）是亚洲最大的手表零售商和批发商。表4-7提供了其运营资本和利润表的相关信息。

表4-7 亨得利控股：财报的某些头寸

（单位：千元人民币）

	2012年	2011年
收入	12 120 448	11 375 280
销售成本	8 966 015	8 518 212
库存	5 569 961	4 521 297
应收货款	1 011 869	789 249
应付货款	1 782 100	1 377 071

资料来源：亨得利控股（2012）。

注意：应收货款和应付货款的准确数据只能从财报附注得到，因为资产负债表上公布的相关数据还包含了与公司经营业务本身无关的应收账款和应付账款。基于附注的相关数据，相关的比率可以计算如下：

$$销售回款天数 = \frac{0.5 \times 1\,011\,869 + 0.5 \times 789\,249}{12\,120\,448} \times 360$$

$$= 26.7(天)$$

$$应付账款天数^{\ominus} = \frac{0.5 \times 1\,782\,100 + 0.5 \times 789\,249}{8\,966\,015} \times 360$$

$$= 51.6(天)$$

$$库存天数 = \frac{360}{1.78} = 202.6(天)$$

所得的销售回款天数和应付账款天数都非常好。不过，该公司的库存天数却是非常高。这可能是一个还算满意的数值，因为该公司业务是以一个相对长的周期分销豪华类手表，但这无疑限制了亨得利的现金创造力，毕竟它的现金转换周期值偏高：

$$现金转换周期 = 26.7\,天 + 202.6\,天 - 51.6\,天 = 177.7(天)$$

4.8 未完订单和新增订单比率

分析师乐见有未完订单的企业，因为这种信息有助于评估企业短期和中期的优先发展环节。

未完成订单是现有订单的价值。订单收入是不同的，因为它记录的是在一个具体时间段收到的订单，比如上个季度或上个年度。尤其是处在制造业和建筑业的企业，它们经常在自己的年报里直接提供未完成订单和新增订单的数据——这就使得相关的预测容易多了。

大额未完订单使企业和投资者能拿出靠谱的计划，因为这类订单使得人们易于确定所需和可用的产能。在市场下行的环境里，要想调整产能并非易事，尤其是制造业，因为很大一部分费用都是固定费用。因此，对于固定费

⊖ 原书此处采用的 2011 年应付货款疑有误，实为 1 377 071。这同时影响到后文现金转换周期的结果。——译者注

用高的企业，准确地分析它们的订单现状和态势很重要。一般来说，非流动资产比例高、人员的费用高、订单下滑的企业很容易遭受迫在眉睫的亏损，因为这种成本形态无法进行及时调整，或根本就无法调整。为了评估这种风险，可采用待发货订单（forward order book）这个概念：

$$待发货订单 = \frac{未完订单}{过往12个月销售额} \times 360$$

这个比率显示的是未完订单的时间期限（以天计）。例如，如果计算的结果是360天的待发货订单，那么，即便是没有更多的订单，全年的产能都会处在满负荷状态。这个比率值越高，对销售额和成本状况的预期评估，就会越好。如果一家企业的未完订单为2亿美元，过去12个月取得了1亿美元的销售额，那么，计算结果就是大约两年期的待发货订单。

$$待发货订单 = \frac{2}{1} \times 360 = 720(天)$$

订单的质量特别重要。如果一家制造商仅有几个客户，在市场下行时，它要么取消订单，要么推延订单，那么，就要慎重对待相关的待发货订单的计算结果。在分析中，还要考虑客户的订单形态。例如，如果订单客户类别分散广泛，跨越不同的行业，那么，这会有效地提高未完成订单的质量，并提供了一层安全性。

在已接订单方面，还有一个重要且更动态的比率：订单出货比率。

$$订单出货比率 = \frac{新增订单}{销售额}$$

订单出货比率把当期得到的订单与过去已经取得的销售额进行比较。大于1的数值意味着将要上升的销售额，因为新增订单超过了现有销售额。例如，数值为2的比值相当于销售额翻番的可能，前提是企业有所需的产能和资金及时地完成这些订单。当然，小于1的订单出货比率是危险的。它意味着销售额的下滑——如果还有一个较高的非流动资产与总资产之比，那么，毛利润很快就会被侵蚀掉。在使用订单出货比率时，采用同样的时间单位很重要。例如，如果分子用的是上季度得到的订单，那么，分母就要用上季度相应的销售额与之对应。

如果一家企业半年的销售额是 0.85 亿美元,而在过去 6 个月得到的订单是 1.2 亿美元,那么,它的订单出货比率就是 1.41。这个数值意味着销售额将会有相当的增长。一般来说,最实际的做法是:订单额大的企业按年度来计算订单出货比率;而订单额小但有规律的企业,最好按季度计算订单出货比率。在分析手里的订单时,人们必须考虑所得订单是属于哪个业务领域的。例如,如果到手的订单是来自毛利润低的业务,那么,销售额会增长,但利润不会按比例增长。

第 5 章　商业模式分析

The Art of Company Valuation and Financial Statement Analysis

> 在某种程度上，只有在企业定性调研的基础上，量化的数据才有使用价值。
>
> ——本杰明·格雷厄姆

商业模式描述了企业成功的那些要素。就本书的主题而言，应该把它看作是硬币的另一面，即它是前述公司估值数据部分的对应部分，由企业的属性特征构成。正所谓，非凡的经营比率永远是非凡的商业模式所致！本书所述的那些经营比率仅仅记录了企业过往的经济成败，而企业未来的竞争力则取决于商业模式。

本章介绍的公司市场地位及其商业模式分析，旨在识别和归类企业的独门绝技和核心竞争力。鉴此，让我们首先看看投资人巴菲特曾经总结的如下投资原则：

我们只投具有下述特征的公司：①我们能理解它们的业务；②业务的远景好；③公司经理人既有能力还诚实可靠；④公司估值有吸引力。

本章目的是定义清晰的原则，以便说明上述第一、第二与第三个特征点。与之前所述的经营比率不同，这些属性特征无法精确界定，也不能量化。

然而，公司估值真正的艺术性，体现在商业模式的分析上。长期来讲，一个成功企业最重要的驱动力，在于其可持续发展且盈利的商业模式（具有竞争优势），外加稳固的现金流和适当的债务水平。

盈利能力起着特别的催化作用：盈利能力越高，复利在公司内部的效应就越强。只有当公司能盈利且能自立发展之时，它的价值才能体现出来。盈利能力很大程度上取决于公司的市场地位及其成本管理水平。

实际上，垄断是成熟市场地位一种的极端形式，但由于反垄断法规之故，这样纯粹的垄断形式在日常生活中已经罕见。尽管如此，目标还是可以定在设法找出某种柔性的垄断形式，也就是说，要精心打磨独具特色的业务组合；形象地说，就是要建造起"护城河"。

例如，企业的"护城河"可以被定义为一组特殊的综合能力——成为所在市场最便宜、最独特，或品质最好的产品供应商的能力。

经数十年的努力，可口可乐公司发展成了一家杰出的企业，锻造出了世界上最著名的品牌之一。如果不提供可口可乐的产品，任何餐厅或超市都会面临收入降低的风险。许多年来，可口可乐管理层成功地把其产品，从一种简单的软饮料，变身为一个具有自身特色的超级国际品牌，使得看似千篇一律的汽水能走进全世界几乎每个人的生活。正因如此，这家公司拥有了一种超强的市场能力，即把所增成本传递给消费者的能力，也正因此，它拥有了长盛不衰的盈利能力。

斯沃琪集团（瑞士最大的钟表集团）是另一个具有非常发达的市场地位的案例。这家公司生产和分销高质量的瑞士手表，享有卓越的国际声誉，占据了世界手表市场份额的1/3！

它的成功秘籍是什么？

斯沃琪集团从不参与毁灭性的低价战，而是把精力聚焦于高价位腕表类别（如欧米伽、宝玑和浪琴等）。高价位产品的市场竞争在于品牌意识、质量和声望，而非价格。在亚洲，斯沃琪集团还有另一个优势：市场先发优势。在大多数竞争对手还在观望之时，斯沃琪集团就开始在中国分销它的产品。现在，该集团的销售额多数都来自远东。

并非一个品牌一旦创造了卓越的市场地位，就能绝对保证它永久的成功。在微观经济的历史长河里，漂满了"跌落的天使"——由于管理失误或外部影响而从云端跌落的大品牌。然而，只要一家公司取得了领先的市场地位，其"护城河"及其独特的卖点就可以通过市场推广、分销网络和研发等的投资，得到进一步的拓展。

例如，如果一家公司可以提升自己产品的价格（至少到一定程度），而不惧竞争对手抢占市场，那么，它每一美元的收入所创造的利润，就会比它的竞争对手多。因此，像净利润率这种经营比率，特别适合于用来发现拥有杰出市场地位的公司。

然而，强大的市场地位并不总会带来优异的经营比率。尤其是国有企业——就算在国家垄断性有保证的时期，它的盈利能力也会比竞争市场上的许多企业差。原因很简单：坐享潜在高利的企业管理层，往往受困于高成本和低激励，无法尽心发掘垄断红利。

因此，兼具能力和诚信的管理层与可靠的商业模式一样重要。即使像可口可乐公司和斯沃琪集团这样的优秀企业，它们也经历过危机时期，因为管理层的失误，公司的特色受到重创，"护城河"遭到侵蚀。

那么，我们到底要寻求什么类型的公司呢？

5.1 能力范围

清楚自己的能力范围，对公司估值来说是一个很重要的先决条件。通常，只有理解了目标公司的商业模式及其相关产品时，才有可能做出详细的分析。如果一个公司十年后的前景几乎不可预见，那么，要对它进行估值是不可能的。因此，面对快速变化的市场和过高的增长率，要想拿出有效的分析，那是奢望！对于所处行业没有透彻的了解的公司，我们应该放弃对其进行估值的企图。

当然，这会把很多公司排除在投资机会之外，但这种自律的意义（当今的估值书籍涉及得太少）再怎么强调都不为过。近期有一本公司估值的书，书名副标题渲染道："如何给一切资产估值！"对这种妄言最好的反驳，是20世纪40年代IBM首席执行官托马斯·J. 沃森的一席戏谑性的市场预期——他当时估计全球对电脑的需求量"可能是五台"！

如果连业内人士都无法正确评估动态产业，那么，外界人士的有效估值就几乎是不可能的！所以，清晰地界定个人能力范围很重要。"投你所了解的东西"，这是被践踏得最惨的一项基本规则。从这层意义上来说，"做你所能"是风险管理的首要军规。

5.2 特征

就长期投资者而言，有六种商业模式是特别有益和重要的：

- 知名品牌的短周期产品制造商（箭牌、可口可乐公司、吉列、斑马墨带）
- 必须且总得购买的产品的提供商（制药公司，水电等公共产品）
- 因品牌、形象、技术或质量，产品能够以溢价销售的公司（斯沃琪集团、路易威登、奥迪、蒂芙尼）
- 由外部影响和监管带来需求的产品的提供商（卢森堡亚国际、盖可保险）
- 有高度扩展性的企业——它们产品的边际成本接近于零（SAP、甲骨文、辉瑞）
- 市场上最便宜产品的供应商（沃尔玛、亚马逊）

知名品牌的短周期产品

在这个组群里，企业生产的产品的使用周期相对较短。例如，在吉列销售了剃须刀后，客户必须持续地购买新的与之匹配的剃须刀片。换言之，只要自己的剃须刀一经售出，该企业就获得了一个新增且持续的收入源。打印机厂商采用同样的业务模式——以较低的价格出售打印机，此后从不断销售的墨粉中获取利润。

类似地，有些机器生产商和用户签署年度维护协议或服务合同，这样在正常的机器销售额之外，还能从不断增加的机器服务内容里获利。机器是使用周期较长的产品，但由于损耗和维护需求，它们也有短周期的组成部分。电梯厂商就是这个类别中最赚钱的角色之一。对于所售和安装的每台电梯，都必须签订一份服务合同，以便进行电梯的维护和安全条例的落实。

作为一个定论，可以说，短周期产品的厂商是有吸引力的投资对象。这种反例就是长周期产品市场的厂家。虽然单品销售额高（如住宅、洗衣机、轿车），但消费者对这类产品的需求极少超过一个单位。它们的再购买周期相对较长，而且，在经济下行期，消费者会推迟这种类型的大额投资。

尤其是消费品领域，有一些销售短周期产品的著名品牌企业。如宝洁、劲量、利华、卡夫和雀巢等消费品生产商，它们利用这些特性，取得了较高的利润。在过去几年，雀巢运用这种做法的精妙之处，建立了它的奈斯派索（Nespresso）分部——以相对便宜的价格出售咖啡机，但只能通过奈斯派索购买与之匹配的咖啡胶囊。因此，每台售出的咖啡机能为公司确保销售更多的咖啡胶囊。这个吉列模式的经典翻版有着惊人的业绩：在过去十年，雀巢销售了超过200亿颗咖啡胶囊！

总得买的产品

在讨论处在动荡期或经济下行期表现好的防御性股票时，浮现出来的经常是很强劲的消费品牌。虽然像雀巢、卡夫或联合利华等拥有非常著名的品牌，而且，它们资产负债表的表现也很优异，但在经济下行的市场阶段，作为一项资产进行投资，它们不一定特别适合。"吃是必不可少的"这一观点毫无疑问是正确的，但问题是：在经济下行期，消费者购买的是品牌产品还是非品牌产品。

例如，面对严重的经济危机，更适合的企业会是瑞士的维托派克集团（Vetropack Group）。维托派克公司生产玻璃包装品，客户都在食品和饮料行业。在经济下行期，谁也无法保证客户会购买哪个公司的产品，但有一点是可以肯定：即便是在深度的衰退期，食品饮料的包装也不会停止。无论人们是否会购买品牌产品或打折产品，但作为一家玻璃包装品供应商，维托派克都不会萎缩。

玻璃行业的一个特色是地区的垄断现象。由于玻璃仅适于运输相对较短的距离，所以，玻璃市场不会受制于国外低成本的厂商。维托派克公司的净利润率和净资产收益率都表明了公司在欧洲中部和东部的卓越地位。对于百事可乐和大型红酒厂家，在包装市场上有一个大的、可靠的伙伴，特别重要。

因此，在任何经济阶段都必须购买的产品的制造商，也可能是令人关注的投资和估值对象。

一般而言，公共产品类的股票是可被归为防御性股票的另一个板块。不过，必须在周期性强和周期性弱的公共产品之间划条界限。例如，如果客户群多是能源密集型的制造商（在经济下行期会降低电力需求），那么，电力提供商就是公共产品中，周期性相当强的类别。而公共产品板块回报较高的是居民用水这种公共产品股票——就像统计数据显示：私人住宅用水量在经济周期期间，几乎没有波动。

因品牌、形象、技术或质量，其产品能够以溢价销售的公司

这一类主要瞄准奢侈板块的企业。鉴于市场形象和产品质量，像斯沃琪集团（欧米伽、浪琴、雷达等）或美国珠宝商蒂芙尼等奢侈品制造商，可以定较高的价格。此外，在另一个层面，可口可乐、麦当劳和类似的企业，也可利用品牌影响力，得到一个较高的价格。例如，在国外的城市旅行，到了吃饭的时候，你或是随意进入一个餐馆，或是直奔麦当劳。餐厅连锁的优势是：无论你身处哪个大洲，同质的产品制备和同样的选择组合，总能在全球范围保证一定的质量标准。

由外部影响和监管带来需求的产品的提供商

为了获得客户的信任和监管当局的批准，许多产品必须得到独立专业机构的测试和认证。在这个领域，特别是英国天祥集团（Intertek Group）、总部在法国的必维国际（Veritas SA）和瑞士通用公证行（SGS SA）显示出了领先的市场地位。几乎每个行业的制造企业，都依赖于这些公司提供的认证和检测服务——所以，这是能确保稳定收入的业务。

在这个类别中，另一个完美的例子是奥地利消防车厂商卢森堡亚国际。任何社区、城市或机场都需要一组现代化的消防车。该公司经营的产品在全球范围是由几家供应商寡头所垄断。因各国的管理条例不尽相同，所以，小的供应商要想进行拓展国际市场或拿到大的公共合同，是非常昂贵的。与此同时，卢森堡亚国际用其丰富的产品线，在欧洲建立起了独特的竞争地位。

美国汽车保险商盖可保险也正好归为这个类别。根据法规，美国的驾驶者必须至少买一份车险。盖可保险最初通过电话谈妥合同，不用销售人员，且只与军队的军官签订合同（统计数字表明，这种客户的事故率较低），因此，它快速地发展成为一家利润丰厚的汽车保险商。

有高可扩展性的企业：产品边际成本接近于零的企业

特别是像 SAP 和甲骨文这类软件公司，它们的产品有很大的可扩展性：一旦研发出来，这种产品实际上无须额外费用就可以拷贝。类似地，以操作系统和办公软件打天下的微软，也是高回报的公司。不过，这里的问题是：这些行业多半都不太好分析，业内公司的成功经常依赖于几个产品和创新。

制药商也归于这一类。新品的初始研发成本很高，但一旦产品成功进入市场，每片药的成本较低，很快就能收回这些初始成本。

市场上最便宜的产品

除了质量、形象或外部影响外，成为市场上最便宜的产品也能构成一个独特的卖点。不过，纯粹的价格战一般都会导致利润率缩水。这里的艺术在于，在采取低价的同时，还要保持一个可接受的质量水平。一个例外的例子是亚马逊：通过一个复杂的物流网络、较好的客户服务和庞大的规模，这家在线零售商在与竞争者的较量中，构筑了自己的成本优势。

另一个例子是沃尔玛。通过超 4000 亿美元的海量销售额，沃尔玛手握全球最大的采购量，为自己确保了定价优势。

5.3 框架条件

一旦确信这家企业的所为是在它的能力范围之内，而且，它也表现出了"护城河"的迹象或一个独特的卖点，那么就应该来分析框架条件。

作为起步，你必须熟悉公司所处的市场和行业。如果高盈利企业受制于非控力量（如政治风险或无法预测的环境影响），那么，这些企业也不是合适的估值对象。尤其是受制于严格监管的企业或活跃于政治不稳定国度的公司，既不适合做长期估值，也不适合投资。

最近，当阿根廷政府没收了总部位于西班牙的雷普索尔 YPF 子公司时，投资者的风险警钟再一次拉响。所以，这里的主要问题是：公司自身力量之外的外部事件影响有多么深远？赌博、烟草、烈酒和武器厂商可能迅速成为更严格监管的牺牲品。

得益于补贴的行业或受到其他政策支持的行业，也有类似的问题。如果补贴随风而去，全行业将会失去生存基础。因而，那些相当平静且变化缓慢的行业和市场常常是更加合适的环境。

这里最坏的一个企业环境的例子，是全球许多国家的再生能源部门。一方面，补贴和其他的优惠政策创造了高需求；另一方面，通过反倾销关税，许多企业避开了竞争，受到了保护。这两个外部影响力都是单个再生能源企业能力之外的因素。政策的变化、缩减的补贴或更好的用户选择，会使需求以及相关企业的成本优势在短时间内消失殆尽。

因此，一个适合于估值的对象应该永远根据其在最坏的环境条件下的发展情况来估值。虽然埃克森·瓦尔迪兹号油轮灾难性的事故导致了埃克森股票价格的短暂暴跌，但从长期看，这艘油轮的沉没对这家全球最大公司独特的卖点，几乎没有什么影响。这好像也适用于墨西哥湾漏油事故后的英国石油公司。智慧的投资者会在这种时候购买这类公司的股票。

另外，找出受到过反垄断诉讼的企业作为投资标的，绝对是个好方法！通常，这些案子都是以一次性的罚金和做出相关的让步结案，但这类企业的卓越市场地位几乎没有变化。

诸如斯沃琪集团、谷歌、微软、亚世集团、卢森堡亚国际、英特尔、吉博力和其他行业领先者等成功企业，都会不定时地遭遇这种类型的诉讼。

5.4 信息获取

为了获得对企业市场和竞争领域的真知灼见，有许多的信息资源可用。

第一个获取信息的点应该永远是行业协会。这通常是一手信息，是深入研究的基础。宏观经济数据的最佳来源是中央银行、国家统计局和其他专业数据提供商的数据库。

此外，许多公司在其投资者关系网页上，提供相关行业和它们市场地位的介绍。当然，还应该认真查阅企业的文档。与行业相关的另一个重要的信息源是独立研究机构的研究报告。不过，这些通常是没有花费支出的。互联网通常提供几乎任何主题的免费研究报告或综合信息。当然，一个重要的步骤是和相关企业的客户、竞争对手、雇员和供应商沟通。它们的信息能使我们对行业有深刻的认知，特别有价值。

另外，在每次估值之前，应该从投资者关系网页下载企业的公司年报和竞争对手的年报。多数公司会通过邮件免费寄出它们的公司年报。当要做竞争比较时，你应该比照不同的定量和定性指标，以便确定公司 X 为什么会有较高的原料费用比率，而公司 Y 为什么会有较高的员工生产率。

一旦收集和解读完了所有的信息，你应该能够回答下列问题：

- 是否存在可能对企业产生严重危害的外部因素？
- 对行业的评估可信吗？或，它是一个易于快速变化的行业吗？
- 企业在市场中所处的地位如何？
- 市场成长的强度如何？它处在什么阶段（启动期、成长期、饱和期或衰退期）？

在与企业和跨业组织沟通时，电话方式优于电子邮件方式。经验表明，电子邮件的信息传递效果较差（对企业而言，它是与陌生人的沟通方式）。与企业进行直接沟通有很多好处。除了投资者关系部门之外，还可以与公司管理委员会直接进行电话预约。此外，还有一点是股东们应该清楚：CEO 是他们的雇员，而不是老板。

最后，拜访公司的营业场所——通常会说明一些问题，所以，一旦有机会，就应该去看看。

5.5 行业和企业分析

SWOT 分析考虑的是企业或行业的内部优势和劣势，以及外部的机会和威胁。在企业和行业分析的基础上，再借助于波特的五力分析，能够更加准确地界定外部影响。

就一个企业的市场地位而言，波特的五力阐述了下述主要影响要素。

- 竞争强度
- 潜在进入者的威胁
- 供应商的要价能力
- 买家的要价能力
- 替代品的威胁

> 波特 M.E.（1980）竞争战略，自由出版社，纽约

在行业和企业分析中，竞争强度被视为外部因素中主要的驱动要素。一个行业的竞争越强、越充分，它的吸引力就越差。决定这个要素的指标是竞争对手数量、产品差异程度和行业成长性。此外，竞争强度可以借助下述指标予以量化：行业的经营利润率、净利润率和净资产收益率。例如，汽车行业的竞争压力非常大，其较低的净利润率和净资产收益率，就是一个实际的写照。在这个行业，只有像保时捷这类利基市场上的玩家，才能从中脱颖而出。

就像光亮吸引飞蛾一样，高收益率对新竞争者的进入，有魔法般的吸引力。市场是否存在进入的门槛，是攸关"潜在进入者的威胁"的关键点。市场进入门槛的高低取决于下述影响要素的量级：必备的知识技能（技术）、经济规模、成熟品牌、客户关系，以及进入市场所需的纯资本数量。此外，分销网络的掌控也是一个重要的因素。

假设你想进入茶点饮料业务，你需要回答这个问题：为什么餐厅要给你提供一种新的 XY 可乐，而不是诸如可口可乐或百事可乐这类知名品牌？在某些市场，有些企业经过数十年的不懈努力，大幅提高了所在市场的进入门

槛。想象一下，需要多少资金的铺垫，才能够形成像可口可乐、箭牌口香糖、吉列或麦当劳这样至高的市场地位——实际上是不可能的！

加拿大国家铁路公司是加拿大最大的铁路公司，有着特殊的竞争优势：掌控了大部分的加拿大铁路网。在美国，当竞争对手以寡头垄断的方式经营着它们的业务时，加拿大国家铁路公司实际上是享有了垄断的地位。因此，它可以忽略潜在进入者的威胁。

对于任何企业而言，供应商的要价能力是一个潜在的危险，所以，在行业内建立起无可替代的地位，就是一种优势。

埃塔公司（ETA SA）是斯沃琪集团的一部分，它为瑞士手表业的大部分企业提供手表半成品（表芯）。由于这些部件的生产要达到一定规模才有利可图，而且，很多奢侈品牌表厂家各自生产的量很小，所以，它们部分停止了表芯生产，把订单交给了埃塔。在这种情形下，供应商享有了垄断地位。如果衰退行业有大供应商，而它仅仅为这个衰退行业提供产品，这也是一种优势。

就买方（如客户）要价能力而言，基本的逻辑类似。客户群体越小越集中，客户就越容易提出降价或提高质量的需求。与竞争性产品相比，差异化低的产品会带来风险，因为在这种情形下，客户可以在不降低质量的情形下，把订单转向其他的提供商。

波特把替代品威胁列为第五力。如果存在类似产品的话，强行加价更加难以实现。除了这些直接替代品的威胁外，还要考虑间接的替代品。

例如，一方面，电动自行车市场要与传统自行车市场进行竞争，另一方面，较低价格的小型摩托车也对电动自行车有负面影响。另外，诸如油价和电价等外部因素的变动也会影响需求。

思维导图是正确排序这五种力量的简便方法。利用这种方法，你可以在不同产品之间建立直接和间接的关联，有助于对它们的解读。在理想的情况下，你还可以量化替代品情形下价格变动的影响：计算需求交叉价格弹性。不过，由于可信的数据很难得到，这仅仅是一个理论概念。

5.6 SWOT 分析

利用从企业和环境分析得到的结果，你现在可以进行 SWOT 分析了。

SWOT 分析旨在描述下述因素的理想组合：公司内部优势和劣势，外部机会和威胁。这里用美国运通公司（后简称"美国运通"）的例子解读这种方法。

这里要讨论四个问题。

- 优势-机会：如何运用内部优势最大限度地发掘外部机会？
- 优势-威胁：如何运用内部优势来应对或规避外部威胁？
- 劣势-机会：新的机会如何产生自内部的劣势（即把劣势转化为优势）？
- 劣势-威胁：企业的劣势是什么？如何应对外部威胁？

- **例 5-1　SWOT 分析：美国运通**

  - 优势/机会：这个类别分析是设法把内部优势和外部机会结合起来。很明显，美国运通是一个成熟的品牌，作为一个支付手段，它的信用卡在全球范围内通用。这肯定被列为公司的主要内部优势。与此同时，全球对有可信赖的非现金支付需求在上升。这是外部机会——美国运通良好的市场地位正好利用的机会（这是与其主要优势紧密匹配的结果）。
  - 优势/威胁：信用卡公司面临的主要威胁是其他支付方式的兴起，如贝宝（Paypal），以及走向智能手机支付的可能——目前称之为"eWallet"的移动钱包。美国运通可以把这个可能的威胁转化为机会——利用自己的现金流，抑或研发一款具有知识产权的美国运通品牌的移动钱包产品，要么收购这个领域创新的新兴公司。美国运通还可以借助自己的品牌声望和行业知识，与领先的智能手机软件开发商建立伙伴关系。

- **劣势/机会**：与维萨卡（Visa）和万事达卡（MasterCard）相比，美国运通不仅仅提供信用卡的支付服务，还发放贷款并入账。在经济下行和不断增加的监管压力下，这种业务可被视作是一种劣势。不过，当需要对信用等级进行管理时，美国运通独立于银行的地位和"一站式"服务的特点，赋予了它一个优势。自然，这会使公司赚到额外的钱。
- **劣势/威胁**：与移动钱包和网络支付领域的新星们相比，美国运通是一家庞大的公司，管理结构复杂，运营费用高昂。为了更快地跟上潮流并善用新的研发成果，公司可能希望精简内部组织结构或建立新的研发部门。

5.7 波士顿咨询集团（BCG）分析法

要想做综合分析，企业必须具备下述条件：①企业在自己的能力范围内运作；②企业展示出了相配的基本特征；③框架条件没问题。

第一步是把公司细分为业务单元，如按不同的地理区域、不同的产品组合、不同的品牌类别或其他的逻辑域。波士顿咨询集团开发的波士顿矩阵分析（如图 5-1 所示），对公司内部每个业务单元进行了精辟概述。横轴表现的是相关业务单元的市场份额，纵轴表现的是它们的增长空间。各单元被赋予不同的类别称谓，并确定了不同的标准战略。

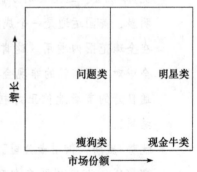

图 5-1 波士顿矩阵

- **明星类**：增长空间大且市场份额高的类别属于"明星类"。"明星类"通常呈现出可持续增长状，需大额投资。战略建议是继续投资。（类别特征：增长空间大，市场份额大）。

- 现金牛类：市场份额高但剩余增长空间小的业务单元被归为"现金牛"类。这类业务通常是成熟型，企业的市场地位不错。因此，它们所需的投资很少，使命是为其他业务单元提供发展所需现金流——这个做法称作"榨油式战略"。（类别特征：增长空间小，市场份额大）。
- 瘦狗类：这一组包含的是市场份额低，增长停滞或衰退的业务类别。而且，这些业务的业绩表现往往令人失望。因此，对瘦狗类业务的建议是采取撤资战略。在某些情形下，重组也许有意义。不过，最好把重组所需资金投到利润更好的"明星类"和"问题类"业务上。（类别特征：增长空间小，市场份额小）。
- 问题类：增长空间大市场占有份额小的业务单元被归到"问题类"。一般来说，新产品或重新启动的产品进入这一象限。它们的特点是，有进入"明星类"和"瘦狗类"的潜质。根据业务的前景的不同，合适的策略可能是投资策略或是撤资策略。（类别特征：增长空间大，市场占有份额小）。

举例，按波士顿矩阵，传统轿车厂商可能会有如下表现。

- 成熟轿车业务具有市场份额大和增长空间小的特点（现金牛类）。
- 品牌运动车业务具有增长空间大和市场份额大的特点（明星类）。
- 电动车行业则是增长空间大和（迄今为止的）市场份额小（问题类）。
- 拖拉机厂商的销售额下降和市场份额小（瘦狗类）。

现在，将用一些例子来解读公司及其业务单元基本分类。

除了阐述业务单元的理想分类和相关结论外，该矩阵还说明僵硬的数值记账在这个模型里没有意义。此外，为了获得 BCG 分析的有益结果，可能需要融进很多的灵感和敏锐的感觉。

■ 例 5-2　BCG 分析：悦世集团（Accell Group）

这里将把荷兰的悦世集团作为一个例子，为其绘制波士顿矩阵并解读其内涵。为了能够理解最后的结果，最好先阅读一下该集团的公司年报。

这里特别有用的是年报开始的阐述部分和含于附注部分的分类报告。

作为欧洲最大的高端自行车生产厂家，悦世集团具有不少的产品和品牌组合、不同的业务领域和遍布许多国家的销售渠道。因为产品无法用价格或国别予以有意义的分类，所以，有必要采用该公司自己使用的分类方式，即把产品分为下述业务单元。

- 传统自行车
- 电动自行车
- 零件和附件
- 健身类设备

通过对集团及其各分类发展状况的全面研究，给我们带来了如下信息：

传统自行车，包括著名品牌 Koga、Miyata、Ghost、Hercules 和 Winora，在高端市场取得了很大的份额。这部分业务是经典的"现金牛类"，有经年打磨的经销商网络，且研发支出较低（这家自行车厂商仅在组装过程为产品增值，部件都是由像禧玛诺或施拉姆这样的供应商提供）。这类产品的欧洲市场基本饱和，无法奢求过高增长。除适当的规范战略外，这个部分应该撤出高额的自由现金流，投到其他需要发展的业务单元，如电动自行车。

高增长和高市场份额（得益于较早进入）使电动自行车成为毫无争议的明星。由于技术相对较新和市场发展很快，通过集团"现金牛"的利润进行投资是必要的。"传统自行车"和"电动自行车"这两个单元构成了完美的互动，而集团为它们协调资金融通和增长推动。

"部件和附件"部分一直呈温和增长，享有一个不高不低的市场份额。因此，可以把它归为"现金牛类"，且有逐渐升至低度"明星类"区域的趋势。集团的问题少年是"健身类设备"部分，它不仅增幅下降，而且亏损不断，所以，这项业务不得不接受其他部门的补贴。对它进行详尽分析的目的在于做出决策：是从这个市场撤出明智呢，还是为此追加投资更有远见。管理层所持的逻辑是：自行车的购买主要出现在夏季，而室内运动设备则是冬季流行,它们是一个绝配。这个理论很丰满,但现实却很骨感:健身设备市场和自行车市场相比,竞争强度大得多!

总之,上述两头"现金牛"为企业提供稳固的资金源——意味着正在浮现的电动自行车的成长条件非常理想!不过,健身设备业务要么重组要么出售。但总体而言,企业所处的状态非常好,问题部分所占收入比例相对较小。为了达到各部分的平衡(基于波士顿矩阵规则),健身设备业务需要做持续的努力,持续盈润,然后,进入"问题类"区域。

■ 例 5-3　波士顿分析:联邦快递公司

联邦快递公司(FedEx Corp,后简称联邦快递)公布了很多种类的数据,从它的业务类别(隔夜快递、地面快递和零担货运),以及追加数据:收入的地理分布和每个类别产品的收入。表 5-1 列示了联邦快递的主要业务分类——这是 BCG 分析的基础。

表 5-1　联邦快递:分类报表　　(单位:百万美元)

	隔夜快递	地面快递	零担货运
收入			
2013 年	27 171	10 578	5 401
2012 年	26 515	9 573	5 282
2011 年	24 581	8 485	4 911
经营利润(adj)			
2013 年	1 060	1 893	258
2012 年	1 328	1 764	162
2011 年	1 294	1 325	(42)
分类资产			
2013 年	18 935	7 353	2 953
2012 年	17 981	6 154	2 807
2011 年	16 463	5 048	2 664
资本支出			
2013 年	2 067	555	326
2012 年	2 689	536	340
2011 年	2 467	426	153

资料来源:联邦快递公司(2012)《美国公认会计准则》。

在每次的 BCG 分析中,第一步都是设法理解每个企业所做之事,及其独立业务单元的相关性。随后计算相关的比率，以便在波士顿矩阵里为每个业务单元进行定位排序。

联邦快递是由四个部门组成，其中三个会公布详尽的收入和利润数据。最大的部门是隔夜快递部门，它包括地面快运、空运和海运，以及供应链系统。地面快递部门的业务包括小包裹地面送达和小包裹集成业务。最后，零担货运是最小的部门，掌管着公司的零担货运和时间要求严格的货运。

了解了业务部门的情况后，应该计算关键的比例值，以便能够大致清楚如何进行各部分的相互比较。这里先用下述数值对各部分进行归类。

- 三年期收入增幅
- 息税前平均利润率
- 三年期息税前利润增幅
- 资产平均收益率
- 平均资本强度

2011~2013 年时间段的收入年增幅，计算如下：

$$收入复合年均增长率 = \sqrt{\frac{2013年收入}{2011年收入}} - 1$$

把经营利润和收入联系起来，计算息税前利润。为了得到资本强度的概念，用资本支出金额除以收入（表5-2）。

表 5-2 联邦快递：分类报表

	隔夜快递	地面快递	零担货运
收入年复合增长率	5.1%	11.7%	4.9%
息税前利润年复合增长率	-9.5%	20.7%	正值(n/m)
息税前利润率	4.7%	17.3%	2.3%
资产收益率	6.9%	26.9%	4.3%
资本强度	9.3%	5.3%	5.2%

很明显，基于这些数值，联邦快递的地面快递业务是公司当之无愧的明星业务。这部分收入的增长率高，利润率非常健康且处在上升通道，资本强度低而资产收益率相对较高。

相比之下，联邦快递的隔夜快递业务的收入增长率还不错，但不突出。不过，很明显，它的利润率有问题。此外，无论是绝对值或是相对值，这个部分的资本支出金额都是最大的。

零担货运部门的收入增长率在均值以下，利润率也较低。不过，这里还是有些亮点：这个部门好像是轻资产类（如它的资本强度指标所示），它的息税前利润趋势得到了改善：由 2011 年的 4200 万美元经营亏损，跃升至 2013 年的 2.58 亿美元的利润。

从理想的角度，一家公司最好有成熟大企业的属性——具有充足的自由现金流（现金牛类），为有增长前景的部门（明星类）提供资金。不过，在联邦快递这个例子里，大规模的隔夜快递业务的确显示了大额的资本需求，而其增长率却低于均值。这个不足部分被其"明星类"业务地面快递弥补上了——很幸运，它增长强劲却无须消耗过多现金。零担货运部门可归为"问题类"业务——有潜力成为"明星类"业务，前提是要能呈现一个正向的利润率趋势。

总的来说，若隔夜快递业务无须这么高的投资用于购买新飞机及其相关开销，那么，公司的业务组合会比较理想。从好的方面看，联邦快递公司有迄今为止增长最快的地面快递业务，同时呈现了最高的利润率，而且，只要其他业务部门保持稳定，这个部门会使集团的利润率继续提升。

基于这个分析，按照波士顿矩阵规则，可以把该公司各部门划分为图 5-2 所示的类别。

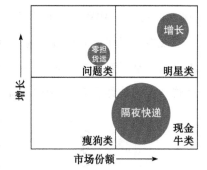

图 5-2　增长-份额矩阵：联邦快递

■ **例 5-4　BCG 分析：国际商业机器公司**

在静态梳理了联邦快递部门的例子后，现在，让我们来看看如何制定真正为股东创造价值的业务单元战略。在蓝筹股公司里，就如何聚焦和进一步发展有前景的业务单元，国际商业机器公司（International Business Machines，

IBM）可能是最经典的案例。

先让我们看看 IBM 2004 年四个主要业务部门利润率和销售额增长情况，如图 5-3 所示。

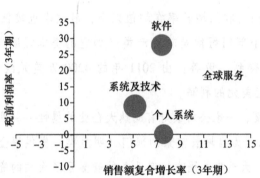

图 5-3　经过调整的波士顿矩阵：重组前的 IBM

在多数业务中，该公司都表现出健康的增长数据。不过，个人系统业务明显没为公司贡献可观的利润，而且，成长数据和预期前景都是最差的，甚至，它还是四个部门中资本最密集的。因此，对 IBM 管理层而言，合乎逻辑的做法就是卖掉个人系统部门（主要是个人电脑和便携式产品）。所以，在 2004 年 12 月，IBM 宣布把个人系统部门作价 17.5 亿美元，卖给了联想公司。

现在，聚焦于软件和服务业务，IBM 有了别样的表现：呈现出了最佳的内生性发展态势，投资新产品，并购适配业务，回购数十亿美元股份——所有这些行为的结晶就是 2012 年展示出的更加一体化的业务组合（图 5-4）。

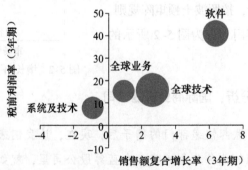

图 5-4　经过调整的 BCG 矩阵：重组后的 IBM

现在，我们可以看到，两个最大的类别（软件和全球技术）占据了增长量的多数，以及利润率的很大一部分。只需遵循这个路径并维持这个业务组合，该公司的收入就将持续增长，更重要的是，这会使它的经营利润最大化。

5.8 竞争战略

除了五力模型外，哈佛大学教授迈克尔·波特还提出了竞争战略的概念。而且，这种公司竞争战略是由教授的五力模型推导出来的，目的在于帮助企业夯实它的市场地位。波特提出了下述战略类型。

- 质量领先（差异化战略）
- 成本领先
- 利基市场的质量领先（市场细分战略）
- 利基市场的成本领先（市场细分战略）

波特 M.E.（1980）竞争战略，自由出版社，纽约

头两个战略旨在追求广阔的市场份额。大型折扣连锁店为了获得市场份额，就是采取成本领先战略。相比较，奢侈品厂商（像斯沃琪集团）为了在大市场上获得领先地位，也会采用差异化战略。

如果一家企业处在一个细分市场中，就需要在成本领先和差异化之间做一个取舍。因此，在某些利基市场，小企业或集团部门可以获得领先地位。

这里有一个所谓"夹在中间"的问题：一家企业在市场上，既不是质量领先，也不是成本领先，因此，陷在中间。在这种情形下，盈利能力通常会受到损害，因为相对低的成本和相对高的质量是联动的。

这里的核心要点是：在选定其中一项战略后，就要坚定不移地执行下去，以便在较长的时期里，能够获得战略优势之利，并使其能够得到不断的提升。在分析一个企业时，重要的是要进行调研，看它是否能够满足其中的一个标准，或它是否有潜力做到。

5.9 管理

对管理的评估充满了不确定性，多半凭感觉。不过，凭借一些经典的行为模型（如"势力扩张型"和夸大预测型），还是能对公司的管理形成一个完整的理解。

你可以从过往的面试记录、报纸的相关文章和过往年报的管理评述部分开始。把过往的预测与实际的结果相比较，通常可能会得出有关管理层的诚信度的结论。也应该检查一下管理团队股份期权的数量。大多数情况下，股份期权方案只是对公司短期利润的最大化有刺激作用，其长期的作用存疑。红利派发政策（在第 6 章中讨论）也会揭示管理层的某些企图。

如果可能的话，高盈利企业应该额外留存一些资本，无合适项目的企业应该通过红利派发或股份回购的方式，把资金返还给股东。过往的事例表明不少企业的领导，把剩余的资金投入到"高大上"的项目中或做一些不必要的收（并）购。回头看，只有极少数企业和经理人成功地追求过"购买和扩张"策略。就像我们在前述章节看到的，大额商誉头寸实际上就意味着昂贵的收购。

更有甚者，多数并购都发生于错误的环境：如果经济处在上升期（股票价格高），经验告诉我们，此时，并购公告将会满天飞！如果经济处在下行期（股票价格低），那么，多数企业缺乏资金和勇气去从事有益的并购。同时，过去几年的大型公司并购也揭示了在实践中整合和释放协力是多么困难！太多的例子表明 1+1 不一定等于 2。

管理层在企业拥有大比例股份，通常应该被视为正向因素，有益于把股东的利益和管理层的利益联系起来。不过，评价管理层的报酬是一个更麻烦的问题。高比例的固定报酬或高比例的浮动报酬，都是有利有弊，无法就哪个具体的报酬方式更好，形成一个更客观的判断。原则上，如果激励基于现金流而非利润，会更好，因为利润会受到会计政策的影响。

最后一部分应该是对各种分析的评价和结论。这个企业有竞争优势吗？

企业的产品和商业模式是否可理解？行业的评估可信吗？管理层用留存利润进行的投资有意义吗？一旦这些问题被综合澄清且答案是肯定的，那么，就可以对企业进行估值，并可以把它视为一个潜在的有意义的投资机会。

在转向估值公司以前，快速看一下红利支付政策是一件有价值的事情。特别是对市场地位和现金流生成能力非凡的企业，过剩资金的合理使用非常重要。

第6章 The Art of Company Valuation and Financial Statement Analysis

利润分配政策

> 你知道哪件事能使我高兴吗？就是看到我那纷至沓来的红利。
> ——约翰·D. 洛克菲勒

优秀的企业往往会创造超额的回报。换言之，它们的年度利润超过了为保持竞争力所需的年度投资额。在最好的情形下，这类公司手头会有新的投资机会，能把丰沛的资金转化为再投资。如果没有诱人的投资机会，剩余的自由现金流应该用来偿还债务，进行收购，派发红利或回购股票（把资金还给股东）。同时，在特定情形下，还有一种合理的决策：留住利润，建立现金储备，以及在随后的某个时点追加公司资本的投入。

对于多数公司而言，派发红利和回购股票之间的选择很重要。

6.1 红利

利润分配的可能性之一是派发红利。红利通常是定期派发，数量一般取决于本期可动用的利润。在美国，常见的做法是季度派发红利，而多数欧洲公司则是基于年度或半年度进行利润分配。

根据行业和企业类型的不同，观察到的派息率差异很大。由于超额利润是企业发展的资金来源，所以，成长期企业往往不会派发红利。相反，成熟和增长缓慢的企业（对应第5章的现金牛类）通常只会做极少有价值的投资，而把利润的绝大多数派发红利。就全球范围而言，处于饱和市场的企业

（如电信类）表现出了最高的分配比率——部分企业的红利派发甚至高出了各自的净利润！分配比率一般的计算方式：红利总额与净利润之比，或每股红利与每股利润之比。由于红利代表的是资金流出，明智的做法是用经营性现金流确定派息率（主要是因为净利润并不一定反映实际的资金流入）。

$$派息率 = \frac{每股红利}{每股经营性现金流}$$

在计算派息率时，金融媒体一般采用每股利润作为分母。这种做法不符合上面阐述的红利分配的经济属性，因而是不正确的。增长强劲且盈利好的企业是例外而非常规之例。即使报告了利润，但经营资金和固定资产的高额投入往往会造成负数的现金流。在这种情况下，只能用公司的实物（产品）或额外的贷款来派息。

最佳派息率取决于几个因素。原则上，只有在企业内没有合适投资机会时，才应该派息。原因有二：税收问题——投资者必须就所得红利支付税款；再投资问题——收到红利的股东是否有合适的再投资机会。

派息率衡量的是股票的吸引力（主要是在考虑红利的支付额时）。

$$红利收益率 = \frac{每股红利}{股票价格}$$

这一比率是红利支付额与当期股票价格之比的结果。例如5%的派息率，意味着价格100美元的股票，每股支付5美元红利。由于在支付日会有相应的资金流出企业，所以，股价就要根据这个支付金额减少。因此，在红利派发前一天购买股票，无法获得无风险利润。

■ 例6-1　红利政策：贝泽克电信公司

贝泽克电信公司（Bezeq Telecommunication Corp.，后简称贝泽克）是以色列最大的电信企业，2009年8月，该公司大幅修改了其派息政策：把派息率提升到其净利润的100%。此外，该公司拟在2009~2013年派发特别红利（超过其净利润100%的派息）。乍一看，这个派息政策似乎会对公司的财务稳定和未来发展规划形成潜在威胁。为了认真评价这种策略巨变，我们需要研究贝泽克的现金流量表——这可能让我们更清楚地了解，如此高的派息率是否合理。应该指出，贝泽克将其利息费用归到了"筹资性现金流"。这些费用应该被重新归类为经营性现金的流出，因此，应该列入经营性现金流（表6-1）。

表6-1 贝泽克：特定财报头寸（单位：百万新谢克尔）

	2012年	2011年	2010年
该年利润	1 864	2 061	2 442
折旧和摊销	1 436	1 395	1 409
其他非现金科目	714	(270)	(155)
已付利息	(464)	(377)	(237)
经营性净现金流（a）	3 550	2 809	3 459
净资本支出（b）	(1 235)	(1 637)	(1 489)
自由现金流（c）	2 315	1 172	1 970
已付红利	(3 071)	(3 155)	(3 733)

资料来源：贝泽克电信公司（2012）《国际财务报告准则》。

通过使用经营性现金流派息率公式，我们可以看到，贝泽克每年平均把超过101%的经营性现金流，作为红利支付给股东。很明显，这是一种不可持续的派息策略。如果公司的所需投资都得到了充分满足，那么，每年的自由现金流可以视为红利支付的自然底线。2010~2012年，贝泽克的派息金额将近其自由现金流数量的200%。显然，这只能通过攫取现金储备或通过借贷来实现。只要看一眼上面现金流量表利息支付额的情况，我们就能立即意识到贝泽克选择了后者。

由于这种做法的结果，2012年，贝泽克的负债资本比率高达325%。这是非常高的数字，是一个会令当期或潜在投资者都感到非常不安的数字。不过，在中短期，贝泽克的偿付能力没有危险，因为公司创造的年经营利润超过了30亿新谢克尔，而利息支付额约为5亿新谢克尔。

为了彻底地评估这种激进的红利政策的合理性，除了纯财务方面之外，还要认真审视公司的经营发展情况。

我们要问的主要问题是：贝泽克派息的资金，可以用来做更好的投资，以捍卫其市场的主导地位吗？在评估任何公司的红利政策时，这都是最根本的问题——因为高自由现金流的获取方式永远都只有两种：增加经营性现金流或减少资本支出。通过人为地减少资本支出，公司将会慢慢地，但肯定逐渐衰弱下去并最终凋谢。

通过贝泽克年报注解9的内容，我们能够计算出它的资产折旧率。在2012年，就地产和厂房设备而言，贝泽克显示出的历史原值为200.52亿新谢克尔，其中已经折旧了139.76亿新谢克尔。公司表现出的资产折旧率接近69.7%。这是一个非常高的数值，令人不安。

我们可得出这样的结论：公司在付出太多红利的同时，伴随着一个十分可能的结果：公司资产投资不足！另两个情况也说明了这一点：首先，面对全国性的低成本竞争对手，公司正在逐渐丧失市场份额；其次，就资产折旧率而言，公司比欧洲和美国的竞争对手差了不少。

若以股东利益最大化为基准，那么，一个适度的红利政策（与现金流的具体表现一致）会是一个明智的选择。

6.2 股份回购

股份回购是利润分配的第二种主要形式。从公开市场回购自家股份，这些股票或是被注销，或是作为并购货币以库存股的形式持有。若是被注销，等于减少了发行在外的总股份数量，提升了公司每个当期股东所持股权的比例。下面将用简单的例子说明股份回购造成的相关影响。

■ 例6-2 股份回购

假设一家公司有10股已发行在外的股票，当期股价是20美元。你买了其中1股，拥有了这家企业10%的股份。如果管理层决定从市场上买回1股股票并予以注销，那么，发行在外的股票只有9股了。你持有的该公司的股权比例提升到了1/9或11.1%。此时的股份价格不受影响，因为股份收购意味着资金的流出。钱流出去了（企业流失了价值），但同时，因为发行在外所剩的股份数量少了，所以，剩余投资者所持的整个股权比例增加。下述例子展现了这个过程。

$100 现金 ⟷ $100 股本金 ⟵10股⟶ $10 每股

这家公司有 100 美元现金和 100 美元的股东权益。发行在外的股票 10 股，股价净值比（市净率）为 1，得到每股 10 美元的价格。如果以 10 美元的价格买回 1 股，现金持有量和股东权益都减为 90 美元。

$$\$90\ 现金 \longleftrightarrow \$90\ 股本金 \xleftrightarrow{10股} \$9\ 每股^{\ominus}$$

现在 9 股发行在外的股票也是每股 10 元，当股票以低估值回购时，股票回购的效益最大。例如，如果这家公司是以高出面值的价格赎回自己的股票，那么，它的股价还想保持不变的话，只有一个前提：该公司能够创造的利润额必须与减少的股本金额相同。这也强调了这种回购支付额只能是剩余资金额度的重要性。

股票回购是利润分配的有效形式，原因有二。首先，这种（间接）利润分配通常没有税赋问题；其次，管理层理智的回购行为可以创造真正的价值。

例如，如果这只股票价值被大幅低估，那么，公司管理层就应该利用充裕资金进行回购。假设这只股票的交易价格是每股 5 美元，但经过全面分析后发现，它值 10 美元。实质上，这时做回购就是拿 50 美分买 1 美元的价值。相比股份红利，对股东来说，股份回购不会带来再投资的问题，因为股份回购的作用是增加了股东在该企业的持股比例。此外，为了进行股份回购，管理层通常必须就回购的时间窗口和份数量等问题，征得股东同意批准。

就像许多企业以股份期权激励补偿管理层一样，股份回购也会有负面作用。特别是在盎格鲁-撒克逊国家，能看到一些股份回购的过度使用问题——它们的目的是短期提升自己的股票价格。假设一家企业的估值持续处在 15 倍的市盈率状态，公司管理层决定在未来 5 年内，回购和注销发行在外股份的一半。更要命的是，这里还假设公司利润在这段时间处于呆滞状态。这意味着，仅仅由于股份回购，该企业的股票价格会在未来 5 年翻番。

不过，这种效果不总是股东所企望的，因为股份回购行为的着眼点应该是盈利。没有考虑价格和数量的股份回购，不是一个可持续的财务政策的目标，因为这种资金若投到其他地方，可能会更有效益。而且，市盈率倍数下

⊖ 此处似有误，实际应与后文相一致，即 9 股，$10 每股。——译者注

降的原因，可能是由于公司正在把资金分掉，而不是把它们投到增长性的项目上——使得公司吸引力降低。

一个常见的回购错误是借钱做股份回购。特别是在美国，2008~2009年危机之前，利用贷款进行的股份回购，侵蚀了公司资产负债表的重要数据。所以，只有纯粹基于股票价值被低估而从事的股份回购才是有意义的，它是利润分配的理想方式。下述研究案例说明，过去股份回购的实例，既有提升股东价值的，也有破坏股东价值的！

■ **例6-3　股份回购：百胜餐饮**

百胜餐饮是世界上最大的快餐提供商之一，拥有诸如塔可钟（Taco Bell）和必胜客（Pizza Hut）等品牌。除了激进的扩张政策外，百胜餐饮的过人之处不仅在于它低于均值的资产负债表数据，而且，还有其出色的经营发展态势。在年均7亿美元的自由现金流的情况下，百胜餐饮在金融危机之前每年向股东分配的利润在18亿美元以上，其中的大部分是以股份回购的形式实现的。

这些回购市盈率的在17~20之间。看来，这些回购价格都不便宜。由于回购的股份要和股东权益冲抵，2008年12月31日，尽管该公司公布的年度净利润很高，但它的股东权益却是负数！有时，管理层未必会依据股东利益行事。只要这种回购是通过借款实施的，那么，以过高的价格从事回购不仅费钱，而且，要冲减利润。投资于分支网络或新品牌可能会创造更多的价值。

然而，自2009年起，该公司暂停了回购，开始留存利润，恢复资产负债表的重要比率。当然，就百胜餐饮这个公司而言，这种利润分配做法对它并不构成生存问题，因为它的业务模式和现金流都很强健。但就股东价值最大化而言，更高的利润留存率可能会增加更多的价值。

■ **例6-4　股份回购：戴姆勒公司**

相对于百胜餐饮，有些企业不可能利用自由现金流（至少在某种程度上）来回购股份，因为它们或是没有自由现金流，或是自由现金流数量很小。不久的过去，人们看到有些企业从事了一些昂贵的资本市场行为：在市场的繁荣时期,即股票价格趋高的时候,有些企业基于良好的盈利状况,回购了自己的股份。当市场下行,股票价格便宜时,由于资金短缺和流动性挤压,不少企业都必须进行增资。

这种循环的股份买卖会对股东产生负面影响,特别是在股票低价位上所做的增资。增资是股份回购的镜像或反像。公司为增资而发行新股,潜在地稀释了已有股东的所持股份。好的做法应该是在股票价格高企时,进行增资(发行新股),这样就等于当期股东有效地出售了公司的部分股权。

戴姆勒公司做过现代经济史上最不幸的并购之一,而且,它还不幸地贡献了另一个著名的负面案例——有关利润分配政策方面的!

2007~2009年,公司回购了总价77亿欧元的自家股票。诡异的是,这些股票多数是在2007~2008年股市的高点赎回的——明显不是股份回购的合理价值域。

要命的是,在该公司因金融危机而遭遇财务困难时,它又以相当低的股价做了一次增资!通过这次新股发行,募集了37亿欧元进入公司的账上。

股票回购于2007年牛市的高点,增资发生在熊市的低点,这一高买低卖彰显了这种资金管理的荒谬。首先,公司在价格的高点回购并注销自己的股票,然后,却在价格低点发行新股增资!

表6-2列示了戴姆勒公司发行在外股票的状况。

表6-2 戴姆勒公司:2007~2009 股份回购

年份	股份数量(百万)
2007	1,047
2008	927
2009	1,024

2007~2009年,该公司在外股票数量减少了2.2%,为此花费了77亿欧元。在2009年年末,戴姆勒公司的市值是380亿欧元。以2007~2008年的回购量看,若该公司在金融危机之后马上做这种回购的话,它可以用相同的资金量回购公司发行在外股票总量的20%,而不是2年前的2%!

有一个至少是值得考虑的问题:是2008~2009年全球金融危机劫掠的钱多,还是莫迪利亚尼-米勒定理这些年来使人们赔的钱更多。这个理论模型变体的一个流行版本经常鼓吹:通过提升负债比率(如借钱做股份回购),

能够降低资本成本。戴姆勒公司这个例子清楚地说明,这种方法对价值的摧毁力可能会有多大!它的财务成本会是何等之高!

■ 例6-5 股份回购: IBM

2010~2012年,IBM陆续公布了它的自由现金流和筹资性现金流的相关数据(见表6-3)。

表6-3 IBM:特定现金流量表头寸 (单位:百万美元)

	2012年	2011年	2010年
经营性现金流	19 586	19 846	19 549
资本支出,净额	(4 307)	(4 059)	(3 984)
自由现金流	15 279	15 787	15 565
来自新负债的进项	12 242	9 996	8 055
偿付债务款项	(9 549)	(8 947)	(6 522)
短期借款(还款)	(441)	1 321	817
普通股回购	(11 995)	(15 046)	(15 375)
普通股交易——其他	1 540	2 453	3 774
已付现金红利	(3 773)	(3 473)	(3 177)

2010~2012年,IBM创造了稳健的自由现金流,总额约为464亿美元。在这个表中,自由现金流之下的各行表现的是公司筹资性现金流。

在这三年期间,该公司通过股份回购向股东返还的金额超过了422亿美元,以红利派发的方式返还了102亿美元。考虑进冲销其他普通股交易的76亿美元,IBM实际上把其所有的自由现金流都返给了股东。

作为自由现金流进来464亿美元,而以各种方式返还给股东的钱是448亿美元。基于2010~2012年市盈率平均13.2的这个背景,IBM似乎并没有就其股份过分支付回购高价。

对长期投资的股东而言,这种做法不错:IBM的股份数量从2009年的13.41亿股,减少到2012年的11.42亿股。三年前,拥有公司10%股权的投资者,到2012年年底,他的持有比例就上升到11.7%。而且,按照前一章所述的IBM的研究案例判断,该公司的业务规划似乎不错,同时,也为自身的发展投入了足够的资金——得益于公司非常成功的重组方案。

6.3 小结

看着这些可选的分配方式,一个问题油然而生:哪种分配政策最好呢?答案因情况而异。这里我们删繁就简,总结了如下规则。

- 企业应该留存利润——只要有赚钱的投资机会,或存在把负债削减到适当水平的必要,就应该这样做。
- 当股价有吸引力时,股份回购应该优先于红利派发。除了税收优势外,回购的股份还可以用作并购货币,随后再用出去。
- 派发红利合情合理,特别是繁荣期,此时的股价通常比较高。不过,对于股东而言,派发红利通常会有缴税之弊。
- 即便是没有可行的投资项目,也可以把利润留存起来。若有相当的现金和现金等价物作应急缓冲,企业在危机时腾挪的空间更大,而且,重要决策可用内部资金,效率更高。

借助于早先介绍的波士顿矩阵,可以推导出一个相关的具体建议。一家企业能做的可行投资项目(明星类和问题类项目)越多,留存的利润就应该越多。这样既贮备了进一步发展所需的资金,也减少了对外部投资者的依赖。

如果一家企业的业务都是由现金牛类业务构成的,那么在集团内部囤积现金和现金等价物是很可笑的事情。而正常的情形是:成长性企业几乎不或根本不分配利润,而成熟企业应该把它的多数利润分配给股东。

除了这些原因外,派发红利还有一个动因:股东结构。例如控股公司或私募股权公司需要川流不息的红利,因为它们一般都是借助负债收购的股权,对稳定的现金流有依赖性。同时,持有大额股份的利益相关者,如创始家族,通常需要的是年度红利——这是它们主要的收益来源。

除了这些经济内涵外,红利还有一个信号功能:有着持续红利的企业(经过长期磨难成长起来),被视作安全和成熟的企业。而且,一个长的红利派发史，是现金流强劲产能的表征。此外，红利通常是要根据利润的波动而调整的。如果一家企业红利比率常年都是50%，而某年利润出现了暂时的下探，那么，管理层感情上会倾向于派发和前年一样金额的红利。

最后，派发红利有两点好处：让多余的现金流出企业，避免投不赚钱的项目。这里有个所谓的自由现金流问题，即由于企业内流动资产过多而导致的不会产生利润的投资，可以通过红利高派避免。

背负债务过多的企业，其自由现金流投向应该主要是降低金融负债。这既能增加自己的利润（减少了利息支出），也可增强自身的稳定性（更高的股东权益比），还能带来更多可持续的现金流（更大的利润基础）。

例如，虽然消费品公司宝洁运营架构非常出色，也有来自现金流的资金补充经营所需，但它每天需要支付的利息仍有370多万美元之巨，等于公司股东每年向债权人支付13亿美元，这实际上是不必要的。

宝洁的这种做法要归因于现代企业融资理论。这种理论的其中一个说法是：为了提升盈利能力，有必要提升负债股权比率。在这派奇特的理论中，有一个称之为莫迪利亚尼-米勒定理的说法，它鼓吹资本结构（即股东权益与负债的关系）的无关性。这种理论声称负债对公司价值没有影响。但过去几年无数的破产和流动性挤兑，已经说明这种理论无法承担决策基础之用，而且，在实践中也不适用。

既然利润分配政策对公司资金结构和股票市场表现有很大的影响，那么，就应该去做相关的透彻调研，看看管理层采用的是哪种原则。

综上所述，流动性缓冲资金可以成为一种真正的竞争优势，特别是在信贷紧缩期（如2008~2009年的危机期间），它向人们无情地展示了这一点。在这次危机期间，多数大型欧洲航空公司不得不削减它们的机队规模、遣散雇员，而像瑞安航空和易捷航空这类财务相对保守的航空公司，却借机扩张了它们的机队和航线。

在市场下行时，资金结构欠佳的公司不得不忙于融资问题，而股本金和现金缓冲阀良好的公司，却可以乘势借力竞争对手的困境。因此，流动性缓冲资金是一种利润的长期使用方式，其作用不可小觑。

第7章 | The Art of Company Valuation and Financial Statement Analysis

估值比率

> 何为愤世嫉俗者？就是哪些知晓万物价格，却对价值浑然不知的人。
> ——奥斯卡·王尔德

股票价格本身就是一种绝对价值，因此，就公司估值而言，股价就没有意义了，而估值比率则是用于比较不同公司的股价，或用于单独确定公司的当期估值。本章致力于常用估值倍数及相关比率的计算和解读。

倍数就是估值比率：它们把某些绝对业绩指标（如利润和销售额等）与当期市场估值进行比较。例如，一家公司的交易价格可能是其净利润额的12倍或年销售额的2倍。因此，可把估值比率视为市场价格的标杆。

第8章将会研讨公司公允价值的实际计算方法，进而把这前后两章关联起来。因此，可把这一章看作描述性公司估值，回答问题"何为当期估值"；相比照，下一章就是规范性估值，回答问题"估值应该是什么"。

为了理解如何实际应用这些估值比率，本章用了一些案例进行说明和解读。此外，这里还采用了分布图的方法，以标普500指数成分股为样本，对一些流行的估值比率进行了概率分析，以便对特定的估值水平进行评估。

经典的估值倍数系列可以拆分为权益倍数和实体倍数。

权益倍数把公司的市值与利润值相比——这里的利润是指股东可分享的部分，它们包括净利润、自由现金流或股东权益等。

实体倍数不仅考虑市价总值（market capitalization），而且还有公司资产负债表上的净负债金额。把这个参照数值，即所谓的企业价值（市价总值+净负债金额），与所有资金提供方共享的利润值进行比较。这类利润值包括息税前利润和息前自由现金流等。

本章始于对权益倍数的解读，然后，在此基础上，是更复杂的实体倍数的解读。

权益倍数

权益倍数（equity multiples），就像流行的市盈率一样，把企业的市场价值及其利润数值（股东分享的部分）关联起来。权益市值，即当期的市价总值，是所有权益倍数的参照数值。因此，这种市场价值与息税前利润之比就不合适了，因为息税前利润不是股东专享的利润，它还包含了债权人的应享部分。

此外，在计算权益倍数和实体倍数时，要特别关注利润的未来发展趋势，因为市场投资者的行为是未来导向型，过往的利润只有借鉴的意义，而且，以往的高利润仅仅是一个正向指标。最后要强调的是，不管怎么说，只有未来的结果才算数。

本节主要阐述下述权益倍数。

- 市盈率
- 市净率
- 股价现金流比率
- 市销率

为了企业估值的准确性，在相关的分析过程中，应该运用不同估值比率的合理组合。仅用一个比率容易出错。例如，市净率和市销率（股价销售额之比）是相对稳健的比率，波动幅度较低，而市盈率则常常受制于较大的短期变化影响，但对新趋势的反应很快。

7.1 市盈率

市盈率表现公司（相对于其利润的）当期市场估值。例如，市盈率为 10

意味着公司的当期定价是其过去年份（历史市盈率）或未来年份（预测市盈率）净利润的10倍。如果一家公司被整体收购，那么，市盈率则说明，需要多少年这笔投资才能收回或摊销完（在利润额不变的情况下）。

$$市盈率 = \frac{市价总值}{净利润} = \frac{股价}{每股利润}$$

由于股市总是离不开企业未来发展的预期，所以，在计算这个比率时，应该根据能够预期的精确程度，采用下一财年的每股预期利润。但这个预期值应该是经过全面分析的结果，否则，应该使用当期数据，即最近财年的利润值，或不足一年的，则应采用过去四个季度的利润值。

■ 例7-1 市盈率的计算

在财报里，Z公司给出的净利润是2.5亿美元（扣除少数股东权益的数），完全稀释的股份数量为1亿股，而且，已知的当期股价是40美元。用净利润除以发行在外的股份数，可计算出每股利润。

$$每股利润 = \frac{净利润}{发行在外股份数} = \frac{2.5}{1} = 2.50(美元)$$

用当期股价除以每股利润，得到的市盈率是16（=40/2.5）。如果预期利润的增幅是20%，每股利润增加到3美元，该股的市盈率就会从16降到13.3。

一般而言，市盈率低意味着估值便宜，相反，市盈率高说明估值高。决定市盈率的一个重要因素是公司的增长活力。如果A公司的净利润年度增幅是20%，而B公司的年增幅只有10%，那么，投资A公司的回收速度要相应地快一些。因此，A公司就应该以更高的估值，获得一个交易溢价。

从当期的利润角度看，高增长公司的股票今天看起来贵，但它的合理性蕴于其未来有保障的利润增长潜力。相反，基于当期利润，一家增长缓慢的公司估值会比较便宜，但其未来的潜在增长会很低。所以，对于增长缓慢的企业来说，其股票会有一个较高的初始收益率或成本收益率，而增长型企业则相反，其股票通常表现的当期收益率较低，但会在未来一段时期的利润预期增长中获得补偿。

一只股票的初始收益率就是市盈率的倒数，它给出的是第一年的投资收益率。

$$初始收益率 = \frac{每股利润}{股价} = \frac{1}{市盈率}$$

如果一只股票的当期交易价是 20 美元，公布的每股利润是 1 美元，结果市盈率是 20，而相应的初始收益率是 5%。这清楚地表明：如果股价是 20 美元且每股利润是 1 美元，那么，相应的投资收益率就是 5%。

为了清楚哪种初始收益率和市盈率有企业共性，这里可采用代表性广泛的股票指数——它们反映的是整个市场的收益情况。本书采用标普 500 指数成分股指数作为参照样本（它涵盖了美国市值排行前 500 的上市公司）。自该指数推出以来，它的市盈率平均数是 16.4，对应的初始收益率是 6%。实际上，它暗含了一个探索性的定律：从长期来看，16 左右的市盈率足以支撑年收益率 6%~7% 的股票。

在评估一只股票是高估或低估时，应该把这种市盈率数值视为第一个衡量指标。在没有进一步细究单个公司的细节之前，应该把市盈率个位数范围的估值视作买入级（有吸引力的），而超过 20 的数值则意味着高估。不过，在特定情况下，20 的市盈率也有可能是便宜的，特别是对于可持续增长的股票——当然，前提是它们必须表现出相应的增长率。

除了利润增长外，还有一些因素对市盈率有间接的影响。下面仅列了其中的部分：

- 市场地位
- 财务稳定性
- 风险
- 管理
- 利润质量

市场地位

对于市场地位高的公司，它创造的利润不仅更稳定，而且更好评估。股票市场应该以更高的估值（溢价）认可这一点。另外，具有独特卖点的公司受市场下行的影响较小，因为这种卖点强化了公司的定价权。一般而言，市场份额大通常对公司估值有正面的影响。

财务稳定性

类似于市场地位，较高的财务稳定性可以减少风险。在其他条件相同的企业中，理性投资者应该是偏好负债少的企业。除了增加不稳定性外，大额借款还会带来利息费用，减少净利润。借款的最佳额度依企业商业模式和现金流波动程度而定，所以，非常稳定的公司虽然扛着巨额借款，但不会对它的估值结果有负面影响。特别是从税收优化的角度，额外负债可能是一个适当的优化工具。

风险

风险最终是一家公司市场地位、现金流波动性和财务稳定性的综合结果。如果一家企业具有扎实的垄断地位和极少的负债，那么，所评的风险就低。相应地，如果一家企业能把利润及其增长与较低的基础性风险结合起来，那么，这种利润及其增长就特别有价值。

在第8章，将借用经营和财务杠杆的概念，讨论相关风险的评估。有时，初创公司和新兴行业的企业，表现出非常高的增长率，不过，这些增长率的不确定性也很大。所以，在评估增长的价值时，一定要考虑进风险因素。

管理

管理的影响依商业模式和组织类型的不同而不同。例如，尤其在雄心勃勃的小公司，经理人在战略方向问题上的决策有很大的影响力，应该予以相应的考虑。这对股东而言，既蕴含着机会，也隐匿着风险。依法理，股东对企业有控制权，但实际上，股东通常只有有限的话语权。

这里可用星巴克的例子解读管理层某个成员离职引起的经营动荡风险。在星巴克创始人霍华德·舒尔茨宣布退休后，企业经营状况及其股票价格都大幅恶化。他2008年的回归及其做出的大幅整改，使公司回到了正轨。甚至更大的全球性运营的公司，也可能依赖于几个人的命运。例如苏格兰皇家银行的消亡，至少应部分归咎于弗雷德·古德温呆板的管理风格——他不接受任何批评。

这种风险对估值应该有相应的影响。这也是投资者在做投资决策前，应该会晤管理团队的原因之一，而且，他们的脑子里总应该回旋着这样一个问题："我能信任这个家伙，让他看管我的钱财吗？"

利润质量

利润仅在及时和足量地转化为实际现金流时，才能创造价值。所以，利润质量是非常重要的，它主要受两个因素的影响。

（1）现金流。

（2）一次性科目。

在评价市盈率时，应该总是把现金流发展态势视作它的控制机制。只有当钱真正流进企业，且大部分利润无须做再投资时，利润才能真正地被视作利润。资本支出指标和经营性现金流率适合于用来检测这个利润标准。此外，增长率高的企业常常表现出较差的现金流产生能力，它们不得不依赖外部资金的提供方（尽管增长率很高）。

第二个影响因素包括利润表内的一次性科目，如公司重组准备金或与出售非核心资产相关的一次性收益。利润表应该调整一次性科目（无论是正的还是负的），以便得到利润状况的清晰描绘。此外，在确定每股利润时，还要考虑股权或可转债的潜在稀释效应。新股发行增加了总股份的数量，减少了每股利润，因此，就出现了股份稀释现象。通常，公司公布的每股利润有两种形式：每股未稀释利润和每股稀释利润。就公司估值而言，相关度最大的是每股稀释利润。

■ 例7-2　5家所选公司的市盈率比较

表7-1列示了铁路行业的5家公司及其市盈率。就这些数据的分析而言，着力点应该总是放在具体的特殊性和那些单个的影响因素上。

表 7-1　美国铁路运营商：市盈率和每股利润增幅

公司	市盈率	每股利润增幅（3 年期）
CSX 公司	14.6	14.3%p. a.
南方诺福克铁路公司	15.6	22.2%p. a.
加拿大国家铁路公司	19.2	16.8%p. a.
加拿大太平洋铁路公司	26.1	6.1%p. a.
堪萨斯城南方铁路公司	32.2	43.4%p. a.

资料来源：彭博，2013 年年底，每股利润增幅（2010~2012 年）。

所有这 5 家公司都是各自市场上领先的铁路运营商。虽然处在同一个行业，但它们给出的市盈率水平差距很大。相对于同行，CSX 公司和南方诺福克公司的市盈率较低，原因是它们煤炭运输业务的收入下降，导致这两家公司增长预期较低所致。煤炭需求的剧降（主要是由于美国页岩气不断增长），为 CSX 公司和南方诺福克公司带来了麻烦。市场参与者似乎预期这两家公司随后的利润增长率会降低，因此，给了它们低于行业均值的市盈率。

尽管公布的增幅仅比历史数据略好，但加拿大国家铁路公司的估值却是其净利润的 19.2 倍。这主要是因为这家公司更加合理的收入组合，使它对煤炭运输的依赖性较低。因此，该公司的估值相对较高。

第一眼看去，加拿大太平洋铁路公司的数据很奇怪。和同行相比，它的增长率数据是落后的，但它的市盈率却是 26.1。历史上，这家公司的经营效率一直较低——它较低的经营利润率就是佐证。不过，市场投资者给了该公司一个较高的市盈率，因为他们预期公司管理在近期的变化（由投资者驱动），将会给公司带来成本的节约和未来的高增长。

堪萨斯城南方铁路公司不仅享有最高的市盈率，还呈现出了优异的增长率。这主要得益于公司进入了蓬勃发展的墨西哥市场。

就像这些例子所示，只有在考虑到它们的具体环境和背景时，才能比较同业公司的估值水平。没有进一步的相关分析，很难说哪家公司便宜，哪家公司贵，因为强大的市场地位和高增长率都不是凭空而来（如这个 5 公司案例分析所示）。

市盈率分布：标普 500 指数成分股

图 7-1 展示了标普 500 指数成分股市盈率的分布。43.8% 的成分股公司

的市盈率都在 12~20，市盈率倍数在 24 以下的占了公司数量的 75%。在这个市盈率之外的成分股往往都是有一些侥幸的成分，或是那些有着出色增长率的公司。这个样本的市盈率中值是 19.1。2013 年年底，市价总值加权平均的市盈率在 16~17。

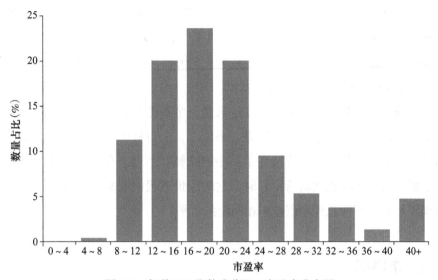

图 7-1　标普 500 指数成分股：市盈率分布图

市盈率与利润增长率之比

就市盈率做一个公平的评估，尤其是在生机勃勃的新企业之间，是很困难的。因此，当面对这种类型的企业时，通常的做法是采用市盈率相对盈利增长比率（PEG）。PEG 通常是用来评估成长股的低估或高估问题。在确定当期市盈率时，一定要关联利润在一个特定时期的预期增长率。在计算这个比率时，重要的是要确保采用比较保守的市场增长率评估值。

$$市盈率相对盈利增长比率 = \frac{市盈率}{利润增长率}$$

对于这个比率而言，小于 1 的数值被视为便宜，接近 1 的数值则为公平，大于 1 的值则意味着高估。这种估值方式适用于公开上市前的脸谱网这类年轻的企业。高盛于 2011 年买进脸谱网股票（自己持有）时，脸谱网的价值估计在 500 亿美元左右。基于当时 5 亿美元的利润，脸谱网估值的市盈率是 100。乍一看，这个价值是贵得离谱，但如果该公司的利润能在随后几年取得 100%的年增幅，它还是相对不错的。

就脸谱网这个例子看，这明显是可能的，因为它仅在几年前刚刚过盈亏平衡点。基于脸谱网提交上市材料之前的评估，这家年轻的公司在 2009~2010 年，已经取得了超过 100%的增幅（从 2 亿美元到 5 亿美元）。这家公司在 2011 年也瞄准了同样的目标，至少是在销售额上如此，而且在 2011 年，脸谱网的 PEG 是处在 1 左右的平衡值。

在缺乏更详细数据的情况下，这只是一个参考性的指标，但它能够说明孤立地考虑市盈率会怎样产生误导。事实上，上市后的第一个季度，由于利润数字的平庸，脸谱网股价遭遇了不小的跌幅。不过，在该公司开始公布来自手机广告销售额和利润的增长时，它的股价就很快收复了失地，这个事实强调了股价需要增长到和市盈率相匹配的水平。

7.2 市净率

在市盈率把利润指标与当期市场估值进行比较时，作为静态估值倍数的市净率则会进一步打开人们的视界。这个比率着力表现市场支付给净资产（如公司面值或每股净资产）的溢价。乍一看，对一家企业的支付额超过了其资产减负债的价值，似乎不合理。

不过，由于股票市场通常假设企业是处在正常的经营状况，而非坠入螺旋下降的通道，所以，有些企业股票是以高于面值的溢价交易，而其他的则由于未来前景之故，只能以面值的折扣价进行交易。

市净率的计算方法与市盈率的类似：

$$市净率 = \frac{市价总值}{股东权益} = \frac{股价}{每股面值}$$

如果一只股票的交易价格低于其面值（市净率小于 1），那么，理论上，就应该出手把整个公司收购了，然后，再以面值清算掉。这样，买家就可以在无风险的情况下赚钱。不过,在现实中,只有一小部分企业的估值低于面值,而且,通常不是所有的资产都能按照资产负债表上的价格出售。股票低于面值的原因可能是持续的亏损(即市场在价格上计入了股东权益的减值部分),或资产负债表上有可疑或夸大的资产,或仅仅就是盈利能力不足。

■ 例7-3 市净率的计算

A 公司公布的股东权益(扣除少数股东权益)是 5 亿美元,发行在外的股份为 5000 万股。它们相除的结果是每股 10 美元的股东权益。如果股价为 15 美元,它对应的市净率为 1.5(=15/10)。

若计算预期市净率,那么,当期股东权益需要按预期净利润(扣除少数股东权益)增加,还要按将要派发的红利减少。例如,如果预期利润是 5000 万美元,70% 的利润将会被分配出去,那么,下一年度的面值金额将是 5.15 亿美元(即 5 亿美元+0.5 亿美元-0.35 亿美元)。这个例子里的每股面值是 10.3 美元,市净率是 1.46(=15/10.3)。

是什么决定了面值之上所支付的溢价(市净率大于 1)?想象有两家基本相同的做广播电台节目的公司。两家公司的资金都来自股权融资,仅有的区别是节目主持人。智力竞赛节目 A 设法雇用了霍华德·斯特恩做主持人,电台节目 Z 的主持人没有名气。自然,两家企业有着同样的面值,因为两家拥有一样的播音室、设备以及基本相同的广播发射台。

然而,广告合作伙伴会为霍华德·斯特恩主持的节目支付更高的广告费,因为这个节目听众的数量预期会更多。结果,节目 A 的投入资本的收益会更高。正是由于这个原因,相对于企业 Z,企业 A 会有一个交易溢价。这就带来了一个假设:在股东权益之上支付的溢价与公司的盈利能力相关;在这个例子里,这个盈利能力就是净资产收益率。这个净资产收益率的计算公式如下:

$$净资产收益率 = \frac{净利润}{股东权益平均值}$$

这个比率大致是在表达股东权益的年度增量。因此,市净率必须关联企业增加股东权益的能力，即企业的净资产收益率。有效的市场给盈利企业的估值要高于非盈利企业。因此，公司按照其面值的倍数进行估值是有道理的，但前提是企业的面值能够以相应的增长率增加，即它能表现出持续的高净资产收益率。

假设上述例子的企业 A 和企业 Z 是以 1 亿美元的面值起步，而且，分别按照 20% 和 5% 的年增长率，增加各自企业的面值（因此，初始的净资产收益率达到了 20% 和 5%）。企业 A 的账面价值在 4 年内会翻倍，而企业 Z 则需要 15 年的时间才能翻倍。理智的投资者和有效的市场都会把这些情况融入价格中，给予企业 A 的估值要高于企业 Z。

在这层意义上，一家公司的估值溢价也可以解读为经济商誉。为了弄清楚这个商誉，想象一下可口可乐公司的情况。为了复制 2012 年年底可口可乐的资产，需要 861 亿美元。有了这笔钱，可以建造同样的工厂、基础设施，可以购入同样的存货。有了这个基础，至少理论上可以创造出同样的收入。

不过，在过去的 100 年间，可口可乐公司利用独特的市场战略，把可口可乐饮料作为一个充满活力的消费产品，已经沁入到消费者的潜意识中。可口可乐的整个溢价几乎都得益于这种成功的市场推广。我们可以像复制资产负债表那样，一一地复制可口可乐集团，但在这样做的时候，携有正能量的经济商誉（它的全球知名品牌）还没有涉及。

无品牌产品最多可获得一个平均收益率，而可口可乐公司获得的投入资本收益率可以超过 30%！在全球的餐厅和超市，可口可乐都是不可或缺的，否则，就会带来销售额的流失。同时，可口可乐可以在不用担心流失客户的情况下，根据通货膨胀来调节价格。这揭示了为什么可口可乐公司可以依据其面值的倍数来估值。它的净资产收益率就是这种力量的表现。

不过，从中期看，股票交易价格处在面值或面值以下，也是有可能的。如果一家公司连它的权益成本都收不回来，那么，只要公司的前景保持不变，低于面值的估值是合情合理的。

这种情形可以通过债券市场的类比来说明：一只无风险债券（息票率低

于市场盛行的利率）的交易价会低于它的面值。不过，如果息票率高于利率，市场投资者就应该愿意支付高于面值的溢价。若当期市场利率为5%，而债券息票率为10%，那么，它的交易价应该比面值高不少；此时，若是息票率为2%的可比附息债券，那么，其交易价格应该在100以下。

把这个概念转移到股票市场：那些净资产收益率（即息票率）高于净资产成本（即市场利率）的企业，它们股票的交易价格要高于其账面价值（即债券面值）。无法赚回净资产成本的企业，最后的估值会低于其账面价值。

这种所需收益率和现实收益率之间的联系，可以在债市和股市上观察到。同时，它还可以在下述推导中得出：当企业挣的钱正好等于其净资产成本时，企业的估值正好是它的账面价值（$P/B=1$）。类似地，在息票率等于主要的市场利率时，债券按其面值交易。

高盈利企业应该溢价交易，因为它们提升账面价值的速度要快于无盈利的企业。如果净资产收益率明显高于（低于）净资产成本，那么，企业的交易价就会在账面价值以上（以下）。这个上下逻辑说明市净率是一个适合于估值目的的比率。

建立在这样一种观察之上，在第8章，我们将进一步讨论把一家公司的合理市净率作为净资产收益率和净资产成本的函数，并再次温习上述阐释的逻辑。

■ 例7-4 市净率的比较：英国消费者的角度

表7-2列示了2013年年底富时100指数的消费品和非周期性产品板块中所有上市公司的市净率和标准化净资产收益率（做了对一次性科目的调整）。

表7-2 富时100指数消费品和非周期性产品成分股：市净率 VS. 净资产收益率

公司	市净率	净资产收益率（%）
葛兰素史克	11.9	78.2
英美烟草	9.1	58.2
卡皮特	6.8	45.5

(续)

公司	市净率	净资产收益率（%）
帝亚吉欧	7.0	41.4
联合利华	6.4	36.1
天祥集团	7.8	34.5
利洁时集团	5.3	34.2
杰富仕	3.5	32.4
巴布考克国际集团	4.5	29.1
益博睿	6.0	28.7
本泽	5.1	28.1
阿斯利康	2.7	26.3
亚力克	3.4	25.6
泰莱	3.5	24.5
帝国烟草集团	3.6	21.9
信佳集团	2.3	21.5
夏尔	5.8	19.8
施乐辉	2.9	16.9
乐购	1.9	15.5
南非米勒	3.2	13.4
威廉-莫里森超市	1.3	11.8
联合食品	2.6	11.7
桑斯博里	1.3	10.0

资料来源：彭博（2013），富时100指数：消费品和非周期性产品。

  净资产收益率和市净率之间明显的关联性，立刻跃然纸上。让我们看看几个最极端的值：葛兰素史克的净资产收益率达到了78.2%，而桑斯博里公布的净资产收益率仅为10%。结果，葛兰素史克的交易价是其净资产的11.9倍，而桑斯博里的估值仅是净资产的130%。不过，也有些特例。拿益博睿作例子：它的净资产收益率为28.7%，市净率为6；与杰富仕做比较：后者净资产收益率要高大致4%，但估值却是其面值的3.5倍。

  为什么会这样？剔除有些股票错定价格的可能性，这个差异可能在于，杰富仕的风险水平要高于益博睿，或市场参与者已经预期其未来净资产收益率的下跌。对于这些偏离正常的偏差，应该予以认真的分析，因为它们可能向人们暗示了错误的定价，如果事实表明：①实际上，这两家公司的风险是可比的；②评估的净资产收益率至少是稳定的。

这对投资者而言，可能意味着机会，也可能不是机会。图7-2描述了这种关系。84%的R^2看起来非常高，它强调了净资产收益率与所付溢价的密切关系。

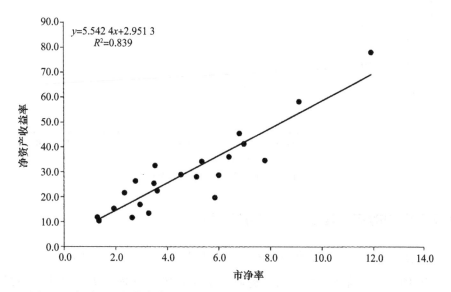

图7-2 富时100指数消费品和非周期性产品成分股：净资产收益率 VS 市净率

潜在有意义的股票通常都在这条线之上——说明估值偏低（相对于业内其他股票），当然，前提是采用的净资产收益率都是合理的。同时，对于交易价处在线下的股票，则表明它们的价位是高估的（基于它们的净资产收益率而言）。但这里需要强调的是：在做出是否投资的明确决定之前，需要慎重地分析每家公司的风险程度及其净资产收益率未来的发展态势。

市净率的分布：标普500指数成分股

图7-3揭示了2013年年底标普500指数成分股的市净率分布。1.5~2的数值区域涵盖了多数企业，而很明显的是，大多数（约75%）的市净率都是处在1~5。它们市净率的中值是2.9。在这个语境里，看看净资产收益率的分布也有裨益（已经在第2章讨论过）。

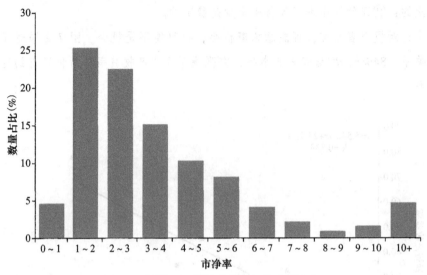

图 7-3 标普 500 指数成分股：市净率分布

■ **例 7-5 市净率：案例——可口可乐公司**

在表 7-3 中，可口可乐公司的相关指标轨迹，给出了特别有趣的数字。它过往 10 年的净资产收益率相对稳定地徘徊在 25%～35%，而市净率却不断地降低。这些矛盾的数据轨迹如何契合在一起呢？

表 7-3 可口可乐公司：市净率 VS 净资产收益率 VS 股票价格

时间	市净率	净资产收益率（%）	股票价格（美元）
Q2' 2000	15.5	17.6	57.4
Q4' 2000	16.3	23.1	60.9
Q2' 2001	10.8	33.6	45.0
Q4' 2001	10.3	38.4	47.2
Q2' 2002	12.2	28.3	56.0
Q4' 2002	9.2	27.5	43.8
Q2' 2003	8.4	34.5	46.4
Q4' 2003	8.8	33.6	50.8
Q2' 2004	8.2	34.1	50.5
Q4' 2004	6.3	32.3	41.6
Q2' 2005	6.1	31.0	41.8

（续）

时间	市净率	净资产收益率（%）	股票价格（美元）
Q4' 2005	5.8	30.2	40.3
Q2' 2006	5.9	30.4	43.0
Q4' 2006	6.6	30.5	48.3
Q2' 2007	6.4	29.1	52.3
Q4' 2007	6.5	30.9	61.4
Q2' 2008	5.2	27.5	52.0
Q4' 2008	5.1	27.5	45.3
Q2' 2009	4.8	27.1	48.0
Q4' 2009	5.3	30.1	57.0
Q2' 2010	4.5	30.5	50.1

资料来源：彭博。

在泡沫的巅峰期，该公司的估值相对较贵。在2000年，与20%的净资产收益率相伴的是15倍的市净率。为此，我们做个比较：2010年年底的IBM的净资产收益率为45%，市净率却只有7.9。

年轻企业的高估值可以用高增长和赶超效应来解读，而可口可乐公司股票2000年的估值只能用过度预期来解释。此时，以60美元价格购买了该公司股票的投资者，在随后的12年里只能得到很平庸的收益率。

有一个重要的点要记住：优秀企业的股票估值常常处在相对的高位，很明显，成功的投资取决于购买价格。

泡沫破灭后的年份表现出的发展态势则相反。在净资产收益率持续地提升到30%以上时，市净率却是进一步下降。这种市净率和净资产收益率之间缺乏关联性的现象，给我们引出了一个结论：这只股票的估值有问题（不过，未必是低估）。

在可口可乐公司这个例子里，1999~2010年市净率和净资产收益率之间的相关性是-0.38——这是一个非常奇怪的值，它竟然是负的！这家公司越赚钱，它的估值就越便宜！

那么，可口可乐公司的股票在什么价位上值得买呢？

数据分析显示，至少在2010年年底，可口可乐公司的股票是以一个历史新低的 5.1 的市净率进行交易的。那么，这个估值到底是便宜了，还是贵了——将在第 8 章讨论这个问题。届时，还会重新复习上面的案例。

7.3 价格与现金流比率

在迄今为止的章节中，主导的哲学都是强调现金流的意义，并在与诸如息税折旧摊销前利润或净利润的比较中，突出现金流的重要性。不过，在利用估值倍数时，现金流的复杂性与这些倍数的简单结构形成了鲜明对比。

经营性现金流（经营资金的变化）与自由现金流（资本支出的波动）常常易受波动影响，需要每年做调整。虽然原则上能够进行调整，但它潜藏着这样的危险：数据在某个方向上调整得太多！在估值这个范畴里，现金流的使用更适用于现金流贴现方法——将在下一章介绍。

价格与现金流比率可以用来估值和与大型稳定的企业做比较，如与高质量的消费品厂商（经营资金和资本支出没有那么明显的波动性）做比较，因此具有更加稳定的经营性现金流；就其他所有企业而言，明智的做法是，在运用其他比率时，一定要铭记这个比率。价格与现金流比率的计算同样遵循已经介绍过的估值倍数的模式：

$$价格与现金流比率 = \frac{市价总值}{经营性现金流} = \frac{股价}{每股经营性现金流}$$

由于经营性现金流常常大于净利润（由于折旧费等一次性非现金科目调整之故），所以，在多数情况下，价格与现金流比率值都低于市盈率值。为了算出公允的价格现金流比率，应该考虑市盈率和相关的现金流特征点（诸如资本支出指标等）。

一般说来，经营性现金流表现出的波动性要高于净利润，因为经营资金的变动能够大幅地改变现金流——大小取决于企业的周期性及其增长活力。为了剔除这些破坏性因素，可以采用经营资金变动前的经营性现金流。这个数字（也称作"现金利润"）的计算方法是，就非现金支出和一次性科目的影响，调整净利润。

现金利润 = 净利润 + 折旧 ± 一次性科目

通过采用自由现金流而非经营性现金流，可获得价格现金流比率的另一个版本。价格自由现金流比率说明的是：一家公司的当期估值是其自由现金流的几倍。就这个比率而言，也有一个重要的点要记住：一些大额的资本支出项目会使这个比率变形，因为它们会暂时扭曲自由现金流的产生。

价格自由现金流比率是最有意义的比率，因为股东最终仅能处置的就是这个金额。因此，为了算出这个比率，最好是采用合理的且调整过的自由现金流数字。价格自由现金流比率的倒数是自由现金流收益率：

$$自由现金流收益率 = \frac{自由现金流}{市价总值} = \frac{每股自由现金流}{股价}$$

在评估成熟企业股价的吸引力时，这个比率是个不可或缺的部分。

■ 例 7-6 自由现金流收益率：宝洁 VS 利洁时

让我们采用自由现金流收益率和前面讨论过的其他比率，比较两家成熟的公司——宝洁和利洁时。

在计算估值比率前，一些特定数字要转换成每股数字，以便与当期股价进行比较。在利洁时这个例子里，就像许多英国股票一样，要注意这样一种特别现象：挂牌股票的价格单位是便士，而其他的所有数据单位都是英镑。因此，在随后的阐述中，它的每股价格 3879 便士，都会表述为 38.79 英镑。此外，用表 7-4 的数字除以发行在外的股份总数，得到表 7-5 所示的每股数量。

表 7-4 宝洁 VS 利洁时集团：财报的某些头寸

	宝洁（美元）	利洁时集团（英镑）
股票价格（2012 年年底）	67.89	38.79
已发行在外股（百万股）	2 930	732 995
经营性现金流	14 873	1 888
资本支出，净	3 424	155
自由现金流	11 449	1 733
净利润	11 312	1 833
股东权益	68 709	5 922

资料来源：年报（2013，2012）。

表 7-5 宝洁 VS 利洁时集团：每股价值

	宝洁（美元）	利洁时集团（英镑）
经营性现金流	5.07	2.57
自由现金流	3.90	2.36
净利润	3.86	2.50
股东权益	23.45	8.08

在各自的股价为 67.89 美元和 38.79 英镑的情况下，我们得到的相关估值比率见表 7-6。

表 7-6 宝洁 VS 利洁时集团：估值比率

	宝洁	利洁时集团
价格与经营性现金流比率	13.4x	15.1x
自由现金流收益率	5.7%	6.0%
市盈率	17.5x	15.5x
市净率	2.9x	4.8x

基于这个分析，比照自由现金流收益率和市盈率，利洁时集团看起来是便宜的，但它表现出了较高的价格与经营性现金流比率和市净率。

在这个例子里，由于两家公司都处在同一行业内，应该看重自由现金流收益率，而不是价格与经营性现金流比率，因为重要的不是经营性现金流，而是自由现金流的产生能力。

就市净率而言，利洁时集团溢价的合理性在于，这家英国公司获得了 30.9% 的净资产收益率，而宝洁只有 16.9%。

总体看，两家公司都表现出了相当不错的估值，但基于 2012 年年底的数字，利洁时集团看起来要便宜些。为了使这个评估进一步合理化，还要考虑这两家公司的未来前景和近期的发展态势。

价格与自由现金流比率分布：标普 500 指数成分股

图 7-4 表现的是所有标普 500 指数成分股于 2013 年年底的价格与自由现金流比率。中值是 18.7。总体上看，这个分布与市盈率的分布所表现的特征类似。

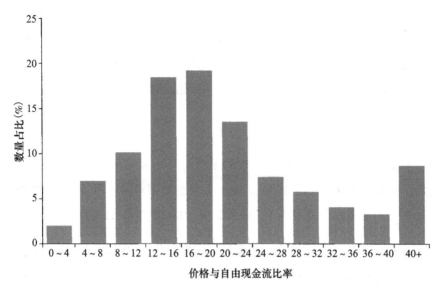

图 7-4 标普 500 指数成分股：价格与自由现金流比率分布

7.4 市销率

由于借助净利润（市盈率）、面值（市净率）和现金流（价格与现金流比率），已经确定了当期的估值水平，那么，下一步就是用公司的总收入评估它的价值。市销率（或价格营收比率）是借助企业销售额来衡量它的价值。乍一看，这个方法似乎是矛盾的，因为绝对销售额规模无法说明一家企业的盈利能力。而且，在按照《美国破产法》第 11 章申请破产的前一年，通用汽车的销售额高达近 1500 亿美元，但仍然亏损。那么，为何要使用这个比率呢？

有几个原因使得市销率成为一个合理的估值比率。

首先，销售额被会计操控的可能性最小。股东权益和利润受制于许多会计影响，而销售额在很大程度上独立于其他数字。

其次，市销率还可用于处理净亏损企业的估值。在这种情况下，有一个重要的点要记住：只有未来能产生利润的亏损企业，才有评估的意义。

市销率（价格营收比率）＝市价总值/销售收入＝股价/每股销售额

就像市净率与净资产收益率有关联一样，市销率可与净利润率关联起来。这个关联的存在是因为净利润率数字可解读为销售额的边际效用。这是说，如果盈利能力保持不变的话，每增加一美元的销售额能产生多少利润？

■ 例7-7 市销率的计算

A公司股票的当期交易价格是30美元，下一财年的预期销售额是1.5亿美元，它发行在外股票为1000万份。从这些数字推导出每股15美元的销售额（即1.5亿美元/0.1亿股），以及2倍（即30美元/15美元）的市销率。

下面例子表明净利润率对市销率的显著影响，以及如何利用这个关系评估一只股票的相对吸引力。

■ 例7-8 市销率 VS 净利润率

表7-7清楚地表明标普500指数原材料板块公司净利润率和市销率的正相关性。这是有原因的：一家公司经营的利润越多，每多一美元的收入给利润的贡献就越多——表述为市销率（价格营收比率）。美国铝业刚刚盈亏平衡（净利润率0.8%）且价值仅停留在0.4倍的销售额时，孟山都（Monsanto）则取得了非常出色的16.7%净利润率，并因此获得了3.8倍销售额的估值。若用一个图表形式表示的话，看起来就如图7-5所示。

表7-7 标普500指数原材料公司：市销率 VS 净利润率

公司	市销率	净利润率（%）
美国铝业	0.4	0.8
陶氏化学	0.8	2.1
纽柯钢铁	0.9	2.6
国际纸业	0.7	2.9
阿勒格尼技术	0.8	3.1
美德维实伟克	1.1	3.8
伊士曼化学	1.3	5.4
艺康	2.5	5.9
庞贝捷工业	1.8	6.2

(续)

公司	市销率	净利润率（%）
利安德巴塞尔	1.0	6.3
宣威·威廉姆斯	1.9	6.6
空气气体	1.6	6.9
杜邦·内摩尔保险	1.6	8.0
国际香精香料	2.3	9.0
空气化工产品	2.2	9.8
富美实	2.5	11.1
普莱克斯	3.2	15.1
孟山都	3.8	16.7
自由港迈克墨伦铜金矿	1.9	16.9

资料来源：彭博，2013年年底。

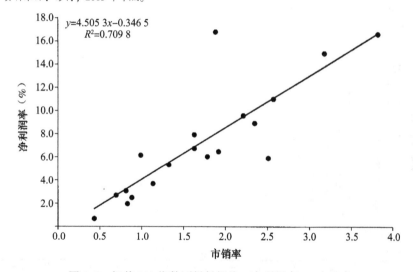

图7-5 标普500指数原材料板块：净利润率 VS 市销率

定价可能有错的证券，其交易价格会处在该线的上方或下方。不过，并不总是这样的——就像自由港迈克墨伦铜金矿的情形：它的价值是1.9倍的销售额，而它去年的净利润率是16.9%。在这个例子里，资本市场仅是反映了其下滑的净利润率——该公司公布的2013年头6个月的净利润率只有12.7%。

市销率和净利润率之间的联系，既有理论属性，也有实践属性。下一章将会详尽讨论"公允市销率"的精确计算问题。

如果预期会出现利润率的上升（如因经济规模之故），那么，公允的市销率就应该往上调。如果利润率不断堆积向下的压力，那么，市销率就要打折了。特别是在周期性的行业里，利润率在繁荣期常常会很高，而在经济下行期则会低至负数。

在这种情形下，你就必须取一个完整商业周期的均值。类似于市盈率，辨别出特别稳定的溢价利润率是一个合理的做法。这个溢价可能是突出的市场地位所致，或是较高的可变成本之故。

市销率分布：标普 500 指数成分股

如图 7-6 所示，市销率处在 0~4 的公司，占了标普 500 指数的 84%。中值是 2.0。

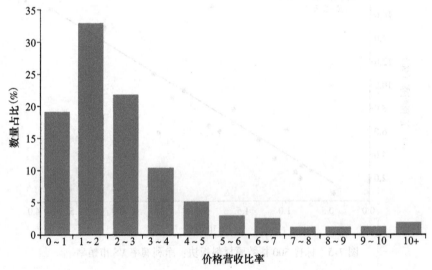

图 7-6 标普 500 指数成分股：市销率分布

就像本章伊始所述，在计算估值倍数时，业绩指标必须与参照值有逻辑关联。由于销售额（营收）不都属于权益投资者，而且，还要用于偿还负债，所以，市销率最终会被实体价值/销售比率（实体价值比率）所取代。

在下一节，将会深入一步讨论这个比率。尽管有不足，但不能完全忽略市销率，因为许多市场投资人没有意识到以上微妙之处，可能仍然考虑这个市销率。此外，随着负债水平的下降，市销率更加接近实体估值比率——就几乎没有负债的公司而言，它俩没有什么大的差异，但市销率的计算却要容易得多！

实体倍数

实体倍数把企业价值与业绩指标（所有资金提供方都获得的）相比较。企业价值的构成是权益加金融负债减现金的市场价值。实体法要回答的根本问题是："购买整体企业的花费是多少？"这里的确切假设是：在一个完整的并购中，还必须承担债权人的负债。不过，公司资产负债表上的现金属于收购方（能有效地降低收购价格）。

与权益倍数相比较，实体倍数无论分子还是分母，通常出现的数值都要大得多。实体倍数的典型结构如下：

$$\frac{企业价值}{业绩指标(利息之前)}$$

在这个方法中，全新的成分是企业价值。在开始计算相关实体倍数之前，先阐述企业价值的用途和计算方法。

7.5 企业价值法

前述的估值比率把公司的市价总值与股东相关的业绩指标关联起来。除了股东权益市值（即市价总值）外，企业价值法也考虑负债和所持现金的市场价值。这种方法源于这样一种思路：为了获得所有现金流的通路，潜在收购方必须得买断股东和债权人。

■ 例 7-9　企业价值

A 公司和 B 公司仅有的资产都是价值 50 万美元的房产。A 公司完全是股权融资，而 B 公司的权益比率为 20%。假设两家公司股票都是以账面价值进行交易，那么，A 公司易手的收购价格是 50 万美元，而 B 公司的易手价格应该是 10 万美元的股东权益值。

不过，要想获得其财产的独享权，B 公司的买家还必须买断手握 40 万美元的债权人的全部股份。在这个虚构的例子里，传统的权益价值法不会给我们带来有意义的结果。把带息负债加进市价总值里，得到的才是正确的估值。这个新数值（股东权益，即市价总值和负债的市场价值）称作企业价值（EV）。

表7-8显示了企业价值的精确计算方法。

表7-8 企业价值的计算

	股东权益的市场价值
+	金融负债的市场价值
+	少数股东权益的市场价值
−	流动资金，金融资产
−	非经营资产
	企业价值

- 股东权益的市场价值等同于公司的市价总值（股份数量×股价）。由于市净率阐述的是市场价值与股东权益面值的比率，所以，也可以把市净率与股东权益相乘，以便得到后者的市场价值。

- 就财务健康的企业而言，负债的市值相当于它们的账面价值，即资产负债表上公布的负债金额。若企业陷入了财务困境，负债票据（如挂牌债券）通常以其面值的折扣价交易。因此，这时潜在买家只需以折扣值购买相关的负债。这样，负债的面值也相应地降低。金融负债包括诸如银行贷款、债券、商业票据和类似带息负债等所有债务。

- 股东权益里的少数股东权益的市值，也必须加到企业价值里。少数股东权益是指不属于本集团过半数控股的那部分股份。例如，如果一个集团控制了另一家公司90%的股份，那么，10%的少数股东权益必须在资产负债表上予以独立申明，因为它们实际上不属于本集团。像股东权益一样，这个金额权益也要以账面价值入账。因此，应该用一个合适的市净率乘上少数股东权益，以便得到它们的市场价值。

- 现金和现金等价物是金融负债的对立物，需要从企业价值中减去（因为它们降低了购买价格）。例如在并购过程中购买的流动资产，可以直接分配掉或用于减少金融负债。不属于经营活动部分的资产，也可以用相同的方式处理（它们的出售不会影响企业的现金流状况）。例如未用财产或金融资产都属于这之列。

要是股东权益里没有少数股东权益，那么，企业价值公式可被简化为股东权益市值加上净金融负债市值（这里的净金融负债等于金融负债减流动资产）。

■ 例 7-10 企业价值：轻负债公司和重负债公司

为了理解为何要减去流动资产并加入金融负债，假设对一家轻负债公司（Liquid plc）和一家重负债公司（Heavy Co）分别进行虚拟的收购，而它们的资产负债表如表 7-9 和表 7-10 所示。

表 7-9 轻负债公司：资产负债表　　　　（单位：美元）

资产		负债	
不动产和设备	100 000	股东权益	300 000
应收账款	50 000	银行贷款	0
现金	150 000		

轻负债公司的市净率是 1，因此，它的账面价值相当于其市值。除了实际的经营业务外，这个企业的潜在买家还将获得 15 万美元现金。而且，15 万美元的净现金头寸可以直接偿付出去，而不会对被购企业造成损害。由于这项流动资产之故，我们定义的企业价值因此减少了 15 万美元，其具体金额是：

$$\text{企业价值}_{\text{轻负债公司}} = 30 \text{ 万美元} - 15 \text{ 万美元} = 15 \text{ 万美元}$$

表 7-10 是重负债公司的资产负债表，它的交易价是 2 倍的市净率。

表 7-10 重负债公司：资产负债表　　　　（单位：美元）

资产		负债	
不动产和设备	100 000	股东权益	50 000
存货	50 000	银行贷款	100 000

基于这些数据，企业价值是 20 万美元（50 000 美元×2+100 000 美元）。若利润相同，轻负债公司的估值要远比重负债公司便宜。大额金融负债增加了估值（投资变得没有吸引力了），而大额现金却减少了估值（投资变得有吸引力了），因为它可以直接分给新的拥有者。

在极端的情况下，现金和现金等价物会超过负债市值和市价总值——相当于负的企业价值。在这种情形下，买家会购买整个企业（所有股份和未到期负债），只需花掉被购企业的现金和现金等价物，仍然拥有处在经营状况的被购企业（没花钱）。

企业价值（即权益和负债的购买价格）可能为负。是纯理论？不尽然！在危机期间，这些有趣的机会会不时地冒出来。在这种危机环境下，有些企业屡弱无比，它们的估值会低于流动资产，也并非天方夜谭。例如当公司由于巨额亏损而快速耗尽现金储备时，就会出现这种情况。

然而，下面的梅迪昂电脑公司（后简称梅迪昂）的案例说明，这种类型的估值也会时不时地发生在实力雄厚的公司身上！

■ 例 7-11　负企业价值：梅迪昂

为了能够更好地理解这个案例，建议手边最好有梅迪昂 2009 年第一季度的期间报告（可以在该集团网站主页面"投资者关系"栏目找到这份季报）。这里把最重要的数据列示如下。

梅迪昂的业务涉及电器用品的概念设计、生产和销售。该公司的销售额超过了 10 亿欧元，是德国最大的电器用品制造商之一。

表 7-11 列示了梅迪昂简化的资产负债表（2009 年 3 月 31 日）

表 7-11　梅迪昂：简化资产负债表　　（单位：千欧元）

资产		负债	
现金和现金等价物	247 799	应付账款	101 927
应收账款	185 401	纳税准备金	3 265
存货	137 246	其他短期负债	13 841
递延税	5 050	债券	0
其他短期资产	33 600	其他长期负债	785
有形固定资产	31 700	养老准备金	1 650
无形资产	3 139	股东权益	358 868
金融资产	512		
递延税	14 997		
其他长期资产	3 146		

2009 年的第一季度，这只股票的交易价格处在低点 5 欧元和高点 7.3 欧元之间。在 2009 年 3 月 31 日季度结束时，它的交易价是 5.82 欧元。基于 44 816 285 份已发行在外的股票，该公司的市价总值可以按下述方法求得：

$$5.82 \text{ 欧元} \times 44\ 816\ 285 \text{ 股} = 260\ 830\ 778 \text{（欧元）}$$

这样,在2009年第一季度末,梅迪昂的股东权益估值是2.608亿欧元。它的金融负债金额仅有0.146亿美元。由于梅迪昂的债务不是在交易所买卖的,但该公司可以被归类为财务稳定型,所以,它的金融负债可以按照面值的100%定价。企业价值计算的最后一步是减去所持现金和相关资产(不属于经营业务那部分)。

季报通常是简写版的年报,因此,你必须得依靠2008年报的附注部分,了解下述头寸的定义:其他短期资产、其他长期资产和金融资产。在查看这份年报的附注(10)和(14)后,所有这类头寸不仅都是可以快速变现,而且是非经营所活动必需的。更有甚者,梅迪昂公布的现金和现金等价物价值竟然高达2.477亿欧元,这对估值有很重要的影响。就上面给出的数据,可以按下述方式计算企业价值:

$$\text{企业价值}(EV) = \frac{\text{股东权益}}{\text{市场价值}} + \frac{\text{负债市场}}{\text{价值}} - \frac{\text{现金和现金}}{\text{等价物}} - \frac{\text{非经营}}{\text{资产}}$$

$$= 260\,830 + 14\,626 - 247\,799 - 33\,600 - 512 - 3146$$

$$= -9601(\text{千欧元})$$

结果是-960万欧元的企业价值!在私下交易里,这个卖家还要付出960万欧元,而买家却收购了这个企业(原文如此!)。假设梅迪昂的运营结果总是赤字,那么,零收购价合情合理!不过,在这个例子里,梅迪昂公布的利润率特别稳定——说明这种担忧是多余的!虽然这家企业断断续续地处在负的收购价位,但在2009年,梅迪昂还创造了1400万美元的利润。

当然,这个例子是一个例外。不过,多数企业公布的金融负债是净值,这意味着企业价值超过了股东权益市场价值。

企业价值还有一个额外的好处:资本结构被包含在这种估值之中。高额负债使企业的吸引力变小,相反,所持现金量则会给企业加分。因此,在解读实体倍数时,资本结构本身无须包括在内。由于企业价值既考虑了股东权益,也包括了企业负债,在计算实体倍数时,可以用诸如息税折旧摊销前利润、息税前利润、息前自由现金流或总销售额等业绩指标,因为这些利润是比照净利润，这些业绩指标还有额外的优势：它们更加稳定。通常，所公布的业绩指标在利润表上位置越低，它们背负的一次性科目越多且会计操控余地越大。例如，总销售额（或总营收）通常不受一次性科目的影响，而息税前利润则可能被各种非经常性支出和收益所扭曲。在很大程度上，企业价值比率相关的数字都能直接在利润表找到，如表7-12所示。

表 7-12 利润表

收入
－经营成本
＝息税折旧摊销前利润（EBITDA）
－折旧和摊销
＝息税前利润（经营利润）
－财务费用计算结果（financial result）
＝税前利润
－税收
＝净利润

本节将阐述一些最重要实体倍数的具体算法，并对它们进行解读。下面就是这些特别重要的倍数：

- 企业价值/息税折旧摊销前利润（EV/EBITDA）
- 企业价值/息税前利润（EV/EBIT）
- 企业价值/销售额（EV/sales）
- 企业价值/自由现金流（EV/FCF）

当涉及实体倍数时，你还需要权衡哪个比率适合于哪种企业的估值。为此，这里需要记住一个很重要的点：把商业模式和所涉公司的特殊性考虑进来。

7.6 企业价值/息税折旧摊销前利润

$$EV/EBITDA = \frac{企业价值}{息税折旧摊销前利润}$$

息税折旧摊销前利润表述的是调整过折旧和摊销（非现金费用）的经营利润。息税折旧摊销前利润大体上相当于总现金流量。它衡量的收益金额是所有资金提供方都可享受的——既可用于投资，也可用来支付利息。企业价值/息税折旧摊销前利润比率，几乎就是表述企业的总价值与资金提供方所得收入之比。

这个比率特别适用于比较同行业内的企业。跨行业比较要困难得多，因为固定资产的投资习性会带来差异——这会直接影响折旧和摊销支出。高增长公司或资本密集公司的折旧较多，而轻资产行业企业的流动资产相对总资产占比较大（如批发或互联网公司）——它们通常报告的折旧额较少。这些不仅对息税折旧摊销前利润有影响，而且会影响最终的估值结果。

息税折旧摊销前利润可以从利润表得到，只需要把经营利润（EBIT）与折旧支出相加就行。在某些情形下，折旧支出没有明确列示于利润表。为了获得折旧数据，你得到现金流量表里找。

■ 例7-12 企业价值/息税折旧摊销前利润：罗托克公司

表7-13是英国罗托克公司（Rotork）的简化利润表（2009年12月31日）。

在其利润表上，罗托克公司并没有明确地标明自己的折旧费用。在这种情形下，计算息税折旧摊销前利润就得以经营利润（EBIT）为基础，加上折旧和摊销费用。折旧和摊销费用是非现金支出，公司现金流量表公布的这个金额是35.49亿英镑⊖，加上无形资产摊销的金额11.53亿英镑⊜。考虑到这些后，息税折旧摊销前利润的计算如下：

表7-13 罗托克公司：简化利润表
（单位：千英镑）①

	2009年
收入	353 521
销售成本	(187 600)
毛利	165 921
其他收益	688
渠道费用	(3 428)
管理费用	(71 585)
其他费用	(59)
经营利润	91 537
……	……

① 原文为"＄m"，疑有误，应为"£000"。——译者注

资料来源：罗托克公司（2009）《英国公认会计准则》。

$$息税折旧摊销前利润 = 息税前利润 + 折旧和摊销$$
$$= 91\,537 + 4702$$
$$= 96\,239(千英镑)$$

⊖ 原文单位疑有误，应为354.9万英磅。——译者注
⊜ 原文单位疑有误，应为115.3万英磅。——译者注

为了确定基于上述结果的"企业价值/息税折旧摊销前利润",下一步是计算企业价值,即股东权益和金融负债的市场价值减去现金及现金等价物。在资产负债表日,罗托克公司公布的现金及现金等价物为7860万英镑,但仅有20万英镑的金融负债。所以,它现金的净头寸是7840万英镑。

它的市价总值是15亿英镑。结果,该企业的价值是14.21亿英镑,而且,按照逻辑,整个企业的潜在买家需要花15亿英镑,购买所有发行在外的股票,并能很快分掉7840万英镑——这是支付完20万英镑负债后所剩的现金及现金等价物。就这个比率而言,企业价值/息税折旧摊销前利润的计算如下:

$$\frac{企业价值}{息税折旧摊销前利润} = \frac{14.21}{0.962} = 14.8$$

2010年年底,罗托克公司的"企业价值/息税折旧摊销前利润"为14.8——可认为是一个相对较高的水平。2010年,在所有的上市公司里,仅有16%公布的企业价值/息税折旧摊销前利润比率在这个数值之上。不过,要想支撑这么一个高位的估值,企业的息税折旧摊销前利润率不能低于27.2%,还要外加一些优异的财务比率。在这个例子里,高估值的支撑点应该是这家企业的高品质。

要想对这个倍数进行精确的解读,就必须采用同行的历史数值及其估值。

除了估值的目的,息税折旧摊销前利润对公司的债权人也有重要的意义,因为它含有用于利息支付的部分利润。对于背负重债的企业的估值,通常使用"企业价值/息税折旧摊销前利润"比率,因为它的分子和分母都反映了负债情况。

如果一家企业能用其未来的自由现金流削减债务,那么,你就可以有如下推理:由于不断减少的利息支付,它的利润在未来会有不成比例的大幅增长。在这个情形下,采用"企业价值/息税折旧摊销前利润"来对企业利润发展态势进行模拟,可以说明这只股票的潜力。

然而,这个比率也有它的劣势:税收和必要的投资被忽略了。同时,还有一点很重要:在经营利润加上折旧和摊销后,采用"企业价值/息税折旧摊销前利润"仅能在同行业内进行比较。对于比较不同行业的企业，更适合的比率是"企业价值/息税前利润"（将在下一节介绍）。

企业价值/息税折旧摊销前利润分布：标普 500 指数成分股

图 7-7 展示了标普 500 指数成分股公司的"企业价值/息税折旧摊销前利润"分布。

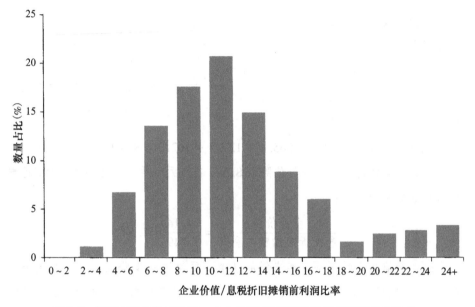

图 7-7　标普 500 指数成分股：企业价值/息税折旧摊销前利润比率分布

企业价值/息税折旧摊销前利润的比率中值是 11.1。企业价值估值是息税折旧摊销前利润 18 倍以上的公司，通常都有着特别的商业模式或很高的增长率。

■ 例 7-13　企业价值/息税折旧摊销前利润估值法：劲量公司

劲量公司给出了结束于 2012 年 9 月底的财年的财务数据，如表 7-14 所示。

在 2012 劲量公司财年结束时，劲量公司股票的交易价在 70 美元左右。

以这个股价乘上 6570 万份发行在外的股票，得到 46 亿美元的市价总值。劲量公司的净负债是 18.14 亿美元——它的计算方法是：加总长期负债的当年到期额、应付票据和长期负债，再减去现金及现金等价物。这样算出的企业价值是 64.14 亿美元。

在利润表上，劲量公司并没有明确地标明自己的息税前利润或息税折旧摊销前利润。在这种情形下，计算息税折旧摊销前利润是以所得税前利润为基础，加回利息支出和折旧费用。

表 7-14 劲量公司：财报的某些头寸
（单位：百万美元）

	2012 年
所得税前利润	565.4
利息支出	127.3
折旧与摊销	162.2
长期负债的本期部分	231.5
应付票据	162.4
长期负债	2 138.6
现金及现金等价物	718.5
发行在外的股份	65.7

资料来源：劲量公司（2012）《美国公认会计准则》。

息税折旧摊销前利润 = 565.4 + 127.3 + 162.2 = 854.9（百万美元）

用 64.14 亿美元的企业价值除以 8.549 亿美元，得到一个企业价值/息税折旧摊销前利润倍数：

$$\frac{企业价值}{息税折旧摊销前利润} = \frac{64.14}{8.549} = 7.5$$

这个数值暗示的是一个相当低的估值。要想进一步验证该公司的这个企业价值/息税折旧摊销前利润估值，就应该考虑预测数据了。同时，历史估值和息税折旧摊销前利润率过往的动态情况，通常也有参考意义。

7.7 企业价值/息税前利润

企业价值/息税前利润（EV/EBIT）阐述的是相对于一家公司经营利润的企业价值。

$$\frac{EV}{EBIT} = \frac{企业价值}{息税前利润}$$

息税前利润是指扣除利息和税款之前的利润。相比于息税折旧摊销前利润，在这个数值的计算中没有包含折旧和摊销。这个比率特别适用于不同行业企业的比较，并与市盈率和市净率一起，扮演着核心估值倍数的角色。不同于市盈率等权益比率，作为实体倍数的企业价值/息税前利润把资金结构考虑了进来，并把企业的财务稳定性也直接融入估值。

下述例子将会说明市盈率和企业价值/息税前利润比率的区别。

■ 例 7-14　企业价值/息税前利润比率 VS 市盈率

企业 1 的待售标价是 8000 美元，它公布的年利润是 800 美元；公司 2 可以用 10 000 美元的价格予以收购，公布的年利润也是 800 美元。除价格和资金结构之外，两家公司都有相近的业务模式。基于这些细节，企业 1 的市盈率是 10，公司 2 是 12.5。

在不知资产负债表的情况下，无法确定哪家企业便宜。假设企业 1 公布的净金融负债是 2000 美元，而企业 2 没有负债但持有 4000 美元的现金。因此，除了 8000 美元的收购价外，企业 1 的买家还得承担 2000 美元的债务。而公司 2 的收购价能被有效地降低 4000 美元，因为在完成整体收购后，这个买家可以直接向自己支付这 4000 美元现金。上述考量增加了企业 1 的购买价格倍数，至 12.5，对公司 2 则是降到了 7.5。

息税前利润通常被作为经营利润。因此，一个 8 倍的企业价值/息税前利润意味着整体企业的买家，在利润不变的情况下，需要 8 年才能收回投资。同时，类似于已经介绍过的估值倍数，这个比率的数值较低就相当于便宜的估值。

■ 例 7-15　企业价值/息税前利润：德国有线电视

现在，让我们看看德国有线电视（Kabel Deutschland）企业价值/息税前利润倍数的计算方法（依据它截止期为 2009 年 10 月财年的主要数据）。德国有线电视是德国最大的有线电视运营商，服务近 850 万与有线连接的家庭。

1.946 亿欧元的息税前利润可直接从它的利润表得到。用 9000 万份发行在外股票乘上 23.6 欧元的股价，得到 21.2 亿欧元——德国有线电视股东权益的市场价值。该公司还有 28.3 亿欧元的净负债，由此得到的企业价值数字是 49.5 亿欧元（21.2 亿欧元+28.3 亿欧元）。基于这些数字，它的企业价值/息税前利润是：

$$\frac{\text{企业价值}}{\text{息税前利润}} = \frac{49.5}{1.946} = 25.4$$

孤立地看，会认为这个估值倍数偏高。不过。它对应的企业价值/息税折旧摊销前利润倍数仅是 7.6——这无疑谈不上贵了，只是与同行相近。唯一能解读这个巨大差额的只能是德国有线电视量级不菲的折旧和摊销费。

这些主要是会计政策影响的结果，因为该公司必须在未来几年摊销完其所购的电视用户费用。而德国有线电视用于固定资产的"真正"折旧费用很低。冲减所购电视用户费用的临时需求扭曲了它的经营成果（息税前利润），使得企业价值/息税前利润这个比率在这个例子里无用武之地。

这个实例清楚地说明：查清这些数字背后的意义，是不可或缺的流程；这种意义的叙述是任何分析的中流砥柱。

企业价值/息税前利润分布：标普 500 指数成分股

图 7-8 展示了标普 500 指数成分股公司的企业价值/息税前利润比率分布。

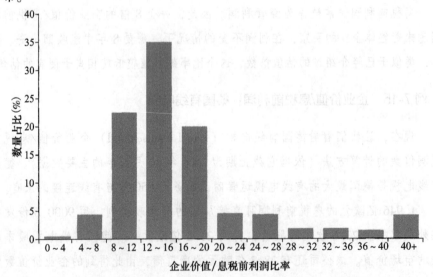

图 7-8 标普 500 指数成分股：企业价值/息税前利润比率分布

企业价值/息税前利润比率的中值是 14.5。这个比率值的 62%分布在 0~16 的区域。企业价值/息税前利润倍数高于 20 的成分股公司,仅占总数的 18%。

■ 例 7-16　企业价值/息税前利润:瓦锡兰集团

芬兰的瓦锡兰集团（Wartsila Group）是船舶发动机和发电机领域领先的制造商。在 2009 财年末,瓦锡兰集团公布了如表 7-15 所示的相关数据。

2009 年 12 月 31 日,瓦锡兰集团发行在外的股票为 9862.1 万份,交易价是 28 欧元——由此得到的市价总值是 27.61 亿欧元。加上 4.4 亿欧元（5.91 亿欧元+0.73 亿欧元-2.24 亿欧元）的净负债后,在 2009 年年底,瓦锡兰集团的企业价值是 32.01 亿欧元。利润表列示的 5.92 亿欧元经营成果相当于公司的息税前利润。基于这个数据,这家公司最终的企业价值/息税前利润为:

表 7-15　瓦锡兰:财报的某些头寸
（单位:百万欧元）

	2009 年
经营成果	592
带息负债（非本期）	591
带息负债（本期）	73
现金及现金等价物	244

资料来源:瓦锡兰集团（2009）《国际财务报告准则》。

$$\frac{\text{企业价值}}{\text{息税前利润}} = \frac{32.01}{5.92} = 5.4 ^{\ominus}$$

结合上述标普 500 成分股分布图考虑,得到的印象是瓦锡兰集团的估值过低。此外,该公司公布的已用资金收益率为 27.2%——应该处在均值以上。不过,进一步细看年报却能发现,在金融和经济危机期间,公司订单降幅超过了 35%。因此,在给该公司定价时,市场投资者已经为其下一财年的预期利润打了一个折。

这个实例表明,就周期性企业而言,应该特别关注它们利润值的上下波动。原则上,企业估值应该是未来利润导向。例如,如果 2010 年经营利润的预测值 4.12 亿欧元没问题,那么,9.26 倍的企业价值/息税前利润的新估值

$\ominus$　原文的计算结果是"25.4",疑有误,实际计算结果应为"5.4"。——译者注

就更贵了。对于 2011 财年，管理层规划的经营利润是 5.2 亿欧元。2010 年年底，该集团的市价总值约为 50 亿欧元，而且，它持有的现金足以支付它的金融负债。因此，它的企业价值/息税前利润比率是：

$$企业价值 / 息税前利润 = \frac{50}{5.2} = 9.61$$

7.8 企业价值/自由现金流

$$\frac{企业价值}{自由现金流(EV/FCF)} = \frac{企业价值}{息前自由现金流}$$

在企业价值范畴里的另一个比率是从企业价值与息前自由现金流的相对关系上看待企业价值。迄今为止，本书还只是把自由现金流与股东权益联系在一起。由于企业价值/息前自由现金流是一个实体倍数，所以，债权人的现金流（即利息支出）也必须考虑进来。相比于企业价值/息税折旧摊销前利润，这个比率还囊括了必要的投资（资本支出）和专有的流动性相关头寸。

可以把企业价值/自由现金流视为最全面的企业价值比率，但同时，因为分母计算的复杂性，它的偏差也是最大的。

在计算息前自由现金流时，采用下述公式：

$$息前自由现金流 = 经营性现金流 + 负债利息 - 资本支出$$

■ 例 7-17 企业价值/息前自由现金流：芬斯伯理食品集团

在英国芬斯伯理食品集团（Finsbury Food Group）这个案例中，运用这个比率可以说明诸如市盈率这类经典倍数的显著弱点。2009 年年中（非正常年份），芬斯伯理食品集团公布了表 7-16 所示的简化资产负债表数据。

2009 年，芬斯伯理食品集团股票的交易价格有时低至市盈率的 4.8 倍。孤立地看，这是非常便宜的估值。现在，让我们从企业价值的角度看看这个估值：它的市价总值是 560 万英镑（相当于 0.15 倍的市净率），以及 4310 万英镑的净金融负债，由此得到的企业价值是 4870 万英镑。在这个案子里，净金融负债的计算方法是：加总两个借款头寸，再减去现金及现金等价物。

表 7-16 芬斯伯理食品集团：资产负债表 （单位：千英镑）

资产		权益和负债	
非流动性资产	87 483	权益	37 802
流动资产	30 527	非流动性负债	31 402
-存货	4 386	-借款	26 736
-应收账款	24 868	-其他	4 666
		流动负债	48 806
现金及现金等价物	1 273	-借款	17 647
		-其他	31 159
总计	118 010	总计	118 010

资料来源：芬斯伯理食品集团（2009）《英国公认会计准则》。

至少要看过往两个年份的现金流量表，才能够得到一个可持续自由现金流的评估值（见表 7-17）。

表 7-17 芬斯伯理食品集团：简化现金流量表（单位：千英镑）

	2009 年	2008 年
经营性净现金流	+8 236	+5 934
已付利息	+3 024	+2 310
地产和厂房设备的购买	-3 393	-2 551

资料来源：芬斯伯理食品集团（2009）《英国公认会计准则》。

用这两年的自由现金流（8236+3024-3393 和 5934+2310-2551）的均值，得到一个可持续的息前自由现金流，约 680 万英镑。用上述相关数值可以得到一个企业价值/自由现金流倍数：

$$\frac{\text{企业价值}}{\text{息前自由现金流}} = \frac{4870}{680} = 7.16$$

相比于看起来便宜的市盈率倍数，这是一个更贵的倍数。在这个案子里，市盈率倍数不是一个合适的估值倍数，因为该公司问题的核心不是利润而是资金结构。该企业的利润虽小却稳定，但它的流动比率仅为 62.5%。因此，这家公司的资金不足，短期负债的偿还可能有问题。

不过，考虑到债务负担，但企业价值/自由现金流倍数却是一个大致合理的估值。在这个案子里，要想做一个更精确的判断，有必要计算过往的企业价值/自由现金流估值，并进行同业公司的比较。

7.9 企业价值/销售额

企业价值/销售额（EV/sales）把企业价值与同期的总销售额关联起来。这个比率可视为已经熟知的市销率的对应值，它的计算方法如下：

$$\frac{\text{企业价值}}{\text{销售额}}$$

因为这个比率一般受波动性影响较小，所以，这个倍数特别适合于考虑企业一段时间的估值。就像其他倍数一样，较低的比率意味着估值较低，若企业价值/销售额的数值高，则可能是其高于均值的利润率所致——如同下述标普 500 指数成分股的企业价值/销售额比率所示。

企业价值/销售额比率分布：标普 500 指数成分股

图 7-9 的分布说明在很大一个数量的企业中这个倍数是处在 1~3 的区域内，而企业价值/销售额倍数超过 10 的企业仅有 5%，中值是 2.3。

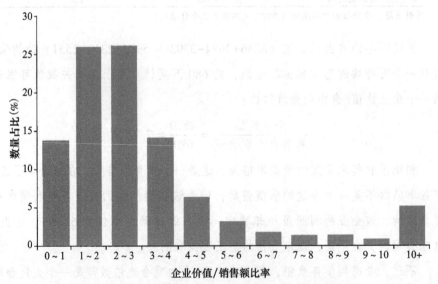

图 7-9 标普 500 指数成分股：企业价值/销售额比率分布

■ 例 7-18　企业价值/销售额：麦当劳

这里借用麦当劳公司（McDonald）的例子，说明这个比率的计算方法。在 2010 年年底，麦当劳的市价总值处在 811 亿美元。该公司公布的净负债为 91 亿美元，年度销售额是 240 亿美元。由此，企业价值/销售额比率的计算如下：

$$\frac{企业价值}{销售额} = \frac{811 + 91}{240} = 3.76$$

基于上述分布图的情况，3.76 的企业价值/销售额比率应被视为偏高，但 30.8% 的息税前利润率叙述的是一个优越的市场地位——这意味着数倍于销售额的估值是有道理的。2010 财年，它 12.1 的企业价值/息税前利润倍数和 10.3 的企业价值/息税折旧摊销前利润倍数，也清楚地说明了这一点。鉴于该公司优异的利润率和卓越的市场地位，它的估值虽高，但有道理！

第8章 The Art of Company Valuation and Financial Statement Analysis

公司估值

> 就企业估值而言,经理人和投资人都必须清楚:会计数字只是开始,不是结束!
>
> ——沃伦·巴菲特

公司估值是指推导公司的公允价值。确定这种公允价值,有不同的方式方法,但它们带来的结果和评估范围不尽相同。所以,企业的真实价值不是客观确定的,而是不同评估方法的折中之物——指向公司的具体公允价值范畴。

例如售罄的摇滚音乐会门票对于它粉丝的价值,要远高于对摇滚毫无兴趣的古典音乐的追随者。一盎司黄金不会产生即期收益,但会对投资者提供主观的保护感——这就是价格之源!

许多资产的价值不一定取决于它们的面值或预期的现金流,而在于它们无形的、有时是非理性的和感性的特性。与之相对的是无风险的政府债券——它们为持有人提供一个既定的收益,甚至可以确保到分文不差!

公司价值可以用不同的方式确定,而且,并不是对于每个投资者,公司价值都是一个既定的和相同的数字。

例如一个急于清算一家公司的私募股权投资人,会把这家企业的面值或更精确地说是清算价值,视为该企业的真正价值。相比之下,一个家族企业的第三代拥有者会拒绝几乎任何收购报价,除非买家接受他们的企业哲学。同时,意在从事并购的企业,可能会在目标公司的即期市值上,支付一个明显的溢价,但前提是合并方要承诺惠予协同效应,或开拓新市场。

不过，只要我们身处证券交易市场而无任何真正的话语权，那么，只有一个数字管用：未来贴现现金流。20世纪30年代末，美国经济学家约翰·伯尔·威廉姆斯，根据企业贴现现金流的内涵，创造了"企业内在价值"这个词。如今，这个词涉及的估值方法就是著名的贴现现金流模型法（DCF）。

唯一客观的公司价值取决于企业未来的自由现金流——这是一笔股东可以年复一年地从剩余的现金流中抽出，但不会对公司产生负面影响的资金。考虑到市场利率水平和企业风险，预期的未来现金流必须以一个调整过风险的利率进行贴现。这种贴现的结果是这些现金流的现值——它在总体上相当于内在的公司价值。

简言之，度量企业价值的是企业的整个生命周期的预期现金流——可以从中提取现金。

收入、经营利润和净利润都是理论概念，而基于收入或现金流的企业估值方法侧重于分析已经实际收到的现金，即所谓的现金流。下述的例子将说明基于现金流的估值。

■ 例8-1 油井

在1000美元的初始投资后，位于墨西哥湾的一口油井，可以在以后的三年里，每年提供价值1000美元的石油。这个收益相当稳定，因为已经与客户达成了固定的交易价格，而且，没有更多的成本投入了。

当期的无风险利率是年利率5%，因此，1000美元的初始投资也可以投到其他的无风险投资上。

得益于构造板块的特殊性，所以，这口油井的工作状况会特别稳定，而且，未来三年的出油率既有保障也无风险。三年后，关闭油井也没有附加成本。

该项目的现金流如表8-1所示。

表8-1 油井现金流

年份=0	年份=1	年份=2	年份=3
-1 000美元	+1 000美元	+1 000美元	+1 000美元

流进和流出的现金流都得贴现，以便得到这口油井的现值。现金流来自

未来的越远端，其今天的价值就越小。由于油井的现金流是有保障的，所以，这里就用5%的无风险利率作为贴现率。相关的精确计算如下：

$$贴现现金流_{油井} = -1000 + \frac{1000}{1.05} + \frac{1000}{1.05^2} + \frac{1000}{1.05^3} = 1723.25 \text{ 美元}$$

这口油井的流入流出现金流的贴现金额为1723.25美元——这构成了该项目的内在价值。在这个简单而抽象的例子里，已经囊括了确定一家企业内在价值所需的所有成分：①预期现金流；②贴现率。不过，若是转到一家真实的公司，那么，无论是预测①还是确定②，难度都要大得多！

做估值有一个必要前提条件：要能够运用前几章介绍的公司估值方法及各类工具。

在理论上，贴现现金流法是正确的估值法（前面已经做了简述），但本章内含了更多的估值方法。虽然这些只是补充和可选的方法，却是必要的。原因在于：一方面，在贴现现金流方法里，诸如贴现率或增长率这类参数微小的变化，都会在结果中以较大的波幅予以反映；另一方面，在实践中，正确地预测未来现金流，不仅难度大，而且容易出错。此外，这种公司内在价值，绝对不是一个可靠的绝对值——它仅仅是一个接近值。

下述的评估方法是用来确定这个数值的。

- 贴现现金流模型法
  - 权益法
  - 实体法
  - 调整现值法
- 市场价值法
  - 公允市盈率法
  - 公允市净率法
  - 公允市销率法
  - 公允市场价值/息税前利润比率法
- 净资产价值法

8.1 贴现现金流模型法

通过贴现未来现金流，贴现现金流模型法可以确定公允的公司价值。按照这个理论，在很大程度上，公司的权益价值和企业价值取决于它未来的现金流及其合理的贴现率。由于这个模型的有些部分是建立于莫迪利亚尼-米勒理论（在实践中是有问题的），所以，要选择一个不同的路径来确定这个贴现因子。

依据所用方法的不同，计算的结果要么是整个公司的价值（即负债和权益的公允价值），要么直接是股东权益的公允价值（它与股票的投资息息相关）。

在贴现现金流估值的框架里，被估企业的现金流一般被详细规划为 5~10 年的时间段，而且此后，通常假设以一个不变的速率增长，由此求出终值。这样求出的价值由两部分构成：规划期的现值及其相关的终值。如果存在非经营性资产（如未用资产）或大额（净）库存现金，那么，它们常常被计入最终价值（不会对现金流产生影响）。

成熟的贴现现金流模型法分为下述几种具体的方法。

- 权益法
- 实体法
- 调整现值法

这些方法的区别在于所用的现金流类型和贴现率。不过，每种方法都能达到相同的结果，至少理论上如此。就原则而论，企业价值取决于其现金流的贴现率以及下述的计算架构⊖：

$$公司价值 = \frac{现金流_{t=1}}{1+r} + \frac{现金流_{t=2}}{(1+r)^2} + \cdots + \frac{现金流_{t=n}}{(1+r)^n}$$

t 代表时间段，r 代表调整过风险的利率（即贴现因子）。不同的方法将

⊖ 原文公式疑为有误，按下式更正。

在下面予以介绍和比较。在这个基础之上，还会详细讨论单个具体方法，但把焦点放在作者青睐的权益法上。

实体法和调整现值法用于确定总体公司价值（即负债价值和股东权益价值），而权益法则用于直接确定合理的股东权益价值。实体法和调整现值法的结果被称作企业价值（EV）。

$$企业价值 = 股东权益价值 + 净负债价值$$

为了获得特别有意义的股东权益价值，可把这个等式变换一下：

$$股东权益价值 = 企业价值 - 净负债价值$$

为了计算整体企业价值，需要考虑所有资金提供方的现金流。特别是金融负债的利息必须加回到现金流里，因为它是属于债权人的现金流。由于包含了所有资金提供方的现金流，不同资金提供方的资金成本都要按照它们所占比例予以考虑。实体法和调整现值法是采用资金平均成本（WACC）贴现相关的现金流。

原则上，调整现值法使用了与实体法类似的方法，即贴现所有资金提供方的现金流。它们的差异在于税收影响的考量。实体法以资金成本的方式包含了负债的税收优惠，而调整现值法则以未来税收节省额现值的方式（所谓的"税盾效应"）考量税收优惠。

在这种情形下，整体企业价值取决于现金流的现值和相关税盾效应的价值。乍一看，这种方法似乎复杂，但它的优势在于使用负债的优惠效果，可直接通过税盾效应的方式予以量化。同时，权益法仅仅考虑股东享用的现金流，并用一个适当的权益成本予以贴现。由此所得的结果直接就是股东权益价值。然后，再用发行在外的股份数除以这个结果，就是每股公允价值。

起初，贴现现金流模型的多样性会使人感到迷惑，但根据估值的具体情况，有多个可供选择的计算模型是有好处的。为了更好地理解这些重要的估值方法，下几节将会分别对它们予以介绍，并辅以实例说明，而且还将它们与逻辑和经济联系起来。

表8-2给出了各个方法的一个初步概览。

表 8-2 贴现现金流估值方法：概览

方法	相关现金流	贴现率	结果
权益法	自由现金流	权益成本	权益价值
实体法	息前自由现金流	资金加权平均成本	企业价值
调整现值法	息前自由现金流	税前资金加权平均成本	企业价值

8.1.1 权益法

权益法考虑股东享有的所有现金流，并用具体公司的权益成本予以贴现。这种现金流称作权益自由现金流，或，更合适的叫法是所有者利润，因为企业的所有者对它们享有要求权。在贴现现金流模型里，这个方法是核心的方法，而且是下述研究案例的焦点。

在确定公司的权益价值时，需要下述影响因子：

（1）所有者利润（权益自由现金流）

（2）权益成本（贴现率）

（3）永续增长率（终值增长率）

确定权益法中的"自由现金流/所有者利润"可以采用表 8-3 所示的架构，计算归于权益资金提供者的现金流。

表 8-3 所有者利润的计算法

	净利润
+	折旧
±	Δ 准备金
−	资本支出
−	Δ 运营资本
	所有者利润

为了用贴现现金流模型做估值，所有者利润的各个相关成分都必须做5~10年时间跨度的精确预测。对于头两年，借助企业的利润表可做出精确的预测值。在随后的年份，应该大致估算出年度销售额、息税前利润率和税率，以便获得净利润，并在做完进一步调整（折旧、资本支出和运营资本变化值）后，最终得到所有者利润。特别是第二年后财务数据的估算，电子表格模型有助于把利润率的年度变化情况模拟化。

与表 8-3 所述的一样，净利润要调整诸如折旧和准备金等非现支出。反过来，要把预期投资（包括无形资产）像支出一样减去。这里一般的做法是通过对前一财年的分析,来做未来投资(资本支出)的估算。

如果一家公司处在扩张阶段,它的资本支出通常都是增长的,如新分支机构的开张或新工厂的建设等。如果增长缓慢下来,资本支出通常也会下降。在这个问题上,管理层常常会给出来年预期投资额的一些表示。同时,看看相对于总销售额的投资额,也是会有帮助的。

在分析过程和估值期间,与公司管理层的对话相当重要。此外,在估算折旧和资本支出时,有一个重要的点要记住:这两个数值在一段时间后必须相互一致。尤其是在开始估算永续年金时,折旧额应该相当于资本支出额,否则,永续投资将会大于折旧冲减的金额。

最后,要就必要的运营资本投资,对所有者利润进行修正。

由于追求增长之故,几乎每家企业都不得不持有更多的运营资本(如库存),这个金额通常会与企业的增长率相关联。为了衡量运营资本未来的发展需求,合理的做法是计算最近年份运营资本与销售额的比例,并由此推算下一年的需求金额。在某些情形下,管理层还会透露运营资本未来的需求计划。

如果一家企业的运营资本(存货+应收账款-应付账款)在近年平均达到了其销售收入的15%,那么,就可以用这个比值乘上来年的销售额,从而估算出运营资本的变动值。在下述例子里(用15%的运营资本与销售额比率),流向运营资本的金额是1500万~2250万欧元。如果年销售额下降,那么,该公司就能从运营资本中得到资金,因为存货和应收账款都会减少(见表8-4)。

表 8-4 运营资本变动值的计算 (单位:百万欧元)

	2014 年	2015 年预期	2016 年预期	2017 年预期	2018 年预期
销售额	1 000	1 100	1 250	1 400	1 450
运营资本	150	165	187.5	210	217.5
Δ 运营资本	—	15	22.5	22.5	17.5

处理完所有的相关因子(净利润+折旧±Δ 准备金-资本支出-Δ 运营资本)后,就可以得到每个年份的所有者利润——所有者利润说明的是各个权益所有者能够拿回家的资金金额,同时,又不剥夺企业的必要资金,也就是

说,对企业没有任何负面影响。

在所有者利润里,还应该考虑格外大额的借款或需要偿付的金额。如果一家公司背负了过多的负债,那么,偿付款(使公司的负债权益比率回到正常水平)应该记为一笔资金流出。如果负债权益比率太低,信贷供给应该作为一项流入资金考虑进来,增加所有者利润。一般来说,这种调整的影响很小。

■ 例8-2 斯沃琪集团:所有者利润

为了确定斯沃琪集团2010财年的所有者利润,表8-5的财报头寸是采用其利润表、资产负债表和现金流量表的相关数据计算的。因为在衰退后的期间里,公司的运营资本常常表现出异常的波动,所以,2009年和2010年的相关数据特别有意思。

表8-5 斯沃琪集团:财报相关头寸

(单位:百万瑞士克朗)

	2010年	2009年
净销售额	6 108	5 142
经营支出	-4 672	-4 239
集团利润	1 074	759
折旧	-222	-22
有形资产投资	265	220
无形资产投资	26	25
运营资本	3 294	3 266
Δ运营资本	28	41

2010年,所有者利润的计算如下:用集团的利润(10.74亿瑞士法郎)加上折旧(2.22亿瑞士法郎),再减去投资(2.65亿瑞士法郎+0.26亿瑞士法郎)和运营资本变动值(0.28亿瑞士法郎)。

$$所有者利润 = 10.74 + 2.22 - 2.65 - 0.26 - 0.28$$
$$= 9.77 亿瑞士法郎$$

为了估算2011财年的所有者利润,我们用预期的销售额和利润的8%增幅,外加相同的折旧和投资增幅,算出的运营资本变动前的所有者利润是:

$$\text{所有者利润} = 11.6 + 2.4 - 2.86 - 0.28$$
$$= 10.86 \text{ 亿瑞士法郎}$$

运营资本的变化值是从运营资本在销售额中所占比例推导出的结果。近几年，斯沃琪集团给出的相关数值见表8-6。

表8-6 斯沃琪集团：销售额和运营资本的发展态势

（单位：百万瑞士法郎）

	2011年预期	2010年预期	2009年预期	2008年预期
销售收入	6 596	6 108	5 142	5 677
运营资本	3 627	3 294	3 266	3 225
占比（%）	55.0	53.9	63.5	56.8

2008~2010年的分析显示了运营资本和销售收入之间的波动关系。不过，2009年的这个数值应该被视为一种特别的情况，因为它是在运营资本处在呆滞时，销售额出现了大幅下降。就2011年而言，采用了2008~2010年的均值，得到的运营资本和销售额的比率是55%。由此所得的运营资本绝对值是36.27亿瑞士法郎——相比于前一年，有了3.33亿瑞士法郎的变化。由于这个变化金额必须投到流动资产里，因此，它是企业的现金流出，所有者利润需要相应地减记。最后的所有者利润计算如下：

$$\text{所有者利润} = 10.86 - 3.33 = 7.53 \text{ 亿瑞士法郎}$$

与前一年相比，尽管销售额和利润都有增长，但所有者利润却下降了，原因是集团运营资本有较大的增幅。在三年衰退期，因为业务增长平平，集团没有必要增加运营资本，而在衰退后，运营资本的增长相对比较强劲。此外，如果这个分析同时显示斯沃琪集团需要对运营资本进行严格管理，那么，55%的运营资本比例还能够降下来——这样做会增加所有者利润。因此，对这种数据进行简单的推导并不一定总是恰当的。

权益法中贴现因子（权益成本）的确定

一旦计算了每年的所有者利润，注意力就要转向寻找合理的贴现因子上。贴现因子确定的依据是公司的基本面风险。企业的风险越大，它的贴现因子也就越大。它是一种经济学直觉的结果：投资者会要求得到一个风险溢价，即随着风险的增加而获得更高的回报。贴现因子越大，未来现金流的价值就会越小，因为它们以更高的金额进行贴现。

实际上，贴现因子既考虑到了具体的企业风险，也包括了资金的时间价值（今天一美元的价值要比明天的大）。下述油井的例子将会说明这些。

■ 例8-3 油井：贴现率的变化

现在，以一个更高的风险水平，来对本章开篇例子里的油井进行估值，因为这口油井此时已经转由一家英国运营商经营——为了进一步攫取石油，它开始向更深处掘进。该项目的风险以及所涉的资金成本都在上升，因为投资者必须就额外的风险得到补偿。例如，如果资金成本上升到10%，那么，就要按照下面的计算结果改变油井的现值：

$$贴现现金流_{油井(新)} = (-1000) + \frac{1000}{1.10} + \frac{1000}{1.10^2} + \frac{1000}{1.10^3} = 1486.85(美元)$$

贴现率的上升，把这口油井的价值从1723.25美元减少到1486.85美元。通常贴现因子反映了一家企业或一个项目的相关风险。

何为风险？如何衡量？

在众多金融文献里，资本资产定价模型（CAPM）主宰了这种贴现因子的确定事宜，它衡量的企业风险是其股价相对于股票市场的波动性风险。

例如，如果市场下跌1%，而该股票价格仅平均下跌0.5%，那么，该股票就会被认为是风险较低的股票（相对于市场的波动性而言）。如果该股票的跌幅超过了1%，那么，它就会被认为是风险相对较高的股票。把这个比率（贝塔）和无风险利率及预期市场收益率结合起来，可以得到企业具体的权益成本。

根据CAPM理论，股价相对于市场的波动性越大，该股票的风险就越大。这个著名的方法有两个主要的弱点。一方面，就投资风险而言，股价相对于市场的波动性是否有意义，值得怀疑。另一方面，贝塔系数取决于下述三个因素：时间框架、所用的市场投资组合、相关股票的流动性。

市场（或市场投资组合）特别难以确定，因为根据CAPM理论，它需要涵盖所有风险资产——这实际上是不可能的。在这个市场的定义和量化问题上，CAPM的实现就已经失败了。而且，这个模型还暗含了收益率的一个正态分布——这在实践中也是无处可寻的！

这些问题源于一个前提假设，即基于完全有效市场假设。不过，现实向我们说明，股票市场上的恐惧和贪婪现象是如此真切！除了基础数据作用外，这些恐惧和贪婪也推动着价格的上下波动——根据CAPM模型，这也会带来风险。

令人诧异的是，无论是在学术界还是投行界，一个有如此多不足且基于纯理论假设的模型，竟然成为这个领域最前沿的估值概念。这个概念的要害在于：仅仅通过聚焦股票市场的主要波动性评估风险，而不去关注所涉企业的基本面！按照这个理论，风险是产生于其他市场参与者的行为——这又是鸡和蛋的问题了，是吗？

下述例子说明CAPM模型易于出错的特性。

假设某人正在评估美国2006年住宅价格的风险状况。自20世纪60年代起，美国住宅价格基本上都是稳步增长，因此，根据CAPM模型，开发或购买新住宅都是低风险的事情。现在，2007年的房地产危机袭来，美国的房地产价格出现了剧烈的下滑。随着价格的下滑，CAPM显示的风险水平会剧烈上升。同时，相反的逻辑也正确：由于房地产价格的大跌，所以，风险也随之下降。

因此，在2006年，简单的随众购入房地产应该是一项实实在在的低风险投资，但在2011年则是一项高风险投资，反着说也对！CAPM的核心概念是从股价运动中推导风险，它无视企业自身的基本面。谁在买房时，脑子里仅仅是思考过往的价格走势，而不认真审视生活的真正目的呢？

由于本书的目标读者群是操盘手和长期投资者，所以，不会采用像CAPM这样的数学公式评估风险。除了上面列出的不足外，采用诸如CAPM的公式还内携另一个大的风险：在无精确性可言的地方，它貌似精确。

本书试图建立的风险认知，是基于公司的下述基本面要素：商业模式、收入的稳定性、成本的基本架构和财务的健康性。最终，也许还是无法确定某个特定公司是否应该适用10.5%或11%的权益成本，但只要这只股票的价格还在公允价值的范围，仍然有一个不错的折扣，那么，这种权益成本的差异，对长期投资者就根本不是事了！

在CAPM和莫迪利亚尼-米勒定理的世界里，权益成本也会随着负债权益比的增加而上升。的确，杠杆的上升也会引起风险的上升，但相对于权益成本而言，借款边际成本的变化取决于商业模式。例如半导体行业的企业时刻面临着变化，这意味着这些企业应该规避高利息负担，保持自己的灵活性。相反，在防御性行业里，成熟企业（如有线电视运营商）能够应对非常高的借贷水平，同时，还能利用利息减税的优惠。因此，一家企业的真实风险主要取决于其资产基础，而非权益和负债方的结构。

由于CAPM的明显缺陷，一个可选的模型跃然而上。可以按照一种定性的方法计算权益成本，即把无风险利率加到一个足量的风险溢价上。无疑，这种方法没有表现出CAPM理论那样的科学魅力，但它也没有做任何不切实际的假设。这个简单的模型是作者设计的，与流行的模型形成鲜明对比。原则上，这个权益成本取决于无风险利率和企业具体的风险溢价。

$$权益成本 = 无风险利率 + 风险溢价$$

由于天下没有真正无风险的证券，你只能采用各种货币10年期AAA级政府债券的收益率，因为这些通常都是最接近的替代值。

风险溢价取决于相关公司的具体风险。为了量化这种风险，将会采用公允市盈率（将在下一节详细介绍）。企业的公允市盈率越高，它的商业模式就越加扎实，它的负债比率就会更加适度，它的市场地位就会更加稳定。因此，公允市盈率高是高稳定性和低风险的表现。

在股市上看到的高市盈率不是低风险的表现，可能是高估值的结果。但在我们的语境里，人们的行为假设是基于理论上的公允市盈率。下面，我们就采用这个修正模型来计算这种风险溢价：

$$风险溢价 = \frac{1}{公允市盈率}$$

因此，10倍的公允市盈率相当于10%（1/10）的风险溢价，18倍的公允市盈率就相当于5.5%（1/18）的风险溢价。

例如，对于一家美国公司于2013年年末的估值，你可以用10年期政府债券2.6%的收益率。结合上述数据，与10%和5.5%风险溢价相对应的权益成本分别是12.6%和8.1%（即10%+2.6%和5.5%+2.6%）。对风险的解读将会在8.1.4节和8.2.2节进一步展开：8.1.4节将会认真梳理公司的财务和经营杠杆，8.2.2节则会比较市场的净资产收益率和市净率的对价。循序渐进，读者将会对流行的、合适的权益成本（取决于相关风险），获得更好的理解和感悟。

在某些环境下计算这种风险溢价时，应该忽略公允市盈率的增长成分（见8.2.1节），因为增长未必对稳定性有贡献。对于一个公允市盈率为18和增长溢为3个点的企业，它的风险溢价的计算应该采用15倍的公允市盈率。这个情形下的风险溢价应该是6.6%（1/15）。公允市盈率的精确计算法将在下一节予以详尽说明。

更进一步地说，必须考虑到这些数值都是纯粹的参考性指标。例如权益成本必须高于债务利息，因为债权人的优先地位是在股东之上，它们面临的风险要小一些。如果一家企业所付利率超过了10%，那么，再做分析通常都是徒劳，因为权益风险溢价会高得离谱！

1级资本的利率和次级债券（混合资本——是借款和股东权益的结合）的分析表明，投资者预期这种资金的利率为7%~9%——它享有的优先权在股东权益之上。因此，权益提供方的收益率要求应该在这个数值之上。资金结构的架构设置和相应的收益率需求在8.2.2节予以说明。

在一个受宏观经济状况影响较小的行业里，自我防御做得好的企业，权益成本可以轻松地达到7%，而特别易受周期性影响的企业则需要15%或更高的权益成本。在贴现现金流分析的过程中，至少假设7%的权益成本是合理的，以避免过于乐观的结果（即便是对特别稳定的企业，也应如此）。本书将会在8.2.2节呈现更多推导合理权益成本的方法。通过这一节的内容，读者还会对主要市场上普遍的权益成本和一些特定行业的差异，有一个更好的理解。

此外，这里还有一个很重要的认知问题：公司估值不是要推导出精确的权益成本，因为这是不可能的事情。因此，你最好是估算一个具有足够安全边际的合理区间，而不要沉醉在自己能够科学计算出精确权益成本的幻觉中。总的来说，如果对于一只股票，10%的权益成本不算便宜，那么9.5%的权益成本也不算便宜！

确定权益法中的永续增长率

一旦为一个可靠的预测期求得了所有者利润，那么，就要设定永续增长率（也称作终值增长率）。在此，通胀增长率和企业的市场地位扮演着重要的角色。如果一家企业能够按照通胀的变化调整价格，那么，就应该假设它至少可享有相当于预期通胀水平的永续增长率。如果企业身处较强的竞争环境，那么，就应该假设一个较低的永续增长率。

经验表明，永续增长率通常是在0%~4%之间。

由于终值（即规划期之后的现金流）常常占了贴现现金流总额的大部分，所以，应该保守地选择终值增长率。而且，这个增长率由长期的市场增长率封顶。如果一家企业的增速永远高于市场的增速，那么，这家企业最终会占据整个市场！因此，永续增长率可以通过预期的长期市场增长率获得。

永续增长率的使用似乎有些问题，因为复利效应会让现金流呈指数增长。不过，这种效应受到了同样上升的贴现因子的超强抑制（如在100年后，现金流$_{t=100}/(1+r)^{100}$)，并因此得到平衡。在一个现金流稳定为100美元和贴现因子为10%的情况下，最终价值金额的75%将会发生在前20年。而第一百年的那个100美元的现值仅有0.7美分（$100/1.10^{100}$）——这就是由于不断上升的贴现因子所致。

权益法的运用

要想应用贴现现金流法，就需要经过下述的方法性步骤。

- 未来 5~10 年的所有者利润预测。
- 确定权益成本。
- 确定一个合理的永续增长率。

这些节点都是由几个子科目构成,这样的贴现现金流分析(包括市场比率、竞争比率、企业分析和比率分析)因而带有非常详细的特征。为了说明这种方法,看看下面这个简洁的案例。

■ 例 8-4 权益法

相关的数据如表 8-7 所示:

假设,完全一样的数据也用于随后的年份(意味着该企业没有增长)。依照权益法,计算所有者利润并用权益成本予以贴现。

所有者利润 = 70 + 20 − 5 − 20 = 65 美元

在这个例子里,由于这些数值也用于随后的所有年份,所以,可以通过贴现这些现金流得到这家公司的权益价值:

表 8-7 财报的某些头寸

息税前利润	$110
利息支出	$10
税收支出	$30
净利润	$70
以及:	
折旧	$20
运营资本增量	$5
资本支出	$20
权益成本	12%
债务成本	5%
金融负债	$200

$$股东权益价值 = \frac{65}{1.12^1} + \frac{65}{1.12^2} + \cdots + \frac{65}{1.12^n}$$

在现金流不变的情况下,这个公式可以简化为:

$$股东权益价值 = \frac{65}{0.12} = 541.66 \text{ 美元}$$

借此,股东权益的公允价值是 541.66 美元。用股份数量除上这个数值,得到每股公允价值。

8.1.2 实体法

相比于上述的权益法,实体法不用确定公允权益价值,但要确定由负债和权益构成的企业价值总额,方法是计算负债和权益持有者所享有的现金流。

在这个语境里,负债总是指带息债务。在这个用得很广的现金流方法中,确定公司价值采用的现金流,是权益资本提供方和债权提供方共享的现金流,所以,贴现这些现金流必须采用一个加权的贴现率——由负债成本和权益成本构成。

运用实体法确定息前自由现金流

所有资金提供方的现金流可以通过表 8-8 所示架构获得。当将所有资金提供方的现金流考虑进来时,相关自由现金流的计算始于息税前利润(EBIT)。作为第一步,实体法先假设企业的资金全部都是资本金(权益)提供的——这是为什么要从息税前利润减去名义税额。为了得到这笔名义税额,用相关税率乘以息税前利润额。下面是确定税后息税前利润的公式:

表 8-8　息前自由现金流的计算

	息税前利润(经营利润)
-	调整息税前利润的税款
+	折旧
±	Δ 准备金
-	投资(资本支出)
-	Δ 运营资本
	息前自由现金流

$$税后的息税前利润 = 息税前利润 \times (1 - 税率)$$

从息税前利润减去利润表公布的实际税收支付款,不是正确的做法,因为这些数据已经受到了利息费税收抵扣的影响。其他的调整项(如减资本支出和修正运营资本变动)与权益法相同。

确定实体法中的贴现因子(加权平均的资金成本)

在实体法中,所有资金提供方的现金流都被包含在内。因此,为了确定这个贴现因子,必须考虑所有资金提供方的成本。由于负债优先于股东权益,债务持有人面临的风险较低,因此,要求的资金收益也较低。相比股东权益,可采用利息费率或挂牌债券收益率的方式,精确地确定负债成本。

例如,如果一家企业的贷款或未到期债券的利率是 5%,那么,就可以把这个数值直接定为负债成本。采用未到期债券的收益率要好于采用纯利率,但不是所有企业都有合适期限的未偿债券。实体法是基于资金结构,依照它们各自的市场价值,划分各种资金成本。

术语"加权平均资金成本"明确表现了这个语境的意思。高权益比率公司的资金加权平均成本很大程度上是由权益成本决定的。如果一家企业的杠杆率很高，那么，负债成本对资金加权平均成本（WACC）的影响就更大。

$$\text{资金加权平均成本} = \frac{r_E \times \text{权益}}{\text{权益} + \text{负债}} + \frac{r_{debt} \times \text{负债}}{\text{权益} + \text{负债}} \times (1-s)$$

r_E代表的是权益成本，r_{debt}则是负债成本，而s代表税率。计算资金加权平均成本是用这个公式：用权益成本和负债成本分别乘上它们在资金结构中的相对权重之后的和。

此外，负债成本要依据税率予以相应的抵扣，因为利息费用的（1−税率）这个部分降低了税收支出。有了这个调整，这个公式较好地处理了借贷资金利息支出的税收抵扣问题。例如，如果一家企业是以5%的利率作为负债成本，而税率是30%，那么，实际的税后负债成本是：

$$\text{税后负债成本} = r_{debt} \times (1-s) = 5\% \times (1-0.3) = 3.5\%$$

如上所示，由于负债的优先性，下述关系适用：

$$\text{负债成本} < \text{权益成本}$$

如果你把利息费用的税收抵扣考虑进来，那么，借贷资金和权益融资的成本差异就会愈发向有利于借贷资金的方向倾斜。因此，企业价值最大化的逻辑结果就是借尽量多的钱，以便让资金加权平均成本最小化。

然而，这个结论是错误的！因为在一定程度上，负债比率的上升降低了企业的财务稳定性，由此，增加了权益成本和负债成本。在公司的负债比率已经很高之后，资金提供方通常是不愿意继续借钱的。另一个原因在于更高的破产风险（会伴随不断增加的杠杆率而来），这意味着还要附加破产成本。此外，由于已经上升的负债比率，新债权人会要求更高的利率，这会进一步增加资金加权平均成本。

鉴于这种风险和收益的取舍分析，应该把哪种权益比率视作理想的比率呢？

现代金融理论基本上是建立在莫迪利亚尼−米勒理论之上，它鼓吹资金结构的无关性。这两个经济学家认为：在一个完美的世界里，资金结构对最终的贴现因子（因而对公司估值）没有影响，因为负债比率的提高同时也提升了权益成本，这两个影响相互抵消。这个理论推导出了这样的结论：高比率的借款在任何情形下都是有利的，不过，随着税收因素的引入，这个理论的纸牌屋就分崩离析了！

由于这个易受影响的特性，需要一个更实用的模型。

在选择最佳负债比率时，必须考虑公司的商业模式。为了确保可靠坚实的财务稳定性，有些商业模式几乎是应该完全放弃借款（以及由此带来的税收优惠），而另一些商业模式却能够承受很高的负债比率。一家企业能够承受多高的杠杆率，这在很大程度上取决于三个因素。

（1）现金流的稳定性。
（2）自由现金流的数量。
（3）资本支出的年度水平（再投资需求）。

从商业模式分析和各种比率分析中，可以看出现金流稳定性的作用。例如，有线电视运营商受经济上下波动的影响，很明显要小于微晶片生产商。此外，仅在财务稳定性受到质疑时，经营性现金流才能用于偿还债务，即要有足够的自由现金流可用。因此，应该借助于资本支出额度比，确定自由现金流的金额。这个比率（介绍于第3章）是用来定义来自经营业务的资金的哪个部分需要用于再投资。

$$资本投资额度比 = \frac{资本投资}{经营性现金流}$$

根据经验法则，权益比率应该至少等同于资本投资额度比。这样，我们可以确保长期权益资金足够用来支撑非流动资产。因此，

$$最佳股东权益比率 = 资本支出额度比$$

几乎无须按年度进行投资并因此享有具有很强持续性的自由现金流的企业，可利用借款带来的好处。通常，由于过度负债会毁掉财务的稳定性，所以，在受到质疑的情况下，应该总是优先考虑一个具有稳定性的权益份额，而不是更有利可图的借贷资金。把叔本华有关健康的观点用在企业上，你可以说：有了财务的稳定性，不等于有了一切，但没有财务的稳定性，一切都会化为乌有！

下面介绍的调整现值法，将会有助于把额外负债的确切好处予以量化。

上面展示的用于确定最佳权益比率的公式，也能获得来自资产负债表黄

金法则的佐证：固定资产的融通资金应该主要来自股东权益。因此，与固定资产金额相当的股东权益金额可被视为最低限。这两种方法应该导向大致相同的结果。

对实体法的一个最尖锐的批评就是它的死循环之弊：为了确定资金加权平均成本，需要有股东权益的公允市场价格，然而，这个权益价值本身就是整个估值行为的目标。换言之，估值过程结果本身就是估值过程的一个重要组成成分。

对于上市公司来说，这个问题有两种方式解决：一种是采用股东权益的即期市场价格，就是公司的市价总值；另一种则是采用适用于长期目标的合理资金结构，例如像上面所说的经验法则（权益比率应该至少等同于资本投资额度比）。

如果一家企业有100万美元的市价总值（股东权益的市场价格），50万美元的带息负债，假设10%的权益成本，6%的债务成本和35%的税率，那么，其资金加权平均成本的计算就如下所示。

$$资金加权平均成本 = r_E \times \frac{\text{Equity}}{\text{Equity} + \text{Debt}} + r_{debt} \times \frac{\text{Debt}}{\text{Equity} + \text{Debt}} \times (1 - s)$$

$$= 10\% \times \frac{1\,000\,000}{1\,500\,000} + 6\% \times \frac{500\,000}{1\,500\,000} \times (1 - 0.35)$$

$$= 10\% \times \frac{2}{3} + 3.9\% \times \frac{1}{3} \times 7.69\%^{\ominus}$$

确定永续增长率的做法与权益法的一样。如果实体法被应用于上述的例子，那么，就可以按下述做法计算该公司的价值。

■ 例8-5 实体法

从110美元的息税前利润开始，首先，减去名义税款（见表8-9）。用税款支付额（30美元）除以税前利润（100美元），得到30%的相关税率。剩

$\ominus$ 原文此处的算式有误，实际为 $10\% \times \frac{2}{3} + 3.9\% \times \frac{1}{3} = 7.97\%$。——译者注

余的数据与上述例子类似。

表 8-9 息前自由现金流[①]的计算

	息税前利润（经营结果）	$110
−	调整税款（基于息税前利润）	$110×0.3 = $33
+	折旧	$20
±	Δ 准备金	$0
−	投资（资本支出）	$20
−	Δ 运营资本	$5
	息前自由现金流[①]	$72

[①]原文为"free cash flow before tax"，疑有误，应为"free cash flow before interest"。——译者注

例 8-4 算出的公允权益价值是 541.66 美元，负债是 200 美元。总资金额是 741.66 美元。采用 12% 的权益成本、5% 的负债成本和 30% 的税率，得到下述的资金加权平均成本（WACC）：

$$\text{资金加权平均成本} = 12\% \times \frac{541.66}{741.66} + 5\% \times \frac{200}{741.66} \times (1-0.3)$$

$$= 9.7078\%$$

现在，可以通过贴现这笔息前自由现金流，计算这家公司的价值，

$$\text{公司价值} = \frac{72}{0.097\,078} = 741.67 \text{ 美元}$$

这样得到的企业价值是 741.67 美元。这里有很重要的一点需要理解：这个价值不是公司的权益价值，而是公司的总价值，不仅包括股东权益的公允价值，还包括负债价值。通过变换这个公式，可以按如下方法确定股东权益价值：

权益价值 = 公司价值 − 负债价值 = 741.67 − 200.00 = 541.67 美元

这个所得价值与入门实例所用权益法获得的价值一样。这里也有一个重要的点要提及：通常，应该从企业价值里减去的不是金融负债的价值，而是净负债头寸的价值，以便得到权益价值。当然，在这个情况下，由那个现金头寸产生的利息收益不能包括在息前自由现金流的计算里。因此，在 200 美元的金融负债之外，如果上述公司的现金头寸是 50 美元，那么，相应的权益价值会是：

$$权益价值 = 741.67 - 200 + 50 = 591.67 \text{ 美元}$$

实体法的复杂性在于已经提到过的它的死循环性：要想确定准确的结果只有一个前提，即已知这个真实的权益价值，或可在市场上得到它，这就使得估值成为多余的工作。你会觉得很奇怪，为什么恰恰是这个具有明显缺陷的实体估值模型，却在现代金融文献和分析师研究报告里使用得最广泛！

8.1.3 调整现值法（APV）

调整现值法是实体法的一个改良版——它也考虑到了所有资金提供方的现金流。改良版和原版的差异在于对负债税收优惠的考虑。实体法考虑税收优惠的方式是通过把税率系于资金成本公式里来实现，而调整现值法是将其与实际公司价值分开，单独计算税收优惠。息前自由现金流是用名义上无负债企业的资金加权平均成本贴现的，而税收优惠额的现值是随后加上去的。这个现值被称为税盾。这个计算方法是贴现所节省的税收款项（即借贷资金利息的税款抵扣额），结果还是企业价值总额。相关的处理顺序如下。

（1）确定息前自由现金流。
（2）用加权税前资金成本贴现。
（3）计算税盾。

息前自由现金流的获取方式与实体法的一样。资金成本的计算方法也和实体法的一样，唯一的例外是税收优惠问题——它不是资金加权平均成本公式的一部分。税盾的现值是利息支付额乘以税率并予以贴现的结果。这个数值界定了税收款项的占比，而这笔税款就是设法利用负债予以规避的。

$$税盾 = 负债额 \times 利率 \times 税率 = 负债利息 \times 税率$$

如果一家公司就其负债支付50美元利息，税率是40%，那么，那年税盾的价值是：

$$税盾 = 50 \times 40\% = 20 \text{ 美元}$$

如果该企业用股东权益替代借款，那么，整个50美元都得纳税。为了得到这个税盾的现值，得用税前资金加权平均成本贴现这笔税盾金额。因此，采用调整现值法，可以按照下述方法求得该企业价值：

$$公司价值 = 自由税前现金流^{\ominus}现值 + 税盾现值$$

用税前资金加权平均成本贴现现金流,得到这笔现金流的现值。相关的税前资金加权平均成本的公式如下:

$$税前资金加权平均成本 = 权益成本 \times \frac{权益}{权益 + 负债} + 负债成本 \times \frac{负债}{权益 + 负债}$$

相比于通常的资金加权平均成本,这个公式没有考虑负债×(1−税率)的税收优惠,因为这个部分反映在税盾里了。这些资金成本称作税前资金加权平均成本。把它与权益法和实体法的例子联系起来,可按下面所述计算资金成本和公司价值。

■ **例 8-6 调整现值法**

$$税前资金加权平均成本 = 12\% \times \frac{541.66}{741.66} + 5\% \times \frac{200.00}{741.66} = 10.11\%$$

类似于实体法,这笔自由税前现金流$^{\ominus}$达到了 72 美元,税前资本成本是 10.11%,年度税负为 10 美元,而且,该企业还得继续负担 30% 的税率。

$$公司价值 = \frac{自由税前现金流}{税前资金加权平均成本} + \frac{税盾金额}{税前资金加权平均成本}$$

$$= \frac{72}{0.1011} + \frac{10 \times 30\%}{0.1011} = 741.66 \text{ 美元}$$

那个假设的结果现在清楚了:资金加权平均成本已经从 12% 降到了 10.11%。$^{\ominus}$由于 10.11% 的确定需要一个前提,即前面例子的结果是已知的,所以,这个模型也受困于死循环问题——这并不奇怪,因为调整现值法是实体法的衍生品。相比于实体法和权益法,这种计算方法有一个好处:所负债务的税收优惠可以通过税盾方式精确地计算出来。

然而,说一千道一万,实体法和调整现值法都受困于死循环问题。实际上,权益法也出现了这种问题:采用莫迪利亚尼-米勒模型,确定权益成本

$\ominus$ 原文此处的自由税前现金流(free pre-tax cash flow)实际指息前自由现金流。——译者注
$\ominus$ 相较实体法的 9.7078%,调整现值法的该成本有所上升,为 10.11%。——译者注

的经典做法——这就是为什么确定资金成本的理论主导模型，应该替换为更实用的无风险利率和公允市盈率倒数模型。

就企业价值而言，至少理论上，所有模型得到的结果都应该一样。相比于实体法模型和调整现值法模型，受青睐的权益法模型有三大优势。

- 易于计算。
- 从股东的角度评估。
- 无负债波动之虞且现金波动性小。

由于权益法计算相对容易，这种方法具有两大优势：①特别科目少得多；②从股东的角度，就这种估值的本质而言，采用所有者利润是最佳选择。

此外，实体法和调整现值法还表现出了另一种不足：在报告日，金融负债（必须从企业价值中减掉）会有相当大的波动。由于季报之故，在资产负债表日，企业有动机把金融负债做得越低越好。还有，负债常常有季节性的规律。由于这些因素，特别是高负债企业，依报告日的不同，会有很明显的差异。

对于现金持有量大的企业，也有类似的问题。因为按照实体法，现金持有量会1∶1地增加公司价值，这里就有了一个隐含的假设：投资者可以立刻分配这些多余资金。现实中，这个假设通常都不适用。因为亏损企业倾向于把剩余的资金投到已有的项目上，以期能够盈亏平衡，而不是把这些钱返还给投资人。

而且，库存现金通常都是存放在海外分支机构的账上——这意味着或是因为经营所需，或是由于税收之故，它无法轻易地流回母公司。在这种情形下，权益法则是更加现实地看待库存现金，即仅仅是它产生的利息才会算到自由现金流上。

因此，下述两个案例是基于权益法的案例。

8.1.4　经营性和财务性杠杆

对权益成本和资金成本的评估是公司估值不可或缺的部分。作为著名CAPM模型（基于公司贝塔）和本书介绍的一些方法，具体公司风险也能通过经营性杠杆和财务杠杆求得。这种方法的基础就是公司风险的初始本质。

何为公司风险？它就是亏钱的风险，即因为（固定）成本基数无法根据收入的变化而迅速予以调整的可能性。

经营性杠杆试图说明利润在多大程度上受总收入变化的影响，或换言之，固定成本和可变成本之比例异常吗？除了洞悉企业的经营风险外，经营杠杆还能使我们量化一家公司能够随着收入提升而收获的潜在的经济规模效应。而财务杠杆只是简单地定义为利息保障倍数。

为了计算经营杠杆，利润表里的所有费用头寸都得拆分为固定部分和可变部分。当销售额下降时，固定成本占比高的公司会特别不好过。由于仍然居高不下的成本基础，较低的销售额会使企业雪上加霜！

已售商品成本（或销售成本）主要由可变成本构成，但也包含一些固定成本，如折旧和与生产流程相关的人工费用。一般来说，这种费用头寸可以大致分为75%的可变部分和25%的固定部分。

销售和管理费用由固定成本（管理费用）和可变成本（销售费用）组成——这也是为什么通常都是推荐50%的固定成本和50%的可变成本比例。同时，诸如公司总部和货车队的折旧费等固定成本会增加销售和管理费用（SG&A）。

就研发费用而言，很多公司也是在它们的利润表上分开记的。乍一看，这些似乎完全是可变成本，不过，由于它们通常主要是由人工费用构成，所以一般都是按照60%的固定成本算。

大家要清楚地意识到，这些比例数字仅仅是参考性的，应该就具体企业的情况予以相应的调整。有些公司还把它们的费用拆分为更多的成本类型。

在数理上，经营杠杆被定义为息税前利润和固定成本之和与息税前利润之比：

$$经营杠杆 = \frac{息税前利润 + 固定成本}{息税前利润}$$

较高的固定成本和较低的绝对利润值最终会增加公司的风险。例如，经营杠杆率为5意味着收入每1%的变化，息税前利润的变化会超过5%。在现实世界里，这种关系被管理层的反制措施给扭曲了，但这个比率为内含的经营风险，给出了一个良好而量化的概述。

但当大部分的息税前利润都用于偿还公司负债时，即便是息税前利润率高且固定成本份额低的公司，也会被视作风险很大的企业。相应地，财务杠杆是公司的利息保障倍数，它描述的就是这种风险：

$$财务杠杆 = \frac{息税前利润}{息税前利润 - 财务费用}$$

这个数值越小，净利润对息税前利润变动（由经营杠杆引起）的反应就越小。例如，当这个数值为3时，若息税前利润增长10%，则净利润相应增长30%。

现在，我们可以看到这两个比率之间的相互关系。一方面，经营杠杆量化的是面对销售额的变化，息税前利润的反应程度；另一方面，财务杠杆衡量的是在息税前利润针对（分离息税前利润和净利润的）固定利息费用发生变动时，净利润升降的程度。

让我们基于可口可乐和百事可乐2011年的年报（见表8-10），计算它们的经营杠杆和随后的财务杠杆。

表8-10 可口可乐 VS 百事可乐：简略利润表 （单位：百万美元）

	可口可乐	百事可乐
净销售额	46 542	66 504
已售商品成本	18 216	31 593
销售和管理费用	17 440	25 145
息税前利润	10 154	9 633
利息费用	417	856

资料来源：可口可乐，百事可乐（2011）《美国公认会计准则》。

就可口可乐而言，依据表8-11所示的逻辑关系，求出的固定成本总值为132.74亿美元。

表8-11 可口可乐：固定成本份额 （单位：百万美元）

	总费用	固定成本占比	固定成本
已售商品成本	18 216	25%	4 554
销售和管理费用	17 740	50%	8 720
研发费用	—	60%	—
总计	35 656		13 274

用132.74亿美元除以356.56亿美元，可以计算出可口可乐的固定成本

比率是 37.2%。

就百事可乐而言，它的相关表格如表 8-12 所示。

表 8-12　百事可乐：固定成本份额　（单位：百万美元）

	总费用	固定成本占比	固定成本
已售商品成本	31 593	25%	7 898
销售和管理费用	25 145	50%	12 572
研发费用	—	60%	—
总计	56 738		20 470

基于 204.7 亿美元的固定成本总额，得到的百事可乐的固定成本指标比是 36.1%。

可口可乐的经营杠杆计算如下：

$$经营杠杆_{可口可乐} = \frac{10\ 154 + 13\ 274}{10\ 154} = 2.31x$$

就百事可乐而言，求得的这个值明显高很多：

$$经营杠杆_{百事可乐} = \frac{9633 + 20\ 470}{9633} = 3.12x$$

如同这个例子所示，就真正的企业基本面风险而言，仅凭固定成本比率说明不了任何问题。只有把固定成本与经营利润相比较，这个比率才揭示出它的重要性。为了全面而真实地了解情况，需要考虑财务分析：

$$财务杠杆_{可口可乐} = \frac{10\ 154}{10\ 154 - 417} = 1.04x$$

$$财务杠杆_{百事可乐} = \frac{9633}{9633 - 856} = 1.09x$$

基于这些数字，可口可乐较低的基本面风险变得更加清晰了。不过，应该注意的是百事可乐的经营杠杆和财务杠杆数字，还是处在非常稳健的范畴。

例如，重型机械行业公司表现出的经营杠杆倍数往往远超 6 倍的数值，外加较高的财务杠杆比率。这里再以一家财务杠杆为 1.5 倍的公司为例，这意味着，如果息税前利润减少 50%，那么它就没有足够的利润来补偿负债的利息成本。

而且，在就一家公司的基本面风险做出最后的评价之前，需要考虑它收入历史（和预期）的波动幅度，及其结果与经济大环境的关联性。如果企业收入的发展前景非常稳定和可靠,那么,即便它们的经营杠杆很高,也会被视为低风险企业。

基本面风险总额的计算方法是:连乘经营杠杆、财务杠杆、收入的波动性和与整体经济环境的相关性。

$$基本面风险 = 经营杠杆 \times 财务杠杆 \times 收入波动性 \times 经济相关性$$

在计算收入波动性时,应该使用一个足够长的时期,理想的是一个可以覆盖整个行业周期的时间段。在确定宏观经济趋势与结果的关联性时,这个有关时间段的原则也适用。

可口可乐收入显示出的波动性为14.9%,与经济形势的关联性为39%,而为百事可乐计算的相关数值则是10.6%和77%。利用这些数据可以得到下述基本面风险的总额:

$$基本面风险_{可口可乐} = 2.3 \times 1.04 \times 0.149 \times 0.39 = 0.14$$
$$基本面风险_{百事可乐} = 3.1 \times 1.09 \times 0.106 \times 0.77 = 0.28$$

这两家公司显示的风险数据都很小。就这两个公司而言,之所以有这种结果,是因为它们的固定成本占比低,收入相对稳定,以及负债使用相对保守。

一般来说,0~0.3的数值都被视为是非常好的数值,处在0.3~0.6的基础性风险的数值则是平均水平以下,而0.6~1则被视为均值水平。为了利用这些数值评估权益成本,可参考指引性的表8-13内容。

表8-13 对应权益成本的基本面风险数值

基本面 风险数值	指引性权益成本 (无风险利率=2%)	基本面 风险数值	指引性权益成本 (无风险利率=2%)
0~0.3	6%~7%	1.5~1.8	11%~12%
0.3~0.6	7%~8%	1.8~2.1	12%~13%
0.6~0.9	8%~9%	2.1~2.4	13%~14%
0.9~1.2	9%~10%	2.4~2.7	14%~15%
1.2~1.5	10%~11%	2.7~3.0	15%~16%

这张表包含了另一种推导具体公司权益成本的方法。的确,鉴于这个比率后面相当复杂的数学内涵,即便结果看起来是合理的,也应该一事一论地进行核实判断。在这里,比较同业公司间的相关结果以及它们各自的负债成

本（即债券收益率），是一种特别有用的方法。

8.1.5 贴现现金流模型的另类使用

就其原始形式而言，贴现现金流模型仅适用于非常稳定和易于预测的商业模型。不过，对于业务前景预测性较差的企业，仍然可以反向应用贴现现金流模型。这里必须做出某些特定的假设（如销售额以10%的恒定增长率增长），以期把企业真实的市场估值与所求数值进行比较。

以这种方式，可以确定某些参数（如销售增长率）可以下降到什么地步，还能够说明当期估值的合理性。如果基础假设是利润增长10%，且由此导致的公司价值会明显地处在当期市场价值之上，那么，就可以通过相应地调整增长因子，找出市场暗含的增长率。假设这种市场暗含的增长率是3%，但你确信实际增幅不会低于5%，那么，就可以认为这个估算值可靠。

具有可靠且可评估商业前景的企业，可以通过贴现现金流模型，获得十分可靠的结果。一种实实在在的可预见性主要取决于第5章介绍的那些标准。而利用贴现现金流模型，根本就不可能对未来不确定性很大的企业（如初创公司）进行估值。

8.1.6 贴现现金流估值案例研究

■ *例8-7 贴现现金流法：安德鲁-皮勒*

本节将用安德鲁-皮勒（Andrew Peller）的研究案例，例解贴现现金流模型的实际应用。

安德鲁-皮勒是加拿大领先的红酒生产商，占据了国产红酒市场份额的32.8%，占加拿大整个市场的13.2%。由于安德鲁-皮勒扎实的市场地位和不断增长的弹性市场，该公司是个运用贴现现金流估值的理想对象。为了全面地理解这个研究案例，应该提前阅读该公司2013年的年报。

基于安德鲁-皮勒2013年的经营成果，我们估算它未来10年的利润表。对于2013年和2012年，该公司公布了如表8-14所示的数字。

表 8-14　安德鲁-皮勒：利润表　　（单位：千加元）

	2013 年	2012 年
销售额	289 143	276 883
已售商品成本	179 356	169 626
不动产、厂房和设备的摊销（生产环节）	5 098	4 826
毛利润	104 689	102 431
销售和管理费用	76 254	74 606
不动产、厂房和设备的摊销（管理环节）	3 030	3 026
重组成本	1 118	—
经营利润	24 287	24 799
利息费用	5 142	5 354
衍生品未实现收益净值	1 295	257
其他收益/支出	544	-1 163
税前利润	20 984	18 539
所得税款	6 225	5 538
年度净利润	14 759	13 001

资料来源：安德鲁-皮勒（2013）《国际财务报告准则》。

基于上述数字，2013 年和 2012 年，该公司分别取得了 36.2% 和 36.9% 的毛利率。为了贴现现金流的计算，生产环节的相关摊销加回到管理环节的相关摊销。因此，就 2013 年而言，新的毛利率是 37.9%。

调整了一次性费用后，息税前利润率从 8.95% 降到 8.78%。最后，我们必须有公司具体税率的概念。对于 2013 年和 2012 年，真实的税率达到了 29.8% 和 29.6%，在年报的附注里，该公司陈述的综合法定税率是 25.7%——不过，特别科目通常会增加实际税率水平。因此，合理的做法是使用不低于 29.5% 的税率。该公司 1370 万加元的递延负债（这最终是必须的支付的）也进一步佐证了一点。

下述的假设将被用于贴现现金流模型。

- 初始的销售额增幅是 4%，逐渐下降到 2% 的最终增幅——与长期 GDP 增幅一致。
- 在第一年里，毛利率略有下降，随后有所回升——基于管理层在随后几年对输入价格压力的纾解。
- 作为销售额百分比的销售和管理费有些许下降，原因是经济规模和启动的重组方案。
- 较低的利息费用——由于利率环境整体较低。

- 29.5%的所得税税率。

在按预测编制利润表时，这些假设扮演着基石般的作用，但它们必须是建立在对公司深度分析的基础上。不过，为了测算所有者利润，我们还必须就运营资本的变化、折旧和资本支出做出相关的假设。在这个例子里，将会采用下述假设：

- 折旧按销售额的2%计，主要是考虑到安德鲁-皮勒的轻资产模型；
- 资本支出也是按销售额的2.75%计，因为出售生产线上不再使用的现有资产会降低未来的投资额；
- 假设每年的净运营资本的销售额占比为36%。

除了这些，该公司在利润表里公布了"衍生品未实现收益净值"和"其他的收益/支出"。贴现现金流模型拒绝接受衍生品收益，因为这些收益通常会被来自货币波动造成的收入变化所抵消（安德鲁-皮勒的红酒部分来自欧洲，部分来自美国），而预测汇率变化不是我们的工作。此外，其他支出也会表现出上下波动特性，但从长看，它们会相互抵消——这也是在贴现现金流模型中不考虑它们的原因。

通过利用2013年的真实数据并基于它们对未来10年（至2023年）的预测，现在可以建立贴现现金流模型。然后，再利用毛利率预测值计算公司的毛利，再减去销售管理费用、折旧费用和利息支出，得到税前利润。用预期税率计算税款支出，最终得到净利润。为了获得所有者利润，或属于权益的自由现金流，要加回折旧费用，减去资本支出，还要考虑运营资本的变化情况。

表8-15列示了截至2023年利润表的预测值。

基于调整过的2013年的数字（调整了一次性科目、衍生品和摊销），这里运用了早先罗列的增长率和利润率的动态数据。

为了计算所有者利润，利用下述相关的现金流头寸修正这些净利润数据：资本支出、折旧和净运营资本的变化值（表8-16）。

表 8-15 安德鲁-皮勒：贴现现金流法（1）

利润表（千加元）	2013A	2014E	2015E	2016E	2017E	2018E	2019E	2020E	2021E	2022E	2023E
销售额	289.1	300.7	312.7	323.7	335.0	345.1	355.4	364.3	373.4	380.9	388.5
销售额增长率（%）	4.4%	4.0%	4.0%	3.5%	3.5%	3.0%	3.0%	2.5%	2.5%	2.0%	2.0%
毛利润	109.6	113.4	118.2	122.7	127.3	131.5	135.8	139.2	142.6	145.5	148.4
毛利率（%）	37.9%	37.7%	37.8%	37.9%	38.0%	38.1%	38.2%	38.2%	38.2%	38.2%	38.2%
销售和管理费用	76.3	78.8	81.9	84.8	87.8	90.1	92.8	95.1	97.1	99.0	101.0
销售和管理费用占比（%）	26.4%	26.2%	26.2%	26.2%	26.2%	26.1%	26.1%	26.1%	26.0%	26.0%	26.0%
不动产、厂房和设备摊销	8.1	8.4	8.8	9.1	9.4	9.7	10.0	10.2	10.5	10.7	10.9
经营利润	25.2	26.2	27.5	28.8	30.2	31.7	33.1	33.9	35.1	35.8	36.5
利息支出	5.142	5.000	4.950	4.900	4.950	4.975	5.000	5.050	5.100	5.150	5.200
税前利润	20.1	21.2	22.6	23.9	25.2	26.8	28.1	28.8	30.0	30.7	31.3
所得税	5.9	6.2	6.7	7.1	7.4	7.9	8.3	8.5	8.9	9.0	9.2
年度净利润	14.1	14.9	15.9	16.9	17.8	18.9	19.8	20.3	21.2	21.6	22.1

表 8-16 安德鲁-皮勒：贴现现金流法（2）

利润表（千加元）	2013A	2014E	2015E	2016E	2017E	2018E	2019E	2020E	2021E	2022E	2023E
年度净利润	14.1	14.9	15.9	16.9	17.8	18.9	19.8	20.3	21.2	21.6	22.1
加：折旧		8.4	8.8	9.1	9.4	9.7	10.0	10.2	10.5	10.7	10.9
减：资本支出		8.4	8.8	9.1	9.4	9.7	10.0	10.2	10.5	10.7	10.9
运营资本总额	104.1	108.3	112.6	116.5	120.6	124.2	127.9	131.1	134.4	137.1	139.9
运营资本/销售额	36.0%	36.0%	36.0%	36.0%	36.0%	36.0%	36.0%	36.0%	36.0%	36.0%	36.0%
运营资本变动值		4.2	4.3	3.9	4.1	3.6	3.7	3.2	3.3	2.7	2.7
所有者利润		10.8	11.6	12.9	13.7	15.3	16.1	17.1	17.9	18.9	19.3

折旧费用数字可以直接来自利润表（这里称作不动产、厂房和设备摊销）。如同上面的定义，资本支出金额是假设等同于折旧金额，因为它的商业模式是相对轻资产的模式，无须额外的资金支出来支撑增长。运营资本变动值的计算方法是假设一个合理的运营资本和销售额比率，再用每期的销售总额乘上这个比率。然后，就可以计算运营资本变动值（每年对运营资本的额外投资）。通常理智的做法是与管理层沟通，并基于历史数据进行计算，以期对未来的资本支出和运营资本指标做出一个精确的假设。

为了获取公允的公司价值，现在需要用一个合理的利率来对这些所有者利润进行贴现，同时，还要选择一个计算终值的增长率。我们把这个终值增长率设为2%，因为该公司应该可以依据通货膨胀率调整它的产品价格。鉴于无法精确地确定权益成本（贴现率），那么，就应该采用敏感性分析。这里初始的权益成本是采用13倍的市盈率求得的：

$$权益成本 = 无风险利率 + 风险溢价 = 2\% + \frac{1}{13} = 9.7\%$$

通过贴现上述计划期的所有者利润，我们得到了这些现金流的现值：

$$现值(计划期的所有者利润) = \frac{10\,755}{1.097^1} + \cdots \frac{19\,377}{1.097^{10}}$$

$$= 90\,841 \text{ 加元}$$

为了完成估值，还得求取终值。利用2%的终值增长率和2023年的所有者利润19 337加元，得到：

$$终值 = \frac{19\,337 \times (1 + 0.02)}{0.097 - 0.02} = 256\,152 \text{ 加元}$$

为了得到这个终值的现值，需要用 1.097^{10} 贴现256 152加元。由此得到这个终值的现值101 492加元。现在，把这两个现值相加就得到了权益价值总额：

$$权益价值 = 90\,841 + 101\,492 = 192\,333 \text{ 加元}$$

相比于实体法，在这个阶段，没有减去净负债的环节，因为权益价值是直接采用所有者利润法获取。为了计算每股公允价值，需要用这个结果除以发行在外股票的总数。在安德鲁－皮勒的例子里，发行在外的股票有两个系列，其中B股主要由创始家族成员持有。在计算每股公允价值时，这常常使投资者感到困惑，因为不是很清楚何种股票数量可用于每股公允价值的计算。在这种情形下，最具流动性的A股占总股本的81.5%，发行在外的A股共11 293份。

因此，在这种情形下，用81.5%乘上该公司的权益价值，再除以发行在外的A股数量，得到A股每股的公允价值：⊖

$$每股公允价值 = \frac{192\,333 \times 81.5\%}{11\,293} = 13.88 \text{ 加元}$$

在本书写作之时，该公司A类股的交易价在13~14加元——说明处在公允价值区。现在，来看一个有趣的事情，即当调整权益成本和终值增长率假设时，这个估值是如何变化的。

如表8-17所示，假设权益成本在8.2%~11.2%之间，终值增长率在0.5%~3.5%之间，得到的每股公允价值变动区间是10.64~21.03加元。如果把权益成本锁定在合理的9.2%~10.2%，终值增长率锁定在1.5%~2.5%，那么，相应的结果就是12~15加元的相对稳健的区间。

表8-17 安德鲁－皮勒：每股公允价值敏感性分析　　　（单位：加元）

		权益成本					
		8.2%	8.7%	9.2%	9.7%	10.2%	10.7%	11.2%
终值增长率	0.5%	15.3	14.3	13.4	12.6	11.9	11.2	10.6
	1.0%	16.0	14.8	13.8	13.0	12.2	11.5	10.9
	1.5%	16.7	15.4	14.3	13.4	12.6	11.8	11.2
	2.0%	17.5	16.1	14.9	13.9	13.0	12.2	11.5
	2.5%	18.5	16.9	15.6	14.4	13.4	12.6	11.8
	3.0%	19.6	17.8	16.3	15.1	14.0	13.0	12.2
	3.5%	21.0	18.9	17.2	15.8	14.6	13.5	12.6

⊖ 原文为"Hence the fair value in this case is calculated by multiplying the fair value per class A with 81.5% and dividing by the number of class A shares outstanding"，疑有误，应为"Hence the fair value per class A in this case is calculated by multiplying the equity value with 81.5% and dividing by the number of class A shares outstanding"。——译者注

■ 例8-8 贴现现金流估值：无名公司

表8-18是一家公司的简略利润表。

表8-18 无名公司利润表 （单位：美元）

销售额	28 464 598.96
已售商品成本	(21 189 706.23)
毛利润	7 274 892.73
销售和管理费用	(3 928 884.29)
经营利润净额	3 346 008.44
其他净折旧，利息支出等	(575 018.31)
联邦税前净利润	2 770 990.13
联邦所得税准备金	(425 000.00)
净利润	2 345 990.13

该公司公布的权益比率是89.5%，财务杠杆率是3.9%。这些数字表明它有非常保守和稳固的财务背景。净资产收益率达到了7.3%。在最近的财年，净利润率是8.2%，息税前利润率达到了11.7%。在过往的36年间，除了其中的2年外，该公司的销售额都是持续上升的。

在所涉年份的衰退过程中，它的销售额同比下跌了12%。前一年的净利润率是14.3%，息税前利润率是15.3%，净资产收益率是15.1%。在随后的一年，市场预期这些利润率都会回到危机前的水平。而且，无名公司本身是其细分市场（主要是软饮料）无可辩驳的领先者。市场份额估计大约在50%左右。

通常，贴现现金流分析从估算销售增长率开始。考虑到销售额在衰退年份的剧降，这里的假设是该公司会迅速收复失地。在随后的年份，鉴于该公司扎实的市场地位，未来9年的预期增长率是7.5%。从第10年开始，假设该企业进入了3%的终值增长率时期。这意味着，从第10年起，该公司的销售额和利润数字将会以3%的年增长率稳步增长。

而且，在第1年，净利润率提升到10%，预期从第3年开始，提升到危机前15%的水平。初始年份的折旧是73万美元。相比之下，资本支出却达到了116万美元。运营资本变化值设定为销售额的1%。折旧和资本支出在第2年才开始增长,因为该公司前一年的产能应该足以应对衰退后的水平。

无可辩驳的市场地位和极端稳健的财务比率,说明它的风险应该相当的低,所以,该公司的权益成本定在10%。同时,高增长率意味着不确定性增加。这个权益成本既反映了卓越的市场地位,也体现了与高增长相关的不确定性。结果是如表8-19所示的所有者利润(自由现金流)的估算值。

表8-19 无名公司:贴现现金流法 (单位:百万美元)

	t=1	t=2	t=3	t=4	t=5	t=6	t=7	t=8	t=9
销售额	30.50	32.80	35.20	37.80	40.60	43.70	47.00	50.50	54.30
销售额增长率	7.5%	7.5%	7.5%	7.5%	7.5%	7.5%	7.5%	7.5%	7.5%
净利润	3.05	4.10	5.28	5.67	6.09	6.55	7.05	7.57	8.14
净利润率	10.0%	12.5%	15.0%	15.0%	15.0%	15.0%	15.0%	15.0%	15.0%
折旧	0.73	0.78	0.84	0.90	0.97	1.04	1.12	1.21	1.30
资本支出	1.16	1.24	1.34	1.44	1.54	1.66	1.79	1.92	2.06
运营资本变动值	0.30	0.32	0.35	0.37	0.40	0.43	0.47	0.50	0.54
自由现金流	2.32	3.32	4.43	4.73	5.15	5.50	5.91	6.36	6.84
贴现自由现金流	2.11	2.74	3.32	3.25	3.19	3.10	3.03	2.96	2.90

就第一个9年期而言,现金流现值总额达到了2660万美元(例如第4年的现值:$4.76/1.1^4 = 325$万美元)。基于第10年的自由现金流(704万美元),终值(即第9年以后的所有现金流价值)计算如下:

$$终值 = \frac{所有者利润_{t=10}}{权益成本 - 永续增长率} = \frac{7.04}{0.10 - 0.03} = 100.57 \text{百万美元}$$

为了得到现值,需要对终值进行贴现。在这个例子里,必须使用2.35(1.10^9)这个因子。

$$终值的现值 = \frac{终值}{(1+权益成本)^{t-1}} = \frac{100.57}{1.10^9} = 42.65 \text{百万美元}$$

权益价值总额的计算:1~9年估算期的贴现现金流加上终值

$$股东权益价值 = 26.6 + 42.6 = 69.2 \text{百万美元}$$

由此,股东权益的公允价值达到了6920万美元。

顺便透露一下,这个无名公司实际上是1922年的可口可乐公司。这个相对激进的贴现现金流预测模型只是一个例子，说明贴现现金流分析会怎样错误地判断一个企业的真实价值。然而，让人欣慰的是，在这个财年的3年前，坎德勒家族把该企业卖了，作价2500万美元——只是其内在价值的一部分。1919年的这个价格相当于5.3倍的市盈率和0.96倍的市净率。不过，该家族并没有做亏本生意，因为它们早先购买这个商标权只花了2300美元（原文如此）。

事实上，1922~2010年，可口可乐公司销售额的年均增长率是8.3%。在相同的时期里，它的净利润率可能会增加到22%。如果你使用这些数字来计算该公司的终值增长率，那么，它的终值就是2.876亿美元，权益价值的总值就是3.142亿美元。这明显低估了可口可乐公司今天2000亿美元的价值，但在那时（考虑进金钱的时间价值），3.142亿美元假定的公允估值提供了一个明确的安全系数（即便是使用了真实的数字，但该企业还是没有达到今天的价值。这里的原因就是资金的时间价值：越远期未来的现金流越多，其现值的衰减幅度就越大）。

■ 例8-9 大富翁

在玩大富翁（Monopoly）时，通常会有活跃的土地和街区的交易。针对这个游戏，有没有想过那些价格的确定是有效的吗？由于这个游戏里的多数定价都是基于直觉或估算，所以，这里给出有关梅菲尔区和公园巷（伦敦最昂贵的两个街区，包括酒店）的贴现现金流分析。在做这种分析之前，需要做下述的假设。

- 4个玩家。
- 2小时的游戏时间。
- 每轮1分钟。
- 2.62%的可能性是停在梅菲尔区，2.18%的可能性是停在公园巷。
- 梅菲尔区的租金是4万美元。
- 公园巷的租金是3万美元。

在玩大富翁时，按说不会收取利息，所以，未来的租金无须贴现。在上述数据的基础上，总共有480次掷骰子的机会，也就是每个玩家每次15秒钟。在这些掷骰子的过程中，骰子落在梅菲尔区上面的可能性为 2.62%，落在公园巷上的是 2.18%。（这种可能性还包括落在诸如监狱和机会卡等所有偶然事件。）结果，12.5 次落在了梅菲尔区，10.4 次落在了公园巷。随后的现金流如下所述：

$$\text{两个街区的价值} = 12.5 \times 40\,000 + 10.4 \times 30\,000 = 812\,000 \text{ 美元}$$

除了 3 个玩伴的住宿外，这个计算还包括了自己酒店的造访，而购买街区意味着你不必为驻留所购地付款。812 000 美元的价值仅仅适用于第一轮游戏时，所购的两个建设完善街区的价值。随着游戏的进展和驻留酒店次数的下降，那么，动态的考虑会更有意思。在游戏过半时，购买的金额达到 406 000 美元也是合理的。

$$\text{两个街区的价值} = 6.25 \times 40\,000 + 5.2 \times 30\,000 = 406\,000 \text{ 美元}$$

一旦这些现金流的价值低于这些酒店的面值，那么，为了使利润最大化，把酒店还给银行也是一个合理的做法。

8.2 倍数估值法

虽然贴现现金流模型法是理论基础扎实的方法，但在实际应用中却易于出错——因为必须做企业发展状态的综合估算，而且，参数的变化对最终价值会产生很大的影响。为了验证贴现现金流模型法求取的公司价值的合理性，人们通常会采用估值倍数法。

这些实用性好很多但理论根基稍逊的方法，有相当的优势——易于运用，且在许多情形下，它们本身就可以作为一个估值方法使用。在这一节，将推导确定合理倍数的方法并用研究案例予以说明。一定要清楚各种倍数估值法的作用：它们是贴现现金流法的验证手段和替代方法。

使用倍数估值法对一家公司进行估值的依据是利润、销售额、现金流和面值的倍数。例如，如果一家公司的市盈率是 10，净利润是 5000 万美元，那么，这家公司的合理价值就是 5 亿美元。从现在开始，术语"公司价值"的使用与股权投资公司的权益价值一样，而贴现现金流模型中的术语"企业价值"则包括了股权投资公司的权益和负债。

和已经介绍的贴现现金流法一样，本节也会偏离金融文献中的主流方法，并推导不同的方法，因为传统的倍数估值法表现出了几点不足。在应用经典的倍数估值法时，通常要集合一组与目标公司类似的有代表性的公司，并计算这组公司的估值倍数均值。把求得的估值倍数乘以目标公司诸如净利润等业绩指标，就可以得到目标公司的公允价值。

因此，如果麦当劳和百胜餐饮的估值倍数都是 18 倍的市盈率，来自快餐行业的我们的目标公司公布的每股利润是 2 美元，那么，它的公允价值就是 36 美元。这种方法暗指同类的企业有着类似的估值。

比较于同类公司，对于表现出优势或劣势的企业，予以一个溢价或折扣——这种优化只是稍许改善了一下这个模型。除了这些点外，同类估值的另一个弱点是：本质上，商业模式独特的企业不会有真正可比的对手，否则，它们就不是独一无二的了！不过，商业模式独特且经济形态特别的公司是长期导向的投资者的特别所爱，但这种估值方法适用的情形非常有限。另一个遭受批评的点是，如果整个比较组群估值的结果不正确，那么，会导致目标公司估值的失准。

因此，经典的倍数估值法仅仅是一个相对受制的估值方法。

例如，为了对互联网公司谷歌进行估值，你会计算微软、雅虎、百度、苹果和三星的平均估值倍数（利润、销售额、面值、息税前利润和现金流），并以它们来对应谷歌的财务比率。如果同类的市盈率倍数均值是 17，那么，以这个数值乘以谷歌的预期利润，得到的是后者的公允价值。

鉴于业务范畴、规模和区域特征，谷歌能否直接和上述企业相比较，还有待商榷。事实上，经典估值倍数的好处应该受到质疑。企业自身都是多元的单个组织，因此，比较对手的估值通常无法提供合适的结果。而且，根据会计准则的不同，各种基础要素会表现出很大的差异，因此，不同地理区域公司的直接比较，意义十分有限。

修正倍数估值法

因此，本书决定另辟蹊径，采用不同的方法。修正倍数估值法是用来确定一家公司的内在价值，评估依据是具体公司的公允倍数——产生于各自的市场分析、竞争分析、公司分析及财务比率分析。

第 7 章阐述了那些最重要的估值倍数，并对确定和分类估值比率予以相关的提示。本节介绍修正倍数法的理论，并形成了本书所述公司估值的一个核心（除了贴现现金流法中的权益法之外）。相比于贴现现金流法，这个方法很大程度上没有复杂的公式，只是引入了一个实用的估值方法。

这种修正方法既把公司数字的粗略预估作为分析主要元素，也赞成公司估值就应该首先看看它的商业模式，而且，在很大程度上，它还认为公司估值应该由"软"的、定性的因素构成。这种形式的估值也可以称作定性公司估值。这种修正倍数估值法把焦点放在了下述比率上。

- 市盈率
- 市净率
- 市销率
- 企业价值/息税前利润比率

这里没有采用价格与现金流比率，原因是现金流的波动性太大。不过，现金流的质量，特别是自由现金流的质量，还是内含于公允市盈率的确定之中，比如通过考虑资本支出指标比的方式。而对于公允倍数确定的一般原则应该是：尽可能的低，仅必要的高。因此，一家快速增长且具垄断地位的企业，其估值应该高于增速低且竞争激烈的可比企业。

8.2.1 公允市盈率法

一家公司的价值主要取决于其利润，即考虑进所涉风险的自由现金流。这些因素依次取决于下述参数，如市场地位、管理、财务状况和竞争等。本节的目的在于把企业的定量和定性特征予以分类，进而一步一步地推导出合理的市盈率。这种做法的宝贵之处是：通过对所有相关的成功要素进行梳理和估值，你对公司的认知会真实而深刻。

公允市盈率定义总是不如贴现现金流模型给出的结果清晰，后者能给我们带来（至少是数学意义上）精确的公司估值。依照公允市盈率的方法，每股公允价值的计算方法如下：

$$每股公允价值 = 每股预期利润 \times 公允市盈率$$

这个公式的结果说明的每股公允价值是，未来12个月的每股预期利润与公允市盈率之积。这个利润和公允市盈率越高，每股的价值也就越大，或换言之，企业的价值就越大。

影响因素

为了确定公允市盈率，必须找出一系列主要影响因素。下一步是通过添加那些单个影响因素，量化单个公司的特征，以期得到公允的估值倍数。下面绘制的马斯洛需求等级的修正版本，显示了与公允市盈率相关的，最重要的影响因素。

就像图8-1所示，投资者的基本需要应该首先得到满足：稳定性和坚实的市场地位。在这个基础上，接踵而至的是高盈利能力、高增长率和独特的影响因素。这个评估模型就是由这些模块所构，每一模块都是获得市盈率的点（如高增长率或高盈利能力）——最终加总为具体公司的公允市盈率。

图8-1 马斯洛需求等级修正版（股东角度）

第7章阐述了增长率和盈利能力是如何在确定市盈率时产生重大影响的。同时，在公允估值中，即便是零增长企业也应该基于其利润的最小倍数定价交易。我们可以假设这个固定市盈率或基础市盈率在7~8倍之间，而这个数值需要根据行业竞争强度和主流利率水平进行调整。

某个最低市盈率可以从最低收益率（仅能补偿所担风险的收益率）中推导出来。例如，8倍的市盈率意味着12.5%（1/8）的初始收益率，大约相当于股市上的净资产必要收益率均值（见8.2.2节）。这个参数值也得到了实证分析的确认：市盈率低于10倍的股票多见于低增长板块或行业，其产品无特色且市场竞争激烈。

还有一个令人印象深刻的点：在2013年年底，不到0.5%的标普500指数成分股的定价低于8倍市盈率。这个数据确认了这个假设的现实性，可把7~8倍的市盈率设为最低市盈率。超过这个最低倍数值估值的那些企业，明显拥有这个基线之上溢价的那些合理特征。

财务稳定性

财务稳定性是任何企业的基石！

如果做不到这一点，企业的市场地位、盈利能力和增长率也好不到哪儿去，而且，这样的企业也无法继续生存下去。换言之，如果没有财务的稳定性做基础，企业的未来预期现金流就没有价值。

应该借助第3章介绍的财务指标验证这种稳定性。其中，特别重要的是负债比率、动态负债比率和公司权益比率。在危机期间，财务稳定性尤其重要，因为从长期看，所有的企业都必须设法活过经济的下行期。这就是为什么财务稳定性对长期投资者具有特别的意义！

估值含义： 如果企业的财务稳定性有保障，那么，最低市盈率就会依财务稳定性，上升0.5~2个点。

市场地位

这个地位主要包括波特五力分析中已经熟悉的那些因素（在第5章讨论过）。除了客户和供应商的谈判能力、替代品的威胁以及进入门槛的高低外，为相关商业模式做预测的能力也是一个重要的影响因素。对企业做可信评估的时间轴越长，估值结果就越可靠。这种可靠性带来了溢价。

处在（充分）竞争中的企业，会由于它们的规模而充分享有采购优势，但它们的市场地位只能在公允市盈率中得到一个小的溢价。相比较，寡头垄断者或垄断者享有超群的市场地位（附有相应的定价权）。这种市场地位越高，相应的溢价就越高。为了量化这个估值，需要对波特五力的每个力都分配一个介于5（很发达）和0（缺位）的分值。

- 竞争强度
- 新进入者的威胁
- 供应商的谈判能力
- 客户的谈判能力
- 替代品的威胁

通过这个五力分析，加总可以达到的最大分数是 25 个分。这些"波特分"都列示于下述表里。

> **估值含义**：根据经验法则，应该考虑表 8-20 所示的市盈率溢价。不过，它们仅仅扮演初始指标的作用，可按具体情况予以调整。

表 8-20 市场地位与市盈率溢价

市场地位	波特分	市盈率溢价	评论
缺位	0~5	0~0.5	充分竞争
弱势	0~10	0.5~1.5	竞争激烈但竞争者数量中等
中等	10~15	1.5~2	竞争温和且竞争对手数量较少
良好	15~20	2~2.5	具寡头垄断态势
卓越	20~25	2.5~3	垄断态势

这些结果应该予以验证，即把它们与息税前利润率进行比较。在第 2 章第 2.3 节的"息税前利润率和息税折旧摊销前利润率"中，可以找到相关的说明案例。经验显示：表 8-21 所示的息税前利润率等同于相关的"波特分"。

表 8-21 息税前利润率与相应的波特分

息税前利润率	波特分	市场结构
3%~6%	0~5	充分竞争
7%~10%	6~10	较强竞争
11%~15%	11~15	温和竞争
16%~19%	16~20	寡头垄断
20%+	21~25	垄断

市场地位本身并不是一个高估值的保证，因为评估每个企业都是着眼于其利用现有资产创造现金流的能力，即它的盈利能力。因此，最终的市场地位溢价（0~3）都要乘上企业的盈利能力。

盈利能力

已占用资金应该创造足够的收益率！

对于股东而言，净资产收益率（即权益提供方缴纳资本所赚回报）是关键的财务比率。如果公司的财务基础不错，那么，这里适用的相关规则是：利润越多越好！特别是在欧洲，许多电信或邮政行业原来都是国有企业，它们曾经处于垄断地位，而且，现在仍然处在垄断地位，然而，相比较而言，它们不赚钱，引不起投资者的兴趣。

只有有效地运用市场地位和财务资源，才能创造高额且持续的收益，从而有效地为股东创造价值。

■ 例8-10 加拿大国家铁路公司 VS 德国联邦铁路公司

作为铁路运营商，德国联邦铁路公司（Deutsche Bahn）和加拿大国家铁路公司（Canadian National）都处在寡头垄断地位。不过，加拿大国家铁路公司的盈利能力要明显强于国营的德国联邦铁路公司。表面上看起来类似的两家公司，但表现出的盈利数字却差别很大。

就这种差异而言，息税前利润率特别能说明问题。

2012年，国营的德国联邦铁路公司取得了6.9%的息税前利润率，而加拿大国家铁路公司每加元收入却有45分的利润。考虑到加拿大国家铁路公司在1996年就私有化了，它当时表现出的财务比率与今天的德国联邦铁路公司的不相上下。这是一组令人震惊的利润值！

因此，通过更精简、更有效的方式领导公司，加拿大国家铁路公司的管理层释放了深藏于公司内部的潜能。由此可见，仅凭领先的市场地位并不能保证成功，需要比照所取得的实际财务业绩进行判断。

然而，净资产收益率总是需要调整的，因为它可以被人为地拔高，如通过用负债杠杆和由此造成的高负债权益比来达到目的。"非杠杆净资产收益率"就是为了规避这个弊端而使用的参数和术语。这个参数假设一个基于各种商业模式的合理的权益资本基数，并据此计算调整过风险的净资产收益率。

如果一家公司因现金流特别稳定，能够借入大量的资金，那么，即便是一个较低的权益比率也是可以接受的。反之，对于一个周期性强且固定成本高的企业，就应该谨遵最低权益比率原则。当然，这个最低权益比率取决于资本支出指标比。一般情况下，可采用下述经验法则：投资需求较低的公司，通常能够应对资产负债表上水平较低的权益资本额：

$$最低权益比率 \approx 资本支出指标比$$

如果一家特定公司的资本支出指标（资本支出/经营性现金流）比较高，那么，这个资金密集型商业模式应该以足够的权益资本做支撑。为了规避季节性和周期性的影响，应该计算一个足够长时期的历史资本支出指标，5年的均值会比较合适。

由于采用了资本支出指标，除了投资需求外，自由现金流也应该包括在计算里。还可以借助权益固定资产比率来验证最低权益比率。原则上，需要用权益资本购买的固定资产比例不低于70%~90%。因此，还可以用下述公式计算非杠杆净资产收益率：

$$非杠杆净资产收益率 = \frac{净利润}{资产负债表总额 \times 资本支出指标比}$$

这在经营快餐连锁的百胜餐饮的例子里得到了说明。

■ 例8-11　无杠杆股本回报率：百胜餐饮

2009年12月31日，百胜公布的权益比率仅有15.5%。通过这种极端的高杠杆，该公司取得了91.3%的净资产收益率。事实上，百胜餐饮的盈利能力非常好，但由于过低权益资本的会计影响，公布的净资产收益率显得过于夸张！

通过采用上述公式（基于平均为54.3%的资本支出指标）进行修正后，可以得到金额相同的合理股东权益比率。用这个比率乘以71.48亿美元的资产负债表总额，得到的就是38.81亿美元的名义股东权益资本。基于10.71亿美元的利润，这就相当于27.6%的非杠杆净资产收益率，或2.3个点的市盈率溢价。

> **估值含义**：盈利能力越强，估值就越高。如果一家企业在没有利用任何特别杠杆的情况下，取得了平均水平的净资产收益率，那么，它就应该得到相应的估值溢价。表8-22列示了估值的关键参数。

表 8-22 非杠杆净资产收益率和市盈率溢价

非杠杆净资产收益率	倍数	非杠杆净资产收益率	倍数
0~5	0.3	18~21	1.5
5~7	0.5	21~25	1.7
7~10	0.7	25~27	2.0
10~12	0.9	27~30	2.3
12~15	1.1	30+	2.5
15~18	1.3		

就市场地位和盈利能力而言，市盈率的总体溢价可以相应地通过这两个因素的乘积获得。如果一家企业获得了3个市盈率点的市场地位溢价，并取得了相当于1.5个市盈率点的非杠杆净资产收益率，那么，整个溢价就是4.5个市盈率点（即3×1.5）。

增长率

增长率是与市盈率相关的最重要的决定性因素。不过，因为快速增长的企业多半都是处在新的且难于评估的市场，所以，高增长率在很多情况下是与上升的风险联系在一起的。此外，增长率通常是最容易出错的估值成分，应该谨慎地挑选。通常，即便是在一个滞涨的市场上，企业至少应该有能力依据通胀率调整价格。如果不是这样，那么，价格一涨，销售额就会停滞，随之而来的是利润率和利润额的下降。一般来说，处在预期通胀水平的最低增长率之上，应该是合理的长期投资的前提条件。

如何准确定义增长的范畴，有几个相关的问题：人们是应该采用销售额增长率，还是利润增长率？应该考虑哪种时间框架？如何正确地评估未来的预期？

公司估值的原则告诉我们，企业的估值应该总是保守一点，如果有疑问，就选定预期价值区间的低端值。通过这种做法，在某些情况下，有些被低估的企业可能会被忽略掉，但能规避高估企业潜力，进而高估企业价值的失误。

未来前景的评估是建立在市场和竞争分析（前面已经介绍过）的基础上。因为很高的年增长率仅能出现于几年的时间（由于基数效应），所以，评估应该选择至少5年的时间框架。对历史数据的推导会给实际的增长潜力一个初步的指引。

不过，当你获得了两位数的增长率时，就应该慎重对待了。为了避免不现实的指数级增长率，你需要采用增长抑制因子或类似的数学方法。因此，建议在考虑增长率时，要结合产品的生命周期。在早期阶段，新兴产品和市场会表现出很高的增长率，但这个增幅会逐渐下降，直到它们达到饱和，并最终被替代品或创新品所取代。

利润增长率应该优于销售额增长率，因为，首要的是要确定市盈率，其次，若销售额的上升没能带来随后利润的增长，那么，它最终对公司内在价值不会有正面影响。这里有一个很重要的验证点：在多大程度上，增长的效应能够按照每股水平实际到达股东之手。因此，完全稀释的每股利润增长率是个相关的增长指标。就这种计算而言，采用每股稀释的利润很重要，因为，对于股东而言，只有在总股份数不增加的情况下，利润的增长才有意义！

在太阳能行业和其他高增长领域，许多公司显示出了这种发展特征。虽然在金融危机前它们的销售额能以很高的速率增长，但发行在外的股票数量也增长，因为需要通过发行新股为增长提供资金。换言之，增长的成本来自大额的运营资本需求和资本投资，这些都必须在增长分析中予以考虑。

一个可比照的例子是易趣（eBay）：这家企业的现金流生成能力很好，商业模式本身是轻资产型。因此，该公司能够通过内部为自身的增长提供资金，使股东能够全面地分享它的增长效应。

鉴于这些复杂性，没有一个全面一致的增长估值法，类似"利润10%的增长相当于X个市盈率点"。原则上，你可以说：所需的投资增幅越小，就可以视为价值创造的越多。量化增长溢价的一种方式是：在一个增幅各异的市场上，分析一些企业的市盈率值。

表8-23给出了即期增长溢价的一览表。应该把这些数值仅仅视为初始的指标。然后，再一个企业一个企业地做实实在在的估值，因为必须借助于盈利能力、资本收益率和现金流的生成能力，来考虑增长情况。

表 8-23 增长率和相应的市盈率溢价

增幅	市盈率溢价	评论
<0%	<0	程度取决于利润下降的期限和速率
0%~3%	0~0.5	相当于通胀水平的增幅
3%~5%	0.5~1	慢但稳定的增长
5%~7%	1.0~2.0	略微高于均值的增幅
7%~10%	2.0~3.0	高于均值的增幅
10%~15%	3.0~4.0	高增长，每5年翻番
15%~20%	4.0~5.0	非常高的增幅，每4年翻番
20%~25%	5.0~6.0	异常的增幅，每3年翻番

历史的估值倍数是一个良好的起点。如果一家公司由于利润的下降，其市盈率从20下降到了15，而其他的影响因素（如市场地位和资产负债表质量）却保持不变，那么，可以直接量化利润的增长值。

为了评估内含于这个价格的增幅，可以使用市盈率与增长率比率（前一章介绍过）。不过，由于市盈率与增长率比率的推导能力有限，只能把它当作补充的估值工具用。这里应该用年复合增长率计算利润增幅。这个比率反映了一个数列的年度增幅。

$$年复合增长率_{年1;年n} = \left(\frac{年n的利润}{年1的利润}\right)^{\frac{1}{n-1}} - 1$$

如果一家公司2005年获得了800万美元的利润，2010年获得了2000万美元利润，那么，根据年复合增长率公式，它的年增长率为20.1%。

$$年复合增长率 = \left(\frac{20}{8}\right)^{\frac{1}{5}} - 1 = 0.201 = 20.1\%$$

在指数上的数值5是年份相减的结果（2010-2005=5）。在应用这个比率时，重要的是要用合理的时间段。例如，在推导历史数据时，年复合增长率会被基数效应和对实际增幅的高估所扭曲（见表8-23）。

完整的计算：一家基础市盈率为8个点的虚构公司，优异的财务稳定性（2个点），垄断的市场地位和30%的非杠杆净资产收益率（2.5×3.0=7.5个点）以及25%的年增幅（6个点），因此得到了23.5个点（8+2+7.5+6）的公允市盈率。

独特性

每个企业都不同,需要做单独的分析。

表面上的观察显示,对于特质和特征,好像没有足够的腾挪空间,特别是在这种"基本构成要素模块体系"中。如果一家企业由于高流动性或某些固定资产,而被视为并购对象,那么,这会对其股价产生正面影响。如果能够确信所评公司的利润预期(如存在着长期合同),那么,也是可以加分的。如果企业有相当数量的净现金贮备在手(无须用于日常经营),那么,它们可以加回到每股的公允价值里,或,应该相应地提高公允市盈率。

每股利润

计算每股公允价值的公式由两个成分构成:公允市盈率和每股利润。有关用哪种利润来做这种计算的决策对估值有关键影响。股市总是用未来的眼光评估公司价值,所以,采用每股当期利润的意义相当有限。因此,就一个精准的计算而言,你应该采用来年的每股预估利润。

评估者不要依赖分析师的评估数据,而应该基于自己的分析。每股利润需要做调整,尤其是针对特别科目和一次性非现金科目。此外,对于这种计算,应该用净利润除以完全稀释的股份数量,以获得每股收益。应用这个方法把股份期权或未偿可转换债券的扭曲影响,直接包括在考虑范畴之内。

$$每股利润 = \frac{调整过的净利润}{稀释过的股份数量}$$

■ 例 8-12 公允市盈率:劲量公司

采用这个方法,公允市盈率的构成如下:

- 基础市盈率
- 财务实力
- 市场地位和净资产收益率
- 增长前景
- 独特性因素

这里将用美国消费品公司劲量作为实例，来解读这个方法。

鉴于良好的产品组合（诸如下述品牌产品：舒适剃须刀、劲量电池和倍儿乐婴儿用品）以及稳健的现金流与资产负债表数据，可以设定一个最低8倍的市盈率。在2012年年底，劲量公布的权益比率是30.7%，净资产负债比率为87.6%。这些数据所指向的财务稳定性低于预期。不过，以不到20%的资本支出比率，该公司能创造大额的自由现金流。鉴于这些比率所占分数最高不超过2分，应该能给1个点的市盈率。

劲量在市场上面临很强的竞争，但由于较高的品牌知名度，它设法维系了相当高的利润率。现有市场参与者的竞争可以描述为较强，但还不是很严峻（波特分2分）。在个人护理和家居领域，由于终端消费者很高的品牌意识，市场新进入的威胁较低（波特分4分）。

由于众多原材料提供商面对有限的几个类似于劲量和宝洁这种客户，所以，供应商的谈判能力有限（波特分4分），但客户的谈判能力很强。在这个例子里，要考虑的不是终端客户（即消费者），而是诸如沃尔玛这类大型零售商，要看与它们的价格谈判能力（波特分2分）。

最后，劲量在个人护理业务上，替代品的威胁相当低，但在家居部分（电池）的替代性很高。因此，这里给3分波特分是合理的。

总的而言，劲量得到了15分，意味着处在均值的良好市场地位。这个分数也得到了15%的息税前利润率的佐证——正好是同一类别的利润率。

基于这个评估，2个点的市盈率溢价是有道理的。

一个坚实的市场地位本身并不足以成为一家公司对投资者的吸引力。这类公司还需要把它的市场能力转化为实际的利润。为了细究这种转变是否会发生，应该计算调整过的或非杠杆净资产收益率（早先简述过）。基于2012年的数字和该公司20%的长期资本支出指标比，可得到下述的非杠杆净资产收益率：

$$非杠杆净资产收益率 = \frac{净利润}{资产负债表总额 \times 资本支出指标比}$$

$$非杠杆净资产收益率 = \frac{408.9}{6731.2 \times 20\%} = 30.4\%$$

这个非常高的比率说明：该公司能够利用很少的资本创造较高的利润。依据早前呈现的表 8-22，30% 的非杠杆净资产收益率等于 2.5 的倍数。2 个点的市场地位之市盈率溢价，乘上 2.5 倍的盈利能力，得到这两个头寸的市盈率溢价总数是 5。

在过去 5 年，该公司取得的每股利润复合增长率仅为 1.4%。不过，在过去 3 年，则取得了 4.2% 的复合增长率。往未来看，公司将得益于计划中的成本节省之策，每股利润 4%~5% 的增长率似乎是合理的。这相当于市盈率溢价为 1。

把所有的加总起来，可得到一个公允的 15 倍的市盈率。为了计算每股的公允价值，我们需要预测来年的每股利润。采用每股 7 美元的预期，这个公允价值的评估值应该是 105 美元 (15×7 美元)。

■ 例 8-13　公允市盈率：谷歌

在美国，谷歌公司 (Google Inc.) 在互联网领域拥有一个最具统治性的市场地位。这里把该公司的基础市盈率倍数设为 8。在 2012 财年结束时，该公司公布的权益比率是 76%，净现金头寸（现金总额减去金融负债）是 425 亿美元。因此，它的财务稳定性获得了 2 个市盈率点。

- 供应商的谈判能力：不存在。谷歌的原材料（数据）大多由网络用户免费提供，由谷歌的搜索算法爬取和解读。觉察不到供应商的谈判能力。(5 分)
- 客户的谈判能力：低。广告客户的首要目的是渗透率的最大化，其次，是到达正确的受众。在线广告市场非凡的市场份额，以及信息的搜索解读实力，给了谷歌这个方面远胜于竞争对手的优势。(5 分)
- 新进入者威胁：中等。美国市场上微软的"必应"，还有中国和俄罗斯的搜索引擎，在各自市场上，都给谷歌带来了迫在眉睫的竞争。然而，谷歌通过优越的市场地位、长期的客户关系和完美的搜索算法，为自己维系着这种地位。虽然如此，脸谱的出现还是证明了谷歌在社交媒体和搜索领域的不足。(4 分)

- 替代品的威胁：低。的确，在互联网这个市场上，你无法排除革命性技术的出现，但在目前的时点上，对于谷歌的技术和商业模式，还没有可见的替代品。（5分）
- 竞争强度：见新进入者威胁。（4分）

卓越的市场地位反映在了波特分里：谷歌取得了23分波特分。在2012财年，该公司高于均值25%的息税前利润率佐证了这个分值。因此，相关的溢价是3.5点，超过了实际的有效区间。过去3年的资本投资指标比是32%（包括了并购，因为这些被并购公司是这个商业模式的一部分），2012年的净利润是107亿美元——总的净利润余额是937亿美元，由此得到的非杠杆净资产收益率是35.6%——它可获得2.8个点的溢价。所有的加起来，这个市场地位和盈利能力的溢价是9.8（3.5×2.8=9.8）个点。

2007~2012年，每年每股稀释利润的增幅为19.4%。然而，对于那样一个规模的企业，从中期看，20%的地区增幅实际上是不可能的。例如2010~2012年，它的每股增幅则是一个较温和的10.8%。因此，未来现实的利润增幅溢价是3个点。

这个分析总计的合理市盈率是22.8倍。

这个数值看起来很高，但鉴于该公司的独特的经济特征，还是说得过去。可把该公司425亿美元的净现金头寸，看作是一个企业个性的因素表征。在这种情形下，每股净资金头寸需要加到最终的每股公允价值里。例如，如果你预期2013年谷歌的每股利润增长10%，达到每股利润35.54美元，而每股的净现金头寸是127.89美元，那么，依据公允市盈率法，算出的每股公允价值为：

$$每股公允价值 = 22.8 \times 35.54 + 127.89 = 938.20 美元$$

相比于2013年年底谷歌850~1000美元的每股价格，这个每股公允价值没有构成足够的安全边际，不能说明此时投资的合理性，但该公司的估值还是处在公允的区间内。在这个计算里，关键的是要定期更新增长因子和每股利润的预测，因为这些因子通常是这种方法中变化最快的成分。

关键赋值

在这一节，将把定量的比率分析结果和定性的市场和商业分析结果结合在一起。结果是按照修正倍数法所求得的企业估值。

相比于贴现现金流模型，整体上，这种估值方式的理论性稍弱，但的确是一个实用的方法。由于不存在精确的公司价值，内在价值仅仅是一个近似值——有几种方式可以达到。贴现现金流模型求出精确的公司价值（并不意味着它是正确的），而修正倍数法得到的是一个可选的公司价值。最理想的做法是：贴现现金流模型的结果、倍数法的结果和其他方法的结果可以相互验证补充，以确定最终的公司价值。

确定合理市盈率的路径（已经用表格和例子予以说明）不应该理解为像烹饪书籍中的食谱，因为这些细节只能作为标准化前的初始指引。因此，应把这一节视为公司估值的起点。只有在广泛地结合业务、管理、行业和竞争后，精确的公司价值才会浮现。

鉴于上述内容，如果只是把市场地位、盈利能力和增长率等因子塞进数学公式中，结果是可想而知的。这些表格所列的数值一方面是通过实证的方法求得，另一方面是直觉所致，但重要的是：在分析何为合理溢价的过程中，要逐渐形成一种自己的感觉。特别是对增长因子，这尤其重要。

虽然快速增长的企业不挣钱，而且只能通过增加更多的资本才能得到增长所需资金，但投资者都有心理准备，会定期以高价投入，助推这种增长。

如果市场过热，用于估值的未来预期增长率往往较高——在多数情况下，结果都是追悔莫及！在类似这样的环境里，投资者需要持续不断地确保不要让那些假设超出理智范围。此外，还需要考虑公允市盈率的第二个成分（每股利润）。

通过会计效应和"利润管理"，可以在短期内增加每股利润，例如通过推迟投资——这样可降低折旧和增加利润。另一种方式是过度回购股份——在增加每股利润的同时，也意味着无法进行重要的潜在投资。必须记住这种管理层可操控的短期空间，而且，在出现负面结果的情况下，它还会表现在股价里。

8.2.2 公允市净率法

这一节的目标是确定公司的公允市净率。这个比率定义面值（即股东权益）之上的溢价大小，取决于盈利能力和风险情况。

第7章的相关内容已经让我们熟悉了市净率对已获净资产收益率的依赖性。这种依赖性说明这两个因素之间存在着关联性，因为净资产收益率高的企业，其面值的增长速度要快于不挣钱的企业。就公允价值而论，它的市场价值会随着净资产收益率的上升而增加——前提是风险水平不变。市净率对这种关系的数字表述方式是：股东权益的市场价值与其面值之比。

在预测企业未来发展和盈利状况（同时考虑企业的具体股东权益成本）时，可以得到相关的市净率级别分类——无论某一特定市净率是否真实反映了正确的估值水平。依据市净率方法，股票的公允价值可以计算如下：

$$股票公允价值 = 预期每股面值 \times 公允市净率$$

因此，每股面值20美元且合理市净率3倍的公司，它的每股公允价值是60美元。

公允市净率的理论求解

公允市净率的求解既有理论的方式，也有实践的方式。这个小节将从理论性、基础性的思考开始，然后，再用实践法予以验证。

基于前几章的内容，这里给出公允市净率求解模型的基本假设：净资产收益率和市净率呈正相关性。换言之，随着企业能力的上升，股东权益的公允估值也会上升。由于面值（等于资产负债表的权益）的增长率完全等同于净资产收益率，这两个数值之间一定有关联。此外，净资产收益率的赋值必须背对相关的权益成本进行。

资本资产定价理论的核心模型——证券市场线，阐述的是有效投资组合的预期风险和收益的组合。略去其他，只考虑这条线的形状，这一小节主要是确定净资产收益率与合理市净率之间的函数关系。为了得到这种"证券市场线"，必须知道其中的两个点——借此，可以解读整条线。为了达到这个目的，这一小节聚焦于两个问题。

（1）净资产收益率为何值时，市净率正好等于1，即股票市值（股东权益）正好处在面值上？

(2) 净资产收益率为何值时,市净率正好等于 2,即股票市值(股东权益)正好两倍于面值?

在净资产收益率等于权益成本时,公司的交易价格等于其面值。在这种情形下,产生的收益正好等于股东要求的收益。在这种情况下,随意赋予一个溢价(市净率大于 1)或施加一个折扣(市净率小于 1)的做法,都是不对的,因为从股东的角度看,公司完全满足了最低收益率要求。类似地,息票率(即净资产收益率)等于市场利率(即权益成本或必要净资产收益率)的债券,其交易价格正好等于面值或名义价值。

第二个点的确定要更复杂些。这里的简单假设是:净资产收益率的翻番引起市净率的点在正确的方向上的翻番。但它忽略了复利的效应。由于这个效应,净资产收益率不成比例的低增长,足以得到一个 2 倍的市净率。这里用一个类比的例子,以 10% 的利率,期限为 10 年的 100 美元投资,到期后,就变成了 259 美元,若利率是 20%,则变成了 619 美元,也就是远超过了翻番。

若净资产收益率处在某个值时,合理的市净率为 1,那么,如果净资产收益率翻番的话,相应的市净率必然大于 2。表 8-24 给出了哪个净资产收益率(在某个固定的权益成本上)会带来市净率的翻番。

表 8-24 翻番利率

持续的复利率	终期金额	翻番利率	持续的复利率	终期金额	翻番利率
5.0%	$1.051	9.76%	13.0%	$1.139	24.50%
6.0%	$1.062	11.66%	14.0%	$1.150	26.28%
7.0%	$1.073	13.54%	15.0%	$1.162	28.04%
8.0%	$1.083	15.41%	16.0%	$1.174	29.79%
9.0%	$1.094	17.26%	17.0%	$1.185	31.53%
10.0%	$1.105	19.09%	18.0%	$1.197	33.25%
11.0%	$1.116	20.91%	19.0%	$1.209	34.96%
12.0%	$1.127	22.71%	20.0%	$1.221	36.66%

这张表在第二栏显示的是以第一栏展示的利率计的一美元持续复利的终期金额。第三栏给出的是获得第二栏数值增长翻番所需的利率。

例如以 10% 的利率,经过一个特定时期,一美元按持续的复利累积会增加到 1.105 美元,如同第 6 行所示。为了使这部分新增的 10.5 美分翻番,需要一个19.1%的不变利率——基于这个利率,这个初始的美元就会变为1.21美元（$e^{0.191}=1.21$）。简单地说,19.1%的利率要比10%的利率"好两倍"。

假设所涉公司的权益成本正好是10%；如果它的净资产收益率是10%,那么,该企业股票就是以1倍的市净率进行交易的；如果它的净资产收益率提升到19.1%,那么,该企业股票就是以2倍的市净率进行交易了。

相比之下,如果一家企业的权益成本低至8%,那么,该企业股票也可以按其面值进行交易,但它的净资产收益率必须是8%。根据这个表的内容,对于8%的翻番值处在接近15.4%之处（第3栏）。在15.4%的净资产收益率上,这个企业的估值是其面值的2倍。因此,你可以说：

（1）如果企业的净资产收益率等于它的权益成本,那么,该企业的价格就是按其面值进行交易的。

（2）如果它的净资产收益率等于其权益成本的"翻番值",那么,该企业的价格就是以2倍的市净率进行交易了。

因此,用于确定公允市净率所需的公式必须包括两个成分：净资产收益率和权益成本。正如已经所述的那样,权益成本的构成是无风险利率加风险溢价,因此,利率水平的变化间接地影响权益成本,并进而影响公允市净率。净资产收益率越高且权益成本（即风险）越低,面值之上的合理溢价就越高。就每个既定权益成本水平,现在可以计算出净资产收益率和市净率的匹配组合。适用于上述权益成本为8%的公司,你现在可以说：

净资产收益率 = 8.0% ⟷ 市净率 = 1

净资产收益率 = 15.4% ⟷ 市净率 = 2

现在已经知晓了两个点,可以采用市净率和净资产收益率的对应组合,画出一条直线。表8-25给出了满足下述条件,且基于公允市净率方法的合理估值的一览表：权益成本处在5%~20%（竖行）⊖,而净资产收益率在5%~50%（横行）⊜。这张表包括了这两个因素任意组合的市净率估值。

⊖ 原文为"7%~20%",疑有误,应为"5%~20%"。——译者注

⊜ 原文为"7%~40%",疑有误,应为"5%~50%"。——译者注

第8章 公司估值 243

表8-25 取决于净资产收益率和权益成本的公允市净率

权益成本(%)	净资产收益率(%)																								
	5	6	7	8	9	10	11	12	13	14	15	16	17	18	19	20	21	22	23	24	25	26	27
5	1.0	1.2	1.4	1.6	1.8	2.1	2.3	2.5	2.7	2.9	3.1	3.3	3.5	3.7	3.9	4.2	4.4	4.6	4.8	5.0	5.2	5.4	5.6
6	0.8	1.0	1.2	1.4	1.5	1.7	1.9	2.1	2.2	2.4	2.6	2.8	2.9	3.1	3.3	3.5	3.7	3.8	4.0	4.2	4.4	4.5	4.7
7	0.7	0.8	1.0	1.2	1.3	1.5	1.6	1.8	1.9	2.1	2.2	2.4	2.5	2.7	2.8	3.0	3.1	3.3	3.4	3.6	3.8	3.9	4.1
8	0.6	0.7	0.9	1.0	1.1	1.3	1.4	1.5	1.7	1.8	1.9	2.1	2.2	2.4	2.5	2.6	2.8	2.9	3.0	3.2	3.3	3.4	3.6
9	0.5	0.6	0.8	0.9	1.0	1.1	1.2	1.4	1.5	1.6	1.7	1.8	2.0	2.1	2.2	2.3	2.5	2.6	2.7	2.8	2.9	3.1	3.2
10	0.4	0.6	0.7	0.8	0.9	1.0	1.1	1.2	1.3	1.4	1.6	1.7	1.8	1.9	2.0	2.1	2.2	2.3	2.4	2.5	2.7	2.8	2.9
11	0.4	0.5	0.6	0.7	0.8	0.9	1.0	1.1	1.2	1.3	1.4	1.5	1.6	1.7	1.8	1.9	2.0	2.1	2.2	2.3	2.4	2.5	2.6
12	0.3	0.4	0.5	0.6	0.7	0.8	0.9	1.0	1.1	1.2	1.2	1.3	1.4	1.5	1.6	1.7	1.8	1.9	2.0	2.1	2.2	2.3	2.4
13	0.3	0.4	0.5	0.6	0.6	0.7	0.8	0.9	1.0	1.1	1.2	1.3	1.3	1.4	1.5	1.6	1.7	1.8	1.9	2.0	2.0	2.1	2.2
14	0.3	0.3	0.4	0.5	0.6	0.7	0.7	0.8	0.9	1.0	1.1	1.2	1.2	1.3	1.4	1.5	1.6	1.7	1.7	1.8	1.9	2.0	2.1
15	0.2	0.3	0.4	0.5	0.5	0.6	0.7	0.8	0.8	0.9	1.0	1.1	1.1	1.2	1.3	1.4	1.5	1.5	1.6	1.7	1.8	1.8	1.9
16	0.2	0.3	0.3	0.4	0.5	0.6	0.6	0.7	0.8	0.9	0.9	1.0	1.1	1.1	1.2	1.3	1.4	1.4	1.5	1.6	1.7	1.7	1.8
17	0.1	0.2	0.3	0.4	0.4	0.5	0.6	0.7	0.7	0.8	0.9	0.9	1.0	1.1	1.1	1.2	1.3	1.3	1.4	1.5	1.5	1.6	1.7
18	0.1	0.2	0.3	0.3	0.4	0.5	0.5	0.6	0.7	0.7	0.8	0.9	0.9	1.0	1.1	1.1	1.2	1.3	1.3	1.4	1.4	1.5	1.6
19	0.1	0.2	0.3	0.3	0.4	0.4	0.5	0.6	0.6	0.7	0.7	0.8	0.9	0.9	1.0	1.1	1.1	1.2	1.3	1.3	1.4	1.4	1.5
20	0.1	0.2	0.2	0.3	0.3	0.4	0.5	0.5	0.6	0.6	0.7	0.8	0.8	0.9	0.9	1.0	1.0	1.1	1.2	1.2	1.3	1.4	1.4
	28	29	30	31	32	33	34	35	36	37	38	39	40	41	42	43	44	45	46	47	48	49	50
5	5.8	6.0	6.3	6.5	6.7	6.9	7.1	7.3	7.5	7.7	7.9	8.1	8.4	8.6	8.8	9.0	9.2	9.4	9.6	9.8	10.0	10.2	10.5
6	4.9	5.1	5.2	5.4	5.6	5.8	5.9	6.1	6.3	6.5	6.7	6.8	7.0	7.2	7.4	7.5	7.7	7.9	8.1	8.2	8.4	8.6	8.8
7	4.2	4.4	4.5	4.7	4.8	5.0	5.1	5.3	5.4	5.6	5.7	5.9	6.0	6.2	6.4	6.5	6.7	6.8	7.0	7.1	7.3	7.4	7.6
8	3.7	3.8	4.0	4.1	4.2	4.4	4.5	4.6	4.8	4.9	5.1	5.2	5.3	5.5	5.6	5.7	5.9	6.0	6.1	6.3	6.4	6.5	6.7
9	3.3	3.4	3.5	3.7	3.8	3.9	4.0	4.1	4.3	4.4	4.5	4.6	4.8	4.9	5.0	5.1	5.2	5.4	5.5	5.6	5.7	5.8	6.0
10	3.0	3.1	3.2	3.3	3.4	3.5	3.6	3.8	3.9	4.0	4.1	4.2	4.3	4.4	4.5	4.6	4.7	4.9	5.0	5.1	5.2	5.3	5.4
11	2.7	2.8	2.9	3.0	3.1	3.2	3.3	3.4	3.5	3.6	3.7	3.8	3.9	4.0	4.1	4.2	4.3	4.4	4.5	4.6	4.7	4.8	4.9
12	2.5	2.6	2.7	2.8	2.9	3.0	3.1	3.2	3.3	3.4	3.4	3.5	3.6	3.7	3.8	3.9	4.0	4.1	4.2	4.3	4.4	4.5	4.5
13	2.3	2.4	2.5	2.6	2.7	2.8	2.8	2.9	3.0	3.1	3.2	3.3	3.3	3.4	3.5	3.6	3.7	3.8	3.9	4.0	4.0	4.1	4.2
14	2.1	2.2	2.3	2.4	2.5	2.5	2.6	2.7	2.8	2.9	2.9	3.0	3.1	3.2	3.3	3.3	3.4	3.5	3.6	3.7	3.8	3.9	3.9
15	2.0	2.1	2.2	2.2	2.3	2.4	2.5	2.5	2.6	2.7	2.8	2.8	2.9	3.0	3.1	3.1	3.2	3.3	3.4	3.5	3.5	3.6	3.7
16	1.9	2.0	2.0	2.1	2.2	2.3	2.3	2.4	2.5	2.5	2.6	2.7	2.7	2.8	2.9	3.0	3.0	3.1	3.2	3.3	3.3	3.4	3.5
17	1.8	1.9	1.9	2.0	2.1	2.1	2.2	2.3	2.3	2.4	2.5	2.5	2.6	2.7	2.7	2.8	2.9	2.9	3.0	3.1	3.1	3.2	3.3
18	1.7	1.7	1.8	1.9	1.9	2.0	2.1	2.1	2.2	2.3	2.3	2.4	2.4	2.5	2.6	2.6	2.7	2.8	2.8	2.9	3.0	3.0	3.1
19	1.6	1.6	1.7	1.8	1.8	1.9	2.0	2.0	2.1	2.1	2.2	2.3	2.3	2.4	2.4	2.5	2.6	2.6	2.7	2.8	2.8	2.9	2.9
20	1.5	1.5	1.6	1.7	1.7	1.8	1.8	1.9	2.0	2.0	2.1	2.1	2.2	2.3	2.3	2.4	2.4	2.5	2.6	2.6	2.	2.7	2.8

基于这张表，原则上可以开始初步估值（仅确定净资产收益率和权益成本）。

如同你从这个表中所看到的那样，如果权益成本和净资产收益率一样的话，那么，市净率永远等于1。如果一家公司的权益成本是18%，但仅取得了10%的净资产收益率，那么，处在市净率为0.5的水平，合理的估值明显会低于公司面值。

相比较，如果权益成本为9%的企业却有23%的净资产收益率，那么，根据上述表格的相关数据，它的公允市净率就是2.7——在这种条件下的企业，是按照其权益基数的倍数估值的，因为它能够以很高的速率增加权益，而几乎不会带来风险。

就像这个例子一样，已知市净率为1和2的净资产收益率，所以，市净率和净资产收益率的趋势线（也是这张表内容的基础）可以采用下述公式予以正式的确定。

$$公允市净率 = \frac{翻番值 - 2 \times 权益成本 + 净资产收益率}{翻番值 - 权益成本}$$

可用稍稍复杂一点的公式，计算翻番值：

$$翻番值 = \ln(((e^{COE} - 1) \times 2) + 1)$$

不过，在上述表格中寻找这个值会快得多，因为该表给出了权益成本处在5%和20%之间的翻番值。

本书的目标是不用复杂的公式，来传递公司估值的基本概念。乍一看，这个数学方法似乎与这个目标相逆，但在厘清了相关的基本概念后，这个模型会显现出特有的魔力，因为它仅需要净资产收益率和权益成本的知识。这里需要指出的是：迄今为止，这个模型没有在其他任何地方发表过。

为了确定公允市净率，需要下述数据。

(1) 可持续的净资产收益率。

(2) 权益成本（以及它的一个成分：无风险利率）。

可持续的净资产收益率的正式计算方法与通常的净资产收益率一样，即用利润除以股东权益。由于特别好或特别差的年份会扭曲净资产收益率，所以，可持续的净资产收益率应该反映现实的中期盈利能力。

就周期性企业而言，要考虑整个业务周期净资产收益率。相比较，在评估增长快速的年轻企业时，应该采用现实的中期净资产收益率（即快速增长期后的净资产收益率）。商业模式坚实的企业往往具有相对稳定的净资产收益率——可直接从它们的财报获取。

可以根据销售渠道的区域情况，采用10年期政府债券收益率，计算无风险利率。例如，如果一家企业销售额的80%在英国，20%在美国，那么，政府债券收益率就应该根据这些比例的权重计算。万一政府债券没有无风险类别，你可以用稳健债权人债券的收益率。

最难量化的是权益成本这个影响因素。建议不要用CAPM理论计算权益成本，而是采用8-1节介绍的替代模型。根据这个替代模型，权益成本是下述的两项之和：无风险利率；公允市盈率的倒数（剔除增长成分）。

$$权益成本 = 无风险利率 + \frac{1}{公允市盈率}$$

或选择：

$$权益成本 = 无风险利率 + 必要初始收益率$$

如果无风险利率是3%且公允市盈率是18减去3倍的溢价（增长因子），那么，所得的权益成本是：

$$权益成本 = 0.03 + \frac{1}{18-3} = 9.7\%$$

估算足量权益成本的另一个有用的工具是关注市场本身：2010年年底，对实际观察到的净资产收益率和市净率的分析结果是8.5%~10%的权益成本均值。这个结果是把市净率设为1的情况下，根据实际净资产收益率回归实际市净率的所得。

这个均值可以当作单个企业权益成本的基础值。这样只要能确定一家企业的风险是高于还是低于市场均值就行，就能通过它算出具体的权益成本。例如像雀巢这类非常稳健的企业，应该得到一个低于均值10%的权益成本，而风险高于均值的企业应该有一个高于10%的比率值。

在所有的成分确定后，可以确定公允市净率，即把这些数值带到公式里就行了。表8-26把三家企业的这些数值与不同特征的净资产收益率进行比较。

表8-26 三家企业的数据概览

企业	净资产收益率	权益成本
企业A	20%	10%
企业B	19%	9%
企业C	15%	7%

企业A的公允市净率现在可以按下述方法确定：

$$公允市净率 = \frac{0.191 - 2 \times 0.10 + 0.20}{0.191 - 0.10} = 2.1$$

就企业B和C而言，它们俩的所得数值都是2.2。令人惊讶的是，有着最高净资产收益率的企业A，竟然得到的是最低的公允估值！原因是企业A高企的权益成本。在相对低的盈利能力之上，企业C的权益成本较低。这张表格说明：就估值而言，重要的不是绝对数字，而是净资产收益率与权益成本的比例。一家很挣钱但风险迫在眉睫的企业，未必配受高估值。

通过理论推导出的这个公式，特别适于估值增长稳定且扎实的企业。如果净资产收益率表现出了很高的波动性，采用这种方式估值只是在一定程度上可行。

上述内容说明下述表达方式根据不足："如果一家企业的交易价低于其面值（市净率<1），那么，这家企业就有吸引力"。合理的市净率绝对取决于净资产收益率与权益成本的比例（不考虑清算的情景），而与市净率数值大于还是小于1无关。

公允市净率的实践求取法

通过分析真实观察到的市场数据，可以验证理论推导的公允市净率公式。为了从市场上获得合理的权益成本数字，你需要看上市公司净资产收益率和对应的市净率。这个分析是基于2013年标普500指数成分股的数据，其中展现了这些公司的估值倍数和盈利能力数据（经过充分公允评估）。

此外，由于市场上的大盘股公司受到广大市场参与者的密切关注，所以，它们所属市场的效率应该是足够高了。基于这个市场上实际观察到的净资产收益率与市净率比价的比较,再通过回归分析的方式,应该可以在它们之间建立起一种正式的关系。

图 8-2 显示了标普 500 指数成分股的净资产收益率和市净率(修正过极端数据)。这个大样本给出了相对可靠的回归——52.9% 的相关系数 R^2,突出了净资产收益率和市净率之间很强的基础性关联。现在可以用这个回归公式评估理论的结果。下述的回归公式产生于上述图表内容:

$$净资产收益率 = 0.035 \times 市净率 + 0.0615$$

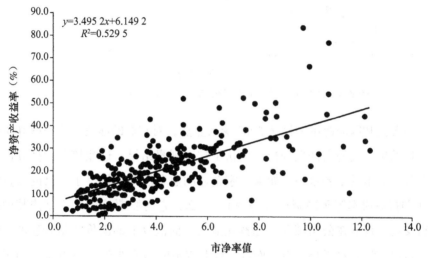

图 8-2　标普 500 指数成分股:市净率 VS 净资产收益率

采用富时 100 指数内含的消费品公司,给出了如图 8-3 所示的这种关系。以 83.9% 的 R^2 和一个更合理的 y-截距,这个公式的契合度更好,至少对非周期性的高品质公司而言,如此。

$$净资产收益率 = 0.054 \times 市净率 + 0.029$$

这个结果提出了一个有趣的问题:若要一家公司的估值正好等于它的面值,需要多大的净资产收益率?按市净率为 1 求解这个公式,得到的就是已经提到过的 8.5%~10% 的数值区间。因此,平均而论,对于净资产收益率处在 9%~10% 的企业,它的交易价格等于它的面值,而对于高品质公司,低至 8.5% 的净资产收益率也足以得到一个等于面值的估值。

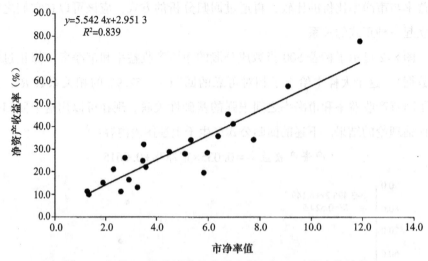

图8-3 富时100指数消费品公司：市净率VS净资产收益率

在美国和欧洲范围内挑选5000家大企业，对它们的净资产收益率和市净率所做的更广泛的实证性分析，确认了这个观察结果。这能使我们推导出市场上权益成本的主要水平。如果一家企业的盈利能力正好等于自己的权益成本（即权益成本等于净资产收益率），那么，它的股票价格就应该按其面值进行交易。仅有在公司赚到了超额收益时，面值以上的溢价才是合理的。因此，可以假设：对于整个市场而言，权益成本的均值处在9%~10%。为了验证这个数字，下一个小节将会分析一直到股本金的各类风险证券的收益率。

附录：各种资金的收益率要求

为了确定不同证券的必要收益率，按不断增加的风险水平顺序，比较下述证券类别的必要收益率：

- 政府债券
- 优先级债券
- 次优级债券
- 混合债券与一级债券
- 股东权益（股本金）

发达国家（诸如德国、瑞典、英国或美国）的政府债券利率，通常用来确定各自货币的无风险利率。2013 年年底，这种利率在 2%~3% 之间，大致等于 10 年期政府债券的收益率。由于无风险利率也会随时间而发生波动，所以，应该定期予以调整。在过去的 50 年间，无风险利率的波动框架在 2%~10% 之间，这意味着静态考虑无风险利率是有问题的。

下一个级别的风险体现在有担保和无担保优先债券——由于优先级之故，它们的风险较低。在破产的情况下，优先级高的负债享有的优先权要高于优先级低的负债（如次优负债）。处在优先级层面的稳健型公司债券，通常在无风险利率之上的溢价幅度为 0.5%~2.5%，具体数值取决于所处经济周期。

随后的次优债券层级除通常的次级债之外，还包含混合资本和一级资本。这些债券通常的利率和收益率要高于优级债券，但在破产的情况下，它们享有的优先级较低。混合资本和一级资本内含一些具体的特性，如利息偿付和净利润之间的关联，及以冲减面值的方式承担潜在亏损等。

由于这些特性，次优债券非常类似股东权益的经济属性（取决于这些特性的程度高低），而且，由于这个缘故，信誉评级机构和监管者把它们部分视作法定资本或股本金，也因为这些负面特性，这些债券的平均利率要高出优先级债券 2%~3% 的幅度。在纯粹的一级债券或不公开的合伙企业（绝大多数不得不承担亏损）中，则会有 1%~2% 的更高溢价。

在这个资金结构序列里，处在最后且风险最高的是权益股本金。在破产的情况下，股东是最后考虑的清偿对象。在利润分配时，股东也是在其他所有资金提供方之后，才予以考虑。这被称为股东的剩余索偿权。这类级别资本所享有的好处是利润分配不封顶。债权人（像优先级或次优级的债主）让渡其资金使用权的代价是仅能得到一个固定利率的报酬，而股东则对满足了债权人诉求后的利润享有要求权。这种增加的风险表现在公司具体的权益成本里。

把这些收益（溢价）增加到一级债券（类似股东权益）中，所得的必要收益率是 8%~9%。平均而论，权益成本需要在这个数值之上，因为股东权益的风险要高于类似权益的债券。因此，验证了市场上 10% 的实证性的推导值。

这里需要强调一个重点：10.7% 的数值代表着均值，因为单个企业的权益成本要比这个数值高得多或低得多，这取决于它们的市场地位、现金流的稳定性和其他风险要素。而且，和其他所有层级资金一样，这个数值也受制于风险溢价的持续变化。2010年年底，不同资金层级对应的收益率要求的总体情况，看起来就如同图8-4所示。

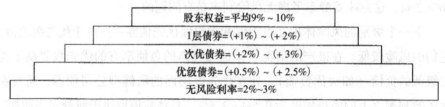

图8-4　权益成本的另类推导法

例如，无风险利率上升到5%，应该会把整个权益风险推高。那么，为什么无风险债券收益率是5%时，优级债券收益率会是4%呢？无风险利率应该被解读为水平线，而各类风险资金的水平应该像高度不一的浮标。如果水平线上升，它们就会跟着抬高。最终必要的净资产收益率则分别由各企业的具体风险决定。

如果一家公司债券是在7%的收益率水平买卖的，那么，它的必要净资产收益率相应地就要高于这个数值。在实践中，权益成本通常处在7%（对于非常稳定的公司）和15%（对于高风险公司）之间。在贴现现金流估值一节中，已经介绍了确定权益成本的方法。在考虑进其他负债工具利率的情况下，就可以认真地梳理这些不同的权益成本值。

上述各个资金层级间利率的差异不是常数，而是根据投资者的风险偏好，会随着时间变化的。然而，就权益成本的验证而言，上图所列各层资金成本一览表是一个有益的参考。

验证结果

基于上述实证推导的公式，现在需要就一般企业所获的净资产收益率所对应的公允市净率，进行分类。用一组范围广泛但调整过极端值的公司，在它们的市净率和净资产收益率之间做回归，得到下述公式：

$$市净率 = \frac{净资产收益率 - 0.045}{0.05}$$

这个回归公式阐述了适用于权益成本处在 8.5%～10% 范畴的一般企业的公允价值——大小取决于净资产收益率（求取自市场数据）。如果一家企业的权益成本低于市场均值，那么，合理的市净率就会上升到市场的均值以上。就权益成本较高的企业而言，它们的交易价格就会相应地低于用这个公式得到的均值。基于实证性分析，净资产收益率为 15% 且权益成本为市场均值的企业，通常具有 2.1 倍的公允市净率：

$$市净率 = \frac{净资产收益率 - 0.045}{0.05}$$

$$市净率 = \frac{0.15 - 0.045}{0.05} = 2.1$$

比较于理论性的公式，所得数值是（采用中点的权益成本 9.5% 和与 9.5 对应的翻番值 18.17% 或 0.1817）：

$$公允市净率 = \frac{翻番值 - 2 \times 权益成本 + 净资产收益率}{翻番值 - 权益成本}$$

$$公允市净率 = \frac{0.1817 - 2 \times 0.095 + 0.15}{0.1817 - 0.095} = 1.63$$

这些结果明显是相互不一致的，但两个点都在一个方向上。实际上，基于表 8-25 内容的理论结果通常都是非常保守的数值。不过，这不是一个不良的特性，因为当涉及估值时，投资者宁愿在谨慎上犯错！由于实证推导出的公式是基于真实数据的回归分析，所以，相关结果有几个错误。

首先，数据库可能含有问题数据。这种情况特别容易发生于净资产收益率——它有时易受一次性科目或其他会计影响。由于这是历史数据，而市场总是考虑未来的发展，所以基于过往结果的数据库的回归，作用十分有限。此外，还有一个不能排除的问题：整个数据库要么是低估，要么是高估，结果就被扭曲了。

尽管有这些缺点，但实证分析确认了理论推导的公式——通过验证净资产收益率和权益成本与市净率的高相关性。为了用这种方式确定一家企业的公允市净率，需要有关净资产收益率、无风险利率和权益成本的信息。

除了应用简单之外，公允市净率公式还具有这样的优势：通过负债杠杆提升净资产收益率的做法，对它没有影响：虽然可以通过杠杆效应，提升净资产收益率，但同时，绝对的权益基数会下降。这两种效应相互抵消掉了。

■ 例8-14 公允市净率：劲量公司

2010~2012年，劲量公司的净资产收益率均值是17.7%。采用每股7美元利润的预测值（源自公允市盈率实例），2013年预期的净资产收益率是19%。在2013年11月，劲量公司每股交易价是100美元而每股权益是36.42美元。基于这个数据，当期市净率是2.74。让我们利用表8-25和早先提供的公式，推导劲量公司的公允市净率。

基于表8-25的数据逻辑，对于净资产收益率为19%的公司，其交易价格应该处在公允市净率为2.5、2.2和2.0和权益成本为8%、9%和10%的范畴。用15倍（减去1个单位的增长因子）公允市盈率和2%的无风险利率，得到如下的权益成本：

$$权益成本 = 无风险利率 + \frac{1}{公允市盈率} = 2\% + \frac{1}{14} = 9.1\%$$

这个数值的隐含指向是2.2倍的公允市净率，这比即期的估值低。

用上述实证公式得到的却是一个不同的结果：

$$市净率 = \frac{净资产收益率 - 0.045}{0.05}$$

$$市净率 = \frac{0.19 - 0.045}{0.05} = 2.9$$

读者应该意识到这个公式仅能用于具有平均风险（即权益成本）的公司。至于劲量控股，这个假设似乎也适用。就像前面指出过的，使用表8-25的数据通常得到的都是保守的结果。因此，我们的结论是：这家公司的公允市净率处在2.2和2.9之间。采用这两个数值的中点值2.55和当期的每股权益值36.42美元，得到的每股公允价值是92.87美元。

■ 例8-15 公允市净率：可口可乐公司

第7章接触了可口可乐公司的净资产收益率和市净率的分析过程。在这里，继续用这个研究案例看看这只股票2010年的估值。

在2010年的第四季度初，这只股票的交易价格在60美元左右。回到当时，分析师预测该公司将取得30.8%的净资产收益率。得益于该公司最后一个季度出色的业绩表现，31.5%的长期净资产收益率似乎可以实现。

在2010财年末，该企业的面值可能会达到274亿美元，而发行在外的股份数量为23.36亿股。由此得到的每股面值是11.74美元。如果把权益成本定在7%（翻番值：0.1354）并采用31.5%的净资产收益率，那么，求得的公允市净率是4.74。

这里用了一个较低的权益成本，但可口可乐公司算得上是全球最稳定和财务最强健的公司之一（这些都佐证了这个选择的合理性）。

$$公允市净率 = \frac{0.1354 - 2 \times 0.07 + 0.315}{0.3154 - 0.07} = 4.75$$

根据这个模型，这只股票的初值是55.77美元（4.75×11.74美元）。鉴于可口可乐公司是世界上最强大的品牌和最伟大的公司之一，而且借款金额小、现金流稳定、外加防御性很好的商业模式，所以，股票市场愿意支付更多的溢价。这个分析给出的公允价值超过了每股56美元。

回到第7章的结论，这意味着这只股票在一定程度上已经拉低了2000年的过高估值。现在，该公司也许必须提升净资产收益率和/或扩展它的权益基数，以便为这只股票的进一步上升的潜力腾出空间。另一个步骤应该是为了降低权益成本而进一步降低风险水平，但对于可口可乐这种公司，这个方面几乎没有什么空间可言了。

■ 例8-16 公允市净率：维特派克

维特派克（Vetropack）是欧洲著名的玻璃制品生产商。表8-27列示了维特派克公司净资产收益率的变化情况（调整了特别科目）——均值是

14.6%。在过往的几年,维特派克不仅大幅提升了它的企业地位,而且,也大幅提升了它的利润率。

表8-27 维特派克:净资产收益率的演化

年份	净资产收益率	年份	净资产收益率
2004	12.7%	2007	19.6%
2005	13.1%	2008	18.7%
2006	10.5%	2009	13.4%

2001~2010年,这只股票价格的升幅超过了700%。在2009年12月31号,该公司公布的股东权益是5.829亿瑞士法郎。为了获得2010年全年的股东权益面值,要在2010年的预期利润里减去红利。由于2010财年的特别科目之故,年度利润是个较低的5000万瑞士法郎。同时,权益总额必须针对已经计划的1500万瑞士法郎的红利支付额进行调整。因此,在2010年年末,股东权益金额是:

$$股东权益_{2010} = 5.829 + 0.5 - 0.15 = 6.179 亿瑞士法郎$$

这相当于每股面值1445.71瑞士法郎。如果你把它长期且现实的净资产收益率定在15%,配上一个10%的权益成本,那么,由此得到的公允市净率就是1.6。用这个公允市净率乘上每股面值,得出这只股票的公允价值:

$$公允价值 = 1445.71 \times 1.6 = 2313.14 瑞士法郎$$

2010年年底,这只股票的收盘价是1800瑞士法郎,比它的公允价值低很多。如何才能自圆其说呢?结合上述考虑问题的方式,你可以为它确定一个净资产收益率——这已经被市场包含在即期的价格之中。为此,解下述公式,求取市净率,并用这个市净率倍数比对出这个净资产收益率的对应值。

$$1445.71 \times 内含的市净率 = 1800 瑞士法郎$$

$$内含的市净率 = 1.25$$

如果继续把权益成本设定在10%,那么,1.25的市净率相当于处在12%和13%之间的净资产预期收益率。把这个数值和上面列示的维特派克的净资产收益率的动态数据相比较,那么,它的净资产收益率低于12%的仅有一次。2010年的净资产收益率很有可能也会以低于均值的情况收官。但这不会改变这家企业的中长期前景。

第二个原因可能是,在计算中,它的权益成本定得太低了。如果这些问题可以排除,未来前景的精确分析可能会非常有趣,因为这家公司看起来是被低估了。

■ 例 8-17 公允市净率:四家公司的比较

在这个结论性的研究案例里,让我们看看,2012 年年底,随意选于道琼斯工业平均指数的 4 家企业的情况(见表 8-28)。

表 8-28 四家上市公司净资产收益率的比较

公司	净资产收益率(2006年)	净资产收益率(2007年)	净资产收益率(2008年)	净资产收益率(2009年)	净资产收益率(2010年)	净资产收益率(2011年)	净资产收益率(2012年)	平均净资产收益率	市净率(2012年年底)
默克	22.2%	15.9%	36.8%	20.9%	1.7%	11.2%	11.3%	17.1%	2.4
麦当劳	22.9%	15.6%	32.2%	32.4%	33.8%	38.2%	35.7%	30.1%	5.7
微软	31.1%	45.1%	48.6%	36.2%	40.6%	40.5%	25.5%	38.2%	3.4
3M	38.3%	34.1%	34.6%	24.4%	25.5%	27.0%	24.6%	29.8%	3.6

资料来源:2006~2012 年年报,《美国公认会计准则》。

虽然 3M 和麦当劳在整个比较期的利润率相差无几,但两家企业在估值上表现出了明显的差异。在净资产收益率上,两家企业都没有表现出特别的趋势,但麦当劳短期的净资产收益率处在其 7 年平均值之上,而 3M 最近却是在其 7 年均值之下。

同时,还可以假设麦当劳的权益成本远在 3M 的之下,因为后者更加受制于宏观经济环境,因此,它的周期性更明显。在此,鉴于麦当劳业务的全球性和品牌影响的强度,它可能占据优势。

平均而言,微软是这个比较组中净资产收益率最高的,但在市净率这个指标上,却仅仅排在第三位。这个问题的原因,更多的不是受其权益成本牵制,而是被下述两个因素拖累:净资产收益率下降的态势;许多投资者怀疑微软是否能够正面迎接未来的无数挑战。

默克表现出的平均净资产收益率和市净率都是最低的。基于这些数据,这个估值水平似乎是合理的，因为该公司的净资产收益率也呈现出下降的趋势，从2006年的22.9%跌到2012年的11.3%。

8.2.3 公允市销率法

除了市净率外，你也可以用实证法推导公允市销率。市销率与公司的净利润率的关联性很大，因为净利润率大致构成了每一新增销售单位的边际利润。若每一美元销售额得到更多美分的利润，那么，合理的估值就越高。

相比于已经介绍过的那些比率，这个比率的优势在于：销售额几乎不受会计方法的影响，因此，通常不用调整所谓的特别科目。在这种方法中，每股的合理价值是公允市销率和下12个月每股预期销售额的乘积。

每股公允价值＝每股预期销售额×公允市销率

类似于市净率的实证推导，公允市销率可以通过比较上市公司的净利润率和对应的市销率获得。例如，对于2013年年底消费品板块的公司，这种关系就如图8-5所示。

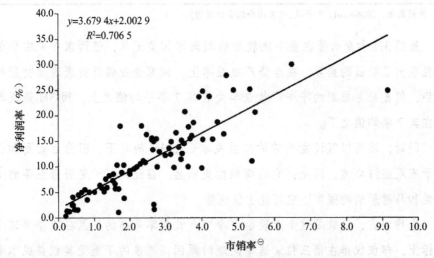

图8-5　标普500指数消费品公司：市销率 vs 净利润率

㊀ 原文为"Price-to-book value"，疑有误，应为"P/S ratio"。——译者注

采用一组更广泛的股票，就可利用下述指标性公式，用公允市销率，对公司进行估值：

$$公允市销率 = 22 \times 净利润率$$

虽然这个方法通常可以给出合理的结果，但它会遭受两点质疑和批评。

首先，理论和实际的市销率公式显示[⊖]，由于扭曲和效率欠缺的问题，市场数据传递的是一个模糊的影像。鉴于这个公式是从回归公式推导出来的，所以，这个探索性的估值公式只适合于一般量级的利润率。尤其是在利润率很小的情况下，公允市销率的推导往往很困难。例如，和15%或16%相比，如果你要预测相关的利润率是否为1%或2%，那么，这个公式对结果的负面影响会大得很多。

其次，第二个遭到质疑的点是涉及市销率本身。如同第7章所阐述的，这个比率并不能完全满足估值倍数的要求条件，因为销售额作为一个实体参数却与净利润关联在一起，而后者竟然是一个权益参数。不过，你可以把市销率应用于负债水平低的企业（作为近似值），因为此时市价总值和企业价值的差异很小了。

由于这些缺点，公允市销率仅适用于做估值的初始参数。不过，这个方法得出的结果证明还是很有说服力的。

根据这个公式，净利润率为4.5%的公司按1倍的公允市销率估值——即其估值正好相当于它的销售额。对于这个比率，同样重要的是要注意采用调整过的长期的合理利润率。例如周期性企业的估值不应该采用它的峰值利润率，最好是采用整个经济周期年份的合理平均数。类似于市盈率和市净率，在进行计算时，应该采用未来12个月的预期值。

■ **例 8-18　公允市销率：劲量公司**

就像原来的做法一样，将会以劲量公司作为实例，说明如何应用公允市销率。该公司过去三年的平均净利润率是8.7%。总销售额达到了45.67亿美

[⊖] 原文为"Price-to-book value"，疑有误，应为"P/S ratio"。——译者注

元。假设净利润率保持不变，可以采用上述介绍的公式，通过下述方法求得公允市销率：

公允市销率 = 22 × 净利润率

公允市销率 = 22 × 8.7% = 1.9

劲量当期发行在外股票的数量是 6330 万股，算得的每股收入是 72.1 美元，每股的公允价值是 137.08 美元。这明显高于采用市盈率法（105 美元）和市净率法（92.88 美元）得出的结果。在这种情形下，由于各个数值之间明显的不一致性，应该采用贴现现金流估值法，求得另一个估值数字——这能帮助我们锁定该公司的真实价值。

■ 例 8-19 公允市销率：星巴克

为了深入理解如何应用公允市销率，我们来认真看看金融危机期间星巴克（Starbucks）这个实例。这家美国咖啡巨头公布了如表 8-29 所示结束于 9 月 28 日各财年末的净利润率。

表 8-29 星巴克：净利润率的发展状况

年份	净利润率	年份	净利润率
2005	7.71%	2007	7.15%
2006	7.23%	2008	3.02%

2005~2008 年，该公司的净利润率持续下降。另外，2008 财年，很多特别科目对这个数值产生了负面影响，即便对这些进行了调整，这个数值还是会从 2007 年的水平下降。因此，该公司 2009 年的估值比较困难，因为看不到明确的趋势。

2009 年，星巴克宣布了一个综合重组方案，由此引出了这样的推测：该公司的利润率至少会停滞在 7%。若依据上述推导出的公允市销率法，这只股票在这个水平被低估了，那么，在此做进一步的分析将是特别有趣的事。以 104 亿美元的销售额和 7% 的销售收益率，通过应用上述公式求得的合理市销率是：

公允市销率 = 22×0.07 = 1.54

乘上总销售额，得到的公允权益价值是 162.3 亿美元。依据 7.41 亿份发行在外股票，可得出 22 美元的每股价值。2008 年 9 月，就在雷曼兄弟提交了破产申请之后，这只股票的交易价处在每股 10 美元以下。

基于这一点，进一步的分析会有相当的意义。来自重组和利润率舒缓的正面结果，会给市场带来买入级的推荐。事实上，重组的效应已经在 2010 年全面显现出来了：利润率回弹到 8% 以上，而且，股价也从 10 美元涨到了 30 美元。

8.2.4 公允企业价值/息税前利润比率法

相对于权益估值倍数（如市盈率或市净率），实体估值倍数享有优势：它们从设计伊始就已经考虑到了资产负债表的结构。在前述章节，已经介绍过企业价值/息税前利润估值比率。在这一节将会阐述公允企业价值/息税前利润的确定，并进一步用研究案例予以夯实。

公允企业价值/息税前利润比率是通过企业的经营成果和已占用资金的关系确定的。这个盈利能力比率已经在第 2 章中予以了介绍，被称为已占资金收益率（ROCE）。这种资金收益率是采用下述公式计算的：

$$已占资金收益率 = \frac{息税前利润}{已占资金额} = \frac{息税前利润}{股东权益+金融负债}$$

来自所有资金提供方的所投资金的息前收益率越高，所得的企业价值也就越大。因此，这种估值逻辑遵循公允市净率法的逻辑，但既考虑了股东的成分，也包括了债权人的贡献。在最有效的市场里，只要风险保持不变，企业和公司的价值会随着上升的已占资金收益率而上升。

事实上，这种关系也可以用实证的方式表现，但已占资金收益率的表现力在统计意义上，要逊于采用净利润率或净资产收益率的市销率和市净率分析。部分是由于这个比率涵盖了企业价值，自身变得更加复杂了，此外，还有一个原因：一旦超越最低的盈利门槛后，债务资金提供者通常无法获益于更高的已占资金收益率。对于债权人，公司盈利能力对负债工具价值的提升，仅限于确保负债名义价值的偿还金额这个点。因此，企业价值和已占资金收益率1∶1的关系，无法简单地予以说明。

即便如此，借助于企业价值/息税前利润比率的公司估值仍然有意义，因为在评估企业价值时，就把公司的资金结构包含在估值里了，而且，息税前利润受会计方法和特别科目的影响要低于净利润。此外，相比于市盈率或市销率，企业价值/息税前利润比率更适用于不同公司之间的比较。

标普500指数成分股的分析显示，已占资金收益率和企业价值/息税前利润比率之间没有明显的关联性。换言之，由于上述带息负债的受限问题，它们之间无法建立起一种正式的关系。但对同类公司的估值，企业价值/息税前利润是一个理想的比率。就此，你可以找几个类似于将要估值企业的企业，而且，这些企业的企业价值/息税前利润比率值与各自的已占资金收益率或其他比率都是相匹配的。

■ 例8-20　企业价值/息税前利润比率：同类公司估值

如同表8-30所示的那样，企业X的估值可以看起来非常简单化。

表8-30　企业价值/息税前利润比率 vs. 已占资金收益率

企业	企业价值/息税前利润比率	已占资金收益率	企业	企业价值/息税前利润比率	已占资金收益率
同类企业1	8	10%	同类企业4	14	16%
同类企业2	10	12%	企业X	?	17%
同类企业3	12	14%			

借助于不同的企业价值/息税前利润比率与已占资金收益率的匹配关系，在17%这个点，你所预期的有待估值的企业X的公允企业价值/息税前利润比率会是15。如果已占资金收益率降到10%，那么，8倍的企业价值/息税前利润比率应该是合理的。这种形式的估值方法应该仅仅当作成熟方法的补充方式使用。特别是对具有高额负债的企业，这种估值方法能提供有意义的结果（应该与其他估值方法的结果进行比较）。

作为一个可选项，企业价值/息税前利润比率可用于替代企业价值/息税折旧摊销前利润比率。例如如果企业 X 的公允企业价值/息税前利润比率是 15，那么，用 15 乘上企业的息税前利润，就可计算出该企业价值。要想最终获取股东权益价值，要从这个企业价值总额减去它的净金融负债。

对于 15 倍的公允企业价值/息税前利润比率、2 亿美元的经营利润和 4 亿美元的净金融负债的公司，它的企业价值达到了 30 亿美元（15×2 亿美元），再减去净负债（4 亿美元），就是 26 亿美元的公允权益价值。

这种传统倍数法的弊端很明显：整个同类公司或其中的单个企业可能被低估，进而扭曲估值结果。而且，单个数值反映的盈利能力没有一对一的可比性，因为不同的会计准则都有评估的腾挪空间。不过，这种方法是对已经介绍的估值方法的有益补充。进一步说，与已占资金收益率联系起来，考虑企业的企业价值/息税前利润估值，对评估当期的估值水平是有帮助的。

■ 例 8-21　公允企业价值/息税前利润：斯沃琪集团

为了例解历史基础数据和估值数据的使用，现在，把斯沃琪集团于金融危机前和金融危机中的情况简列于表 8-31。为了采用公允企业价值/息税前利润进行估值，可以假设当期估值没有反映企业的内在价值，但假设之前的收益率和估值提供了一个足够大的估值区间。

表 8-31　斯沃琪集团：摘选的财务信息

（单位：百万瑞士法郎）

	2010 年	2009 年	2008 年	2007 年	2006 年
息税前利润	1 436	903	1 202	1 236	973
权益市值	22 207	14 205	8 032	19 367	15 882
权益面值	7 101	5 981	5 451	5 329	4 967
金融负债	108	518	529	521	556
流动性头寸	2 369	1 645	1 226	1 942	2 176
企业价值	19 946	13 078	7 335	17 946	14 262
已占资金	7 209	6 499	5 980	5 850	5 523
已占资金收益率	19.9%	13.9%	20.1%	21.1%	17.6%
企业价值/息税前利润	13.8	6.9	6.1	14.5	14.6

这些数据显示，在 2008~2009 年金融市场危机之前，斯沃琪集团的已占

资金收益率稳定在20%左右，股票按14.5倍的企业价值/息税前利润比率交易。在危机期间，这个估值显著地下滑至仅有6倍的企业价值/息税前利润比率，而已占资金收益率掉到了14%，但在2010年迅速恢复至危机前的水平。

如果你认为已占资金收益率应该处在20%，那么，14.5倍的企业价值/息税前利润比率，就应该视为合理。以14.5倍的企业价值/息税前利润比率，乘上2011年的预期息税前利润，就可得到公允的企业价值。例如以2011年16亿瑞士法郎的经营成果计，该公司的公允价值就是232亿瑞士法郎。由于22亿瑞士法郎的净现金头寸，那么，假设的公允权益价值就是254亿瑞士法郎。

8.2.5 公允企业价值/销售额比率法

公允企业价值/销售额比率是另一个非常强大和易于使用的估值方法。就像在第7章阐述过的，公司和企业价值会随着盈利能力的上升而上升。盈利能力的衡量指标是净利润率、息税前利润率和息税折旧摊销前利润率。公允企业价值/销售额倍数法背后的道理很简单：利润率越高，每单位新增收入就越有价值。因此，就像净利润率和市销率正相关一样，企业价值/销售额和盈利能力之间也应该有这种关系。

由于企业价值/销售额倍数属于企业价值范畴，应该选择与权益和负债持有人都相关的盈利能力数字。虽然息税前利润率和息税折旧摊销前利润率都不错，但在这种情形下，我们坚定地选择息税折旧摊销前利润率，因为相对于息税前利润而言，息税折旧摊销前利润的会计影响敏感性要低。

针对各自息税折旧摊销前利润率数字，回归标普500指数成分股的企业价值/销售额估值比率，得到的相关性如图8-6所示。

这个回归给出了企业价值/销售额比率和息税折旧摊销前利润率之间下述基础性的关系：

$$企业价值/销售额比率 = 9.6 \times 息税折旧摊销前利润率 + 0.24$$

所以，只要这个回归适用，对于一个息税折旧摊销前利润率为25%的公司，合理的企业价值/销售额比率倍数就是2.64。作为一个探索性方法，在判断一家公司的既定估值水平时，这个规则的效果非常好。不过，要想更加仔细地深究这种估值，应该考虑每家公司的具体特征。显然，息税折旧摊销前利润率非常稳定的公司，得到的企业价值/销售额比率，应该要高于固定成本占比大且利润率波动大的纯周期性公司。

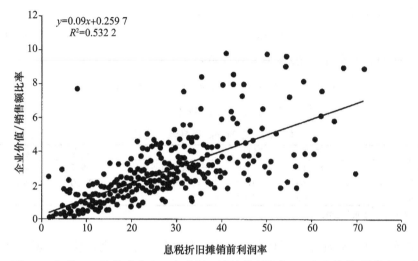

图8-6　标普500指数成分股：息税折旧摊销前利润率 vs. 企业价值/销售额比率

针对这种背景情况，有必要就一个适合于我们估值目标的行业或同类公司组，做进一步的回归。

就"周期性消费品企业"和"非周期性消费品企业"板块，图8-7的两张曲线图给出了企业价值/销售额比率对息税折旧摊销前利润率的回归。首先，这里的相关系数 R^2 显著高于上述范围更广的标普500成分股的相关数值。这不奇怪，单个板块的特征阐释力更强。这两个板块的回归公式如下：

企业价值/销售额比率$_{周期性消费品企业}$ = 10.8×息税折旧摊销前利润率 − 0.02

企业价值/销售额比率$_{非周期性消费品企业}$ = 12.4×息税折旧摊销前利润率 + 0.01

基于这个方法，息税折旧摊销前利润率为15%的周期性消费品公司应该匹配1.6倍的企业价值/销售额比率，而非周期性消费品公司的公允估值会是在1.87倍总销售额的企业价值。这个16.9%溢价的意义在于：非周期性企业会更稳定，因此，利润率的价值更高。

下述案例旨在例解这个探索性的估值方法，采用的两个例子都是非周期性公司：宝洁和高露洁。

■ 例8-22　公允企业价值/销售额比率：宝洁 vs. 高露洁

基于表8-32所列数字，宝洁取得了20.7%的息税折旧摊销前利润率，而高露洁的相关利润率却是25.2%。可以按照这个探索性方法，把这些数据转化为下述的公允企业价值/销售额的估值：

$$\text{企业价值/销售额}_{\text{宝洁}} = 12.4 \times 20.7\% + 0.01 = 2.58$$

$$\text{企业价值/销售额}_{\text{高露洁}} = 12.4 \times 25.2\% + 0.01 = 3.13$$

表8-32　宝洁 vs. 高露洁：比较　　（单位：百万美元）

	宝洁	高露洁		宝洁	高露洁
销售额	84 167	17 085	现金及现金等价物	5 947	884
息税折旧摊销前利润	17 463	4 314	发行在外股票	2 930	960
金融负债	31 543	5 230			

资料来源：年报（2012）。

现在，可以通过计算公允企业价值总值求取每股公允价值——减去净负债，用所得的权益价值除以完全稀释的发行在外股票数。就宝洁的情况而言，这些步骤如下：

公允企业价值 = 销售额 × 公允倍数 = 84 167 × 2.58 = 217 111 百万美元[⊖]

公允权益价值 = 公允企业价值 - 净负债

　　　　　　= 217 150 - 31 543 + 5947

　　　　　　= 191 554 百万美元

$$\text{每股公允价值} = \frac{\text{公允权益价值}}{\text{发行在外股份}} = \frac{191\,554}{2930} = 65.38 \text{ 美元}$$

就高露洁的情况而言，求得的每股公允价值是51.17美元。在各自资产负债表的终止日，宝洁的价格在每股78美元上下，而高露洁的交易价则是53美元。上述分析似乎在建议我们去深究宝洁，因为它的股票可能被潜在地高估了。不过，鉴于宝洁的优秀产品和品牌组合，更高的估值有其合理性。

⊖ 此处结果疑有误，应为217 150.86百万美元。——译者注

另一个需要深究的因素是上升的销售额/息税折旧摊销前利润率预期，是否能够证实宝洁股票交易溢价（见图 8-7）的合理性。

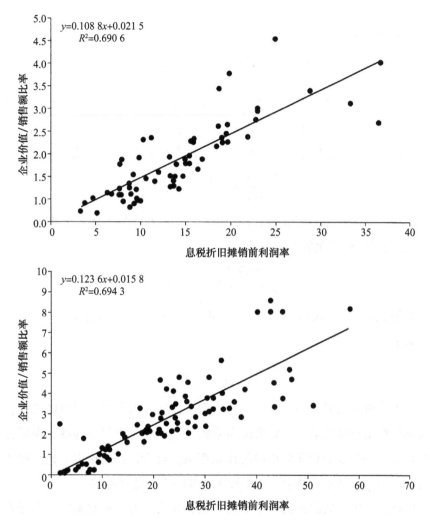

图 8-7 标普 500 指数成分股：息税折旧摊销前利润率 vs. 企业价值/销售额比率
——周期性消费品公司和非周期性消费品公司

8.2.6 倍数估值法：数学背景

就像权益倍数法是以股价或市价总值作分子一样，各个估值比率之间是有数学关联的。如用市销率除以市盈率，得到的是净利润率。

$$\frac{市销率}{市盈率} = \frac{净利润}{销售收入} = 净利润率$$

类似地，用市净率除以市盈率，得到的是净资产收益率。

$$\frac{市净率}{市盈率} = \frac{净利润}{股东权益} = 净资产收益率$$

所以，一家盈利能力一定的公司，仅能给出相关的公允估值比率（对应上述公式）。一个简单的例子可以说明这个意思：一家名为"价值"的公司的长期可行的净资产收益率为16%，公允市净率为2。借助于下述公式：

$$\frac{市净率}{市盈率} = 净资产收益率$$

现在，可以确定公允市盈率了，因为市净率和净资产收益率都是"已知的"。把公式进行转化后，结果是：

$$\frac{市净率}{净资产收益率} = 市盈率$$

如果把这个公式应用于上述的例子，那么，所求得的公允市盈率是12.5：

$$\frac{2}{0.16} = 12.5$$

如果分析的结果是一个公允倍数，那么，就可以利用所提供的公式，很容易地计算出所缺的倍数。如果市净率和净资产收益率是已知的，那就意味着只存在着一个数学意义上正确的市盈率值。至少，在理论上如此。由于公司估值不是一个抽象的科学，这些数字游戏的作用是有限的。

所以，在单个估值倍数往往不足以完成评估且可能有缺陷时，有必要从另一个角度来接近公司估值。此外，采用这种单个倍数方法，并继续用上述的公式获取其他倍数，不会为这种评估加分增值。深入估值的结果会告诉我们，公允市盈率和市净率在数学上不会完全契合。

因而，在求取公允估值比率时，一定要确保它们之间的相互独立性，然后，用贴现现金流模型分析的结果，来确定整体的公司价值。以这种方式，各种结果可以相互检测和补强。数学背景的东西无法做真实的估值,但在评估的过程中,至少应该考虑它。

8.2.7 清算法(净资产价值法)

前述的方法都是基于企业的持续经营状况,通过贴现现金流法和基于市场的方法,求取公司价值。清算法是基于企业即将清偿的状况,评估它的价值。在这种情形下,公司价值取决于它的清算价值。换言之,只要资产负债表上资产的评估是准确的,对股东而言,所有资产甩卖清偿后所剩的结果就是账面价值(股东权益)。

■ **例 8-23 清算法(净资产价值法)**

蝗虫公司具有 1 亿美元的可控资产,其中的一半是公司的工厂和车队,另有 3000 万美元被应收账款占用,还有 2000 万美元是库存现金。在负债端,有 500 万美元的股东权益和 9500 万美元负债(蝗虫公司充分利用了杠杆效应)。由于带息负债的结果,这个企业现在处于深度亏损状态。

那么,蝗虫公司的内在价值是多少呢?由于大额的利息负担,未来预期只有负的自由现金流——由此导致的结果自然是负的公允价值或零价值。在其资产定价正确且资产易于处理的前提下,该企业清算的净进项款为 500 万美元。在这个过程中,整体资产(8000 万美元固定资产和应收账款以及 2000 万美元现金)变现为现金,9500 万美元偿付给了现有债权人,剩余的 500 万美元返还给了公司的股东。因此,这家企业继续经营还不如早些歇业!

一般来说,如果一只股票无法挣回它的权益成本,那么,它的交易价就会处在面值以下。不过,若该公司能够在任何时候予以清算,而且,它在资产负债表上公布的资产价格是正确的,那么,它的市场价值就绝对不会跌到股东权益之下。在多数情况下,这种企业的清算并不是一个选项——具体原因或是股东结构之绊,或是未来更高的收益率预期(或管理层的希望),或是难于卖掉的固定资产，或是其他的政治原因。

除了这些因素外，资产的报告价值可能太高。在清算的情况下，能否按照资产负债表的价值实际卖掉所有的资产，是一个存疑的问题。毕竟，现有的资产已经无法创造合理的回报。指望清算资产的企业通常只能以低于均价的方式予以实现，因为此时买方处在更好的要价地位。最常见的问题是无形资产——往往处在绝对无法出售的境地。

这些无形资产是专利、IT、特许权和许可权，还有资本化的研发费用。作为并购的结果，许多企业的账上还有很高商誉头寸。由于无形资产往往具有独有的特性，很难给出一个正确的货币评估。因此，无形资产一般会完全冲减股东权益，以便得到一个保守的清算价值。若一家公司的资产负债表总额为1亿美元——其中有1000万美元无形资产和2500万美元股东权益，那么，它调整后的股东权益仅有1500万美元。

另一个调整值就是所谓的"托宾Q值"。依据这种方法，资产是按重置价值进行估值的——要把被估资产与它们的当期市值进行比较。由于这实际上相当于把所有资产都要进行单个估值，而从外部估算师的角度，这是无法实施的，所以，这个方法实际上极少采用。

■ 例8-24 清算法（净资产法）：邓普斯特农机制造公司

为清算法做出了最好例解的，可能是沃伦·巴菲特本人。在20世纪60年代早期，巴菲特买进了邓普斯特农机制造公司（Dempster Mill），一家农具和水网系统的制造商。因为该公司几乎没有表现出可持续的竞争力且公布的利润很少，所以，巴菲特采用了表8-33所示的相关假设，并在独立的基础上，对该公司进行了估值。

首先，巴菲特对这些资产进行了贴现，以便获得能够实现的价值。这就把原始资产负债表内691.9万美元的总资产，减少到了443.8万美元。然后，从中减去负债，得到这些资产调整后的净值。用这个金额除以发行在外股票的总数量，得到每股最后的清算价值。

表 8-33 邓普斯特农机制造公司：清算价值的推导

(单位：千美元)

	资产			负债	
	账面数字	贴现比例	调整过的估值		
现金	166	100%	166	应付票据	1 230
应收账款（净）	1 040	85%	884	其他负债	1 088
存货	4 203	60%	2 522		
应付账款等	82	25%	21	总负债	2 318
流动资产	**5 491**		**3 593**		
现金价值的寿险保单	45	100%	45		
工厂设备净值	1383	58%	800		
总资产	**6 919**		**4 438**		
				账面价值的净值	4 601
				调整过的净值	2 120
				每股净值（基于60 146份股）	35.25

资料来源：巴菲特合伙人信函 1962。

上述这个真实的例子表现了这种方法的简洁之美！几乎没有涉及什么预测值，我们仅仅关心这些资产在拍卖的情况下，值多少钱，或在实际甩卖的时候，价值几何。一般来说，巴菲特的估值看起来总是有道理的，但必须是按具体科目进行实际调整。

例如，若客户违约概率较高，那么，公司应收账款的可实现价值就会低于这个案例所用的85%。同样的做法适用于可实现的存货价值，特别是对那些处在发展很快或变化迅速行业的公司——可能无法全值收回存货的价值，因此，要在这类存货的计算中考虑到这个问题。

8.3 财务报表的调整

由于会计准则和报告要求的差异，财务报表在全球范围都有差异。这种调整做法的目标是整理财务报表，以便修正一次性科目、提供可比的比率，并就错误记入的资产和负债值进行调整。

必须在对财务报表的特别科目进行调整后，才能对前述那些章节介绍的比率进行计算。对没有特别科目且无形资产极小的公司，通常受这种调整的影响非常小，因此，可以不用做任何数字的调整，直接开始做这种计算。在资产负债表头寸里，无形资产，尤其是商誉，是需要严格审核的。而且，需要调整利润表上的一次性科目以及资产负债表上高估或低估的头寸。

无形资产

在财务报表的附注里，列示了无形资产的种类、增加值和处理值以及必要的折旧。在核实无形资产时，你应该区分商誉和其他无形资产（如商标权、授权和软件等）。虽然后者往往不太重要，但商誉必须仔细分析。在某些情况下，有必要分析过往的年报，以便理解哪些并购对应并反映于哪些商誉头寸里。

这里再温故一下商誉的定义：商誉是并购时在目标公司重估的面值（股东权益）之上所支付的溢价。在前面相关的章节里已经阐明，某些企业在它们的面值（市净率>1）之上应该享有一个溢价。为了评估公布的商誉是否具有可回收性，建议通过考量关键估值指标的方式，对目标企业进行一次粗略的评估。

例如，如果目标企业取得了且还会取得30%的可持续的净资产收益率，甚至它的收购价是其面值的两倍，那么，这个收购价可被视为是公允价格。这里适用"预防胜于后悔"的法则。如果在并购之后，目标企业的发展比预期差（比如由于整合的问题），那么，就应该重新评估商誉，而且，如果需要的话，还要进行调整修正。股东权益需要按修正值予以减小。

对诸如商标权和软件等无形资产，相关的估值问题要简单得多，因为内部创造的无形资产只需要按照成本入账。对于购买的无形资产，特别是商标权和许可授权，只需就可回收性做简单的分析。由于很难客观地做这种分析，所以，这里主要的处理依据是：直接竞争对手将会为这项无形资产支付的最大金额是多少。

在做商标会计处理时，重要的是要记住：根据《国际财务报告准则》，无形资产一般不享有规范的折旧。这通常会引起不定期但往往是大额的减计。

固定资产

财报调整的目标是揭示潜藏的假账和隐匿的后手。特别是历史久远的公司，往往在其资产负债表上会有相当金额的隐匿资产，比如工厂已经折旧完毕但仍在使用。对于地块也是一样的，因为有些公司手里具有很多年前购买的地块，但现在的价值已经有了大幅的增长。即便按照当下的报告准则可对这些固定资产进行重估，但不会总有最新日期的估值。用既有的信息很难做这个评估。

企业所在地的拜访、与雇员和管理层的交谈以及研究公司的历史，有助于获取更多的信息。特别是，如果存在不断来自固定资产处置的非经常性收益，那么，这些收益就是潜在隐匿或低估资产的可靠指标。

流动资产

流动资产通常是贴近市场价格进行估值，极少会引起大的调整。然而，对存货和应收账款进行简短的分析还是一个明智的做法。例如，如果票据的延迟支付金额不断增长，或违约率不断上升，那么，就值得花时间为这些流动资产做一个估值了。可采用第4章的运营资本管理比率，做这种分析。

递延税

递延税资产或负债是指在比较财务报表所载数值时，在资产或负债上产生因为税收目的而临时出现的差异。采用谨慎原则，递延税应收款和递延税负债应该相互抵消，因为就未来亏损冲销的问题，这些头寸含有很大的不确定性。而且，递延税资产通常无法单独处置。在清算的情况下，这些应收账款无法转化为现金。在有疑问的情况下，这个头寸应该完全冲销股东权益。

养老准备金

养老准备金是产生于公司养老计划的负债。在这里，你必须区分固定福利计划和固定缴费计划。就资产负债表的分析而言，后者的问题要小一些，因为公司仅仅是向雇员保证管理他们所缴资金，并在以后还给他们——不可能有潜藏的缺口。

不过，固定福利计划常常出现问题，因为养老金负债（出自要付给雇员的款项）超过了养老金资产的基数。如果养老金不能相应地增加，而这些资产或雇员的寿命增加了，那么，就会出现一个潜藏的缺口，导致养老金账户金额不足。在这种情况下，公司通常就必须通过特别的缴费方式填补这个缺额。由于这个支付义务在规模和期限上都是未知的，所以，它们是以准备金而非负债表现在报表上。

只要固定福利养老准备金金额小，它们就可以继续作为准备金处理，且通常不会影响资产负债表的分析。不过，由于对养老基金过高的预期收益率，近年来，特别是美国公司，遭遇了相当大的亏损。因为这些亏损通常都是直接对冲股东权益且不会出现在利润表上，所以，许多市场的参与者并没有注意到这些亏损。

例如，在2008年，麦片生产商家乐氏公司公布了由于养老金重估而产生的逾10亿美元的亏损！如果管理层曾就其养老金资产预设了太高的收益率，那么，他们就应该采用新的更加实际的预设收益率，并用股东权益冲销这个差额。

出于谨慎的原因，明智的做法是把不足的养老准备金视作金融负债。同时，许多企业开始关掉它们的固定福利养老金计划，仅仅提供固定缴费计划，这从长期来看将纾缓养老金问题。然而，只要还有雇员在从该固定福利计划领取养老金，那么，固定福利计划的风险仍然会持续十多年。

8.3.1 备考报表和一次性科目影响

对于包含许多星号和说明（即注释）的财报，一定要特别仔细地审核。为了造就一个统一的估值基础，应该对利润表进行调整和修正。特别是在经济下行期，公司往往都会启动重组计划，相关的费用都会记为特别科目和一次性费用。

在许多情况下，这种方式是合法的，因为这种支出的确是一次性事件。不过，有些企业开始通过记入这些所谓的特别科目和一次性费用，润色它们的利润数据。在这些情况下，建议仔细分析这些特别科目并进行相应的调整，同时，还要增加对现金流量表的关注度。

在经济的下行期，有些企业常常会谋用下述方法：如果有任何将要出现负利润的迹象，就会启动一项重组计划——相关的支出会被直接和全额记为一项拨备（因此作为利润表上的一项费用）。由此产生的亏损将被记为特别科目，而且在来年，这项拨备（会依据情况把它的金额定得很高）的释放会带来非经常性收益。

■ 例 8-25　财报调整：美国在线-时代华纳

在调整这个资产负债表（见表 8-34）之前，美国在线-时代华纳（AOL Time Warner）已经表现出了两个健康的比率：

- 权益比率：72.9%
- 资本负债比率：14.5%

在阅读这份资产负债表时，敏锐的读者会注意到极高的商誉比例——达到了股东权益的 83.8%。在做资产负债表调整时，保守的做法是用股东权益来冲销整个商誉。对于这家公司而言，这样的结果是一个调整过的公司面值 246.07 亿美元。即便如此，这个数值调整得还不够狠，因为这家公司还有 449.97 亿美元的无形资产，不过，这些可能都是具有可回收性的。

表 8-34　美国在线-时代华纳：资产负债表

（单位：百万美元）

资产		权益和负债	
不动产、厂房和设备	12 669	股东权益	152 027
商誉	127 420	长期负债	22 792
其他无形资产	44 997	应付账款	2 266
其他 n-c 资产	13 167	其他负债	31 410
现金及现金等价物	719		
其他流动资产	9 532		
资产总计	208 504	负债总计	208 504

资料来源：美国在线-时代华纳（2001）《美国公认会计准则》。

在做出了上述调整之后，现在计算出来的比率值如下。

- 权益比率：30.3%
- 资本负债比率：89.7%

在商誉（定得太高）得到修正后，该公司的新面貌要负面得多。它的商誉质量也很模糊，因为在报告年份该公司公布了49亿美元的亏损。在下一年，就发生了在仔细分析资产负债表时就已经怀疑的事情：由于商誉减值和更多的价值调整，美国在线－时代华纳遭受的亏损竟达986亿美元（原文如此）。在调整之前，该公司的财报数据反映的是一个虚假的情况。

特别是固定资产或存货占比低的企业，严格的调整非常重要，因为经验告诉我们：无形资产往往易于引起大额的价值减记。

8.4 估值方法概览

本章介绍了公司估值的不同方法。通篇下来，有一点是明确的：没有一个普遍适用的估值方式，你必须选择不同的方法，并根据具体状况分析这些结果。最后，除了估值过程的数字部分外，对企业的定性评估也会起到很大作用。

公司估值的智慧魅力，无疑源自这种方法：企业内在价值的确定，需要把定性的知识和定量的事实有机融合于一个或一组合适的模型里。

贴现现金流模型是任何估值方法的理论基础，特别适用于业务发展前景预测性强的企业。

估值倍数法是一种可选方式，或用于验证和拓展贴现现金流模型。在运用估值倍数法时，你总得针对具体估值情况，就采用权益倍数还是实体倍数，或是两者互用方式，做出决策。而且，可以通过改性的方法定性地确定"公允倍数"（如本章所介绍），或在单个情形下，可以从同类公司组里求取这些倍数。

就本质而言，公允市盈率、公允市净率和企业价值/息税前利润比率都是有意义的。对于正处在重组阶段的公司，或者没有利润或利润飘忽的公司，建议采用市销率或企业价值/销售额比率倍数法。

最后，对于估值边际较低的企业，用清算法确定它们的价值。

表 8-35 给出了一个一览表，列出了各个估值方法的优势和劣势。

表 8-35 估值方法一览表

方法	优势	劣势
贴现金流模型	■ 理论上好的方法 ■ 利用自由现金流	■ 需要能够合理测算的稳定现金流 ■ 易出错
公允市盈率	■ 实用的估值方法 ■ 应用简单快速	■ 利润不等于现金流 ■ 有操控的空间
公允市净率	■ 可定量和定性地推导 ■ 运用简单快速	■ 要确定权益成本 ■ 有会计影响的空间
公允市销率	■ 无利润时可用 ■ 销售额很难操控	■ 销售额对公司估值没有意义
公允企业价值/息税前利润	■ 考虑了负债的企业价值 ■ 考虑了债权人和权益人的收益	■ 负债会季节性地变动 ■ 息税前利润受制于一次性科目
清算法	■ 可确定估值区间的低端值 ■ 另类的静态方法	■ 忽略了企业的前景 ■ 很难确定清算价格

由上述所示模型可知，估值方法工具库还是有不少选择。不过，不是每个公司都适合于综合估值。要想做出一个可信的公司估值，如果缺乏相关的市场知识、没有最新的数据，或对相关的商业模式没有充分的评估，是断然不可能的。

只要你是行走在你的能力边界之内，上面所述估值模型的结果就会成为公司内在价值区域内的一个良好的指标。合理的做法是至少施用两种不同的模型。这样做有助于避免错误（例如因在贴现金流模型里采用过高的增长率或过低的贴现率）并对单个的估值结果予以严格的评估。

面对上市公司，在分析之前，不应该看相关的股票价格，目的是确保独立性、避免先入为主的影响。对于上市公司，一个推荐的方法是：一页一页彻底地阅读公司年报。乍一看，这好像无关紧要，但这种忠告的意义在于，你可以先了解企业的商业模式，然后，再研读企业的合并报表。

许多估值太偏向于数字部分（它通常在年报的后面）。在某些情况下，这种方法会带来有关公司基于数字的正面评估，这可称为"定量偏好性"，但这无助于一个无偏好影响的估值。不过，如果甚至无须看数字，仅商业模式就让人心悦诚服了，那么，研读合并报表也不会令你失望，除非管理层做得很差（这也是一个有益的认知角度）。

最后，就公司估值而言，最重要的关键点是自我控制能力。

在给出了一个特别透彻的分析后，许多投资者和分析师都会迫不及待地给出一个正面的估值，否则，好像辛劳之作就会成为徒劳。这种错误有可能昂贵无比！就一份分析报告而言，没有必要非得用一个正面的购买决策，作为它的结束语。

第 9 章

价值投资

在他人贪婪时，恐惧；在他人恐惧时，贪婪！

——沃伦·巴菲特

最后一章的主旨是设法弥补估值理论和投资实践之间的空隙。如果当前股价与投资者自己的估值有足够大的差距，那么，这项投资就能获利。然而，公司估值从来就不是一门精确的科学，相反，由于投资者的估值数据输入之故，它是一种充满缺憾和错误的艺术！

为了投资的合理性，足够的安全边际是一个不可或缺的前提条件。在某种程度上，这个安全边际扮演着一种保险的角色，防患出现下述可能的情况：束缚于困境，尴尬于误判，以及迷惘于未来发展的不确定性。

就本质而言，精确的终极公司估值是无法得到的。更有甚者，当你打算以一个诱人的安全边际购买某只股票时，还得有人出售才行！为什么其他投资者会心甘情愿地放弃一只价格低于其内在价值的股票呢？

可以这样假设，长期看，市场，尤其是股市，是有效的估值机器，不过，短期看，人们观察到的却是以过激反应和寂静无聊交替出现为特征的市场。自1630年荷兰郁金香的癫狂以来，不仅市场上的泡沫及其破灭持续不断，而且自那以后，非理性之幽灵不时地集聚并附体于市场众生。

价值投资的目标是发现价格错位的那些证券，进而发掘这些由市场无效性造成的价值。此外，现在还有一批崇拜所谓有效市场假说的粉丝。这个假说理论声称：股票在任何时候的估值都是正确的，股价里包含了所有可用的信息。依据这个理论，不可能有任何套利机会（也就是说，没有无风险利润的存在）。

一般而言，在这个假说模型里，股票的长期发展态势通过基础性的公司数据予以了正确的阐释，但针对短期市场的狂躁和寂静，这个有效市场假说理论却没有给出解释。鉴于这些通常都是基于市场参与者的非理性行为，所以，这种理论绝不可能把它们包含在内。

有效市场假说做了一种模糊的假设：信息的作用与知识同等重要！但有些假设是不可能的，如现有信息总是正确地内含于价格里，或都与估值相关。所以，根据这个理论，寻找低估股票是一种徒劳，因为市场价格永远都是正确的。因此，针对这个市场的长期超额收益率被视为是不可能的，或是偶然之果。

基于"市场永远是正确的"这句名言，这些理论家给出的投资忠告是：跟着大盘走，通过购买指数基金的方式，做被动投资。

在质疑有效市场假说方面，有不少好的理由，至少从短期市场的角度，它们是成立的。有些投资者，像沃伦·巴菲特、查理·芒格、沃尔特·施洛斯或比尔·鲁安，通过积极甄选几只被低估的股票，不仅过去取得了高于平均水平的收益率，而且，现在还在取得这种令人艳羡的收益率！

发掘或高或低的非理性价格是可能的，因为市场参与者（相悖于有效市场理论的说法）不是冷酷的计算机器，而是同样被恐惧和贪婪驱动的生灵。过往的泡沫就是这种非理性冲动的见证。

在新经济时代，股价就像空中楼阁，股票甚至能以超过数十亿美元的价格交易。在新经济泡沫破灭不足七年之后，美国的住宅价格泡沫也随之破灭——这里的市场参与者也曾经确信：价格会永远上涨！

在非理性估值方面，最令人难忘的案例之一，是2000年3月智能手机厂商Palm从其母公司3Com的部分分拆事件！

彼时，3Com分拆5%的Palm股份给它的股东，后者按其已持有的每股配受1.525股。在分拆当日，Palm的股价升逾150%，达到了每股95美元，而3Com股票的市值却跌去了20%，以81美元收盘。

由于 3Com 公司仍然持有 Palm 公司股票的 95%，所以，3Com 公司剩余业务领域的价值仅剩每股负的 63.88 美元（95 美元×1.525-81 美元）。对于 3Com 剩余的业务领域而言，这相当于这部分的公司估值是负的 220 亿美元！

在这种情况下，股市明显地做了一个非理性的估值：Palm 公司股价的市盈率到了一个天量的 1350 倍！不久后，Palm 股价从云端跌落了下来，随后又是一系列的亏损，最终在 2010 年夏，被惠普收购！

第 7 章中提到，麦德龙公司的股价竟然时不时地掉到其库存现金净额之下！

这些只不过是股市在时不时地、由于过激的贪婪或恐惧，而出现非理性行为的两个实例。通常，睿智的投资者会利用市场的这些极度偏差，稳获利益。

在精神上，受到狂跌股价的摧残后，投资者的行为通常就如同小孩一般乖巧。原来高企的目标即刻坠落，在某些情况下，不少股票的交易价格远低于其公允价值。所以，最好的投资机会通常出现于大泡沫破灭之后，即充满着极度恐惧和不确定性的时期。

沃伦·巴菲特在他传奇般的语录里，做了如是的总结："关上门，我告诉你如何变得富有：在他人贪婪时，恐惧；在他人恐惧时，贪婪！"

价值投资的基本概念是：利用价格和价值之间由于市场的无效性而产生的差异谋利。自然，如果市场本身能为股票有效地⊖定价，且过往总是如此的话，那么，这种投资类型是不可能存在的。

在他闻名遐迩的准则里，本杰明·格雷厄姆（价值投资法的智慧之父和沃伦·巴菲特的老师）这样阐述这种相关的情况：短期看，市场是由情绪和看法（投票机器）驱动的，但长期看，它们就像精确的天平（称重设备）。

因此，短期可能非理性的市场，从长期看，将会确认一家企业的真实价值，并会据此估值它的股票。特别是那些会引起广泛关注的大公司，在一般的时间段里，可以观察到接近于它们公允价值的估值——这从侧面佐证了这

⊖ 原文是"inefficiently"，疑有误，应该是"efficiently"。——译者注

种理论。

这种投资哲学的核心是：把企业股票看作是一家实际存在的企业的一部分，而不是一个抽象的股价（每秒钟都会向不同的方向变动）。格雷厄姆用下述语言概括了这种认知方法："当像做企业那样做投资时，它就是一种最具智慧的事情。"

这里需要澄清一点：即期股价未必能反映出一家企业的真实价值。这种股价实际上表示市场参与者当期准备以哪种价格买或卖相关的股票。沃伦·巴菲特对此做了更加明确的表述："就我而言，股票市场并不存在，那里仅仅是一个猎场，我会不时地看看那儿是否有人犯傻，主动献祭猎物！"

在你购买股票时，实际隐含的意义是：你购买的不仅仅是企业的一部分，而是整个企业。为了合理地利用这种长期可持续的方法，应该从企业家的角度进行这种估值和投资。

在前面的章节中已经阐述了一家企业成功所需的关键要素。除了考虑市场、商业模式、产品、财务比率和公司估值因素外，正确的购买价格应该是决定性的要素。为了确保能正确地选择购买价格，出现了"安全边际"这个概念。

9.1 安全边际法

安全边际是一只股票的公允价值和实际市场价格间差异的结果。安全边际的概念最初出自格雷厄姆的两本书：《证券分析》（1934）和《聪明的投资者》（1949）。

安全边际越明显，那么就越令人关注，且（如果相关分析是正确的）投资就越安全。由于公司估值不可能精确到真实的公司价值，所以，重要的是能在一只股票的内在价值之下获得一个折扣。特别是遇到暂时受挫的企业时，谨慎的投资者通常会要求一个至少50%的安全边际，才敢出手。

因此，所要求的安全边际是随着企业的风险程度而增加的。例如把周期性企业或陷入财务困境的企业，作为合理投资目标的前提是：有一个特别高的安全边际！相比而言，对于易于预测且商业模式扎实的企业，较低的安全边际也是可以接受的。

例如，如果某股票每股的内在价值是 5 美元，而且，你要求的安全边际是 50%，那么，最高的购买价就是 2.5 美元。这个门槛之上的任何价格水平都会削减安全边际，因而增加了风险水平。安全边际高会带来正面的结果，即便是在估值出错的情况下（假设实际的公允价值最终可能只是 4 美元），也会如此。因此，在某种程度上，安全边际是为自己判断或误判上的一个保险。

在实践中，在进行购买之前，可以把安全边际的目标值定在至少 30%，当然，这个目标值可以根据行业、经济形势和利率水平，进行上下调整。这个目标值既包含了自身估值的容错空间，也给未来事件的不确定性留出了余地。就内在价值的评估值为 16 美元且以 15 美元购买的股票而言，这种投资行为没有什么意义！

切记，公司估值更多的是一门艺术而非一门精确的科学。

9.2 价值投资策略

价值投资可细分为几种相关的方法。每个价值投资者的核心工作应该是寻求处于价格便宜的、具有长期竞争优势的优秀企业。鉴于永远都是购买价格决定收益率，所以，原则上，只要存在着一个有吸引力的价格/价值关系，每个公司应该都可被视为投资标的。

虽然这种购买价格导向法受到本杰明·格雷厄姆很深的影响，但菲利普·费雪和格雷厄姆的学生沃伦·巴菲特，算是这种长期导向"质量法"的重要倡导者。除了长期股权投资外，价值投资者也采用一些不同的但往往更加短期导向的策略和方法。

9.2.1 品质投资

在长期导向的价值投资组合中，品质企业是相关组成元素模块的核心。

挑选和分析具有长期竞争优势和优秀管理层的企业，往往是一个持续的过程。这个过程由于下述情况而显得更加重要了：许多优质股票的交易价格常常处在一个相对较高的水平，这意味着在这个购买过程中需要有很强的自控力。

在分析过程中，你会发现，具有高品质特征的公司，它的当期价格往往处在较高水平上，未必是一个有吸引力的购买对象。具有战略竞争优势的企业常常由于高利润率和高资本收益率而鹤立鸡群——在初始分析中，就可以发现这些特征。

而评估商业模式价值的那些定性特征，已经在第5章予以了详尽的阐述。

品质企业通过有效的资金利用和常年复利效应的方式，把自己和其他企业区隔开来。这些企业应该能够年复一年地延展自己的竞争地位及现金流的创造能力。这就是为何此类公司会成为一种合适的长期投资标的！

9.2.2 雪茄蒂投资法

本质上，价值投资是由便宜的质优股票构成的长期投资。但另一个著名的短期价值投资策略聚焦于那些无主要品质特征，但能以非常有吸引力的价格购得的公司。巴菲特称这类股票为"雪茄蒂"，因为这类公司缺乏特别的竞争优势，且长期发展潜能有限，但在中短期，仍然能够达到一个公允的价值水平。

这类公司包括过时的或增长缓慢行业的公司（被市场忽略的那些类型）。这些常常是在其细分市场有盈利能力，但交易价仍然处在面值以下的那些公司。由于投资收益率取决于利润及投资期，所以，相对于质优股票的长期价值投资，短中期"雪茄蒂"投资构成了一个有益的补充。

由此可见，价值投资不仅仅限于具有优异商业模式的企业，而且，还会关注购买与其公允价值相比有相当折扣的股票，或，在某些"雪茄蒂"投资中，关注相关企业的清算价值。

术语"雪茄蒂"取自这样一种现象：即便是被掐灭的雪茄，其中还是会有些剩余的烟草可以提取。这也暗示了这类投资的拟持有时间——由于"雪茄蒂"企业没有或仅有些许的竞争优势，所以，应该尽快实现所剩价值。

从投资者的角度，质量投资和"雪茄蒂"投资的主要区别在于时间长度。优质企业的价值是一天一天地增长，因此，持有时间应该尽量地长，而"雪茄蒂"企业的潜力有限，应该在最短的时间内就能释放出来。

9.2.3 净流动资产价值/套利

这种投资方法要回溯到本杰明·格雷厄姆，而且，它对企业的估值仅基于可以快速清算的资产。换言之，净流动资产法是基于流动资产（按市场价值定价）减去负债的估值法。在调整流动资产时，现金及现金等价物应该按100%算。为了获得较为保守的数字，对拖了较长时间的应收账款，应该予以调减，而且，存货也应该按照现实价值进行减记。

因此，这种净流动资产价值投资的数字特征是：一家企业的收购价要低于其可易于变现处理的资产减去负债。在这种情形下，未来前景扮演的角色很小，因为这种估值的背景是清算。在这种背景下，一家企业的净流动资产价值被视作估值的底线。

在这类净流动资产价值的投资机会中，能够找到的最安全的方式是，以低于企业净库存现金额定价的投资。在这种情形下，这些净现金总额在理论上可以分给股东，而且，可以在不解散企业本身之时，为投资人创造价值。

由于这个方法，至少在第一步，完全把资产负债表的价值建立在即期的市场价值上，所以，这种投资机会可以通过选股工具发掘。

不过，因股东通常无法对管理层施加直接影响，所以，除了净流动资产的价值外，投资者还应该梳理是否存在着潜在的触发器（或相关事件），可以触发释放企业被缚的现金或隐藏的资产。例如在遇到公司存在大额净库存现金头寸时，这可能就是一种特别的红利。

其他的触发器表现形式通常是并购、拆分或股份回购等。

对于那些似乎低估的企业（纯粹基于数字），你只能说："如果听起来太好了的话，那么，它可能就有问题。"在发现这种情形时，一定要格外小心不同类型的陷阱。

9.3 投资机会的甄别

在实践中，只有先甄别出感兴趣的估值目标，公司的分析和估值才是增值行为。因此，发现有吸引力的可能的投资标的，和实际的估值和投资活动本身一样，有着举足轻重的作用。首先，投资者发现机会的方式不同，一种是由下至上的方式，另一种则是由上至下的方式。后者始于宏观分析，随后逐次移至企业层面。

由下至上的方式起于企业层面，正好对应价值投资的基本哲学。原则上，价值投资者应该在投资伊始就聚焦于选择有吸引力的公司，而不是甄别有趣的股票。从最开始，最优先级的事情就应该是企业本身。通过诸如市盈率等估值倍数，对股票进行前置评估应该在后面考虑。

在寻找具有竞争优势且有长期吸引力的企业时，上述区别是很重要的。所以，在做标的预选时，应该把定性的关注点放在商业模式上，较少地放在基本面数据或股票估值上。虽然后者也是一种有效的方法（这里也会考虑），但它往往会导致"价值陷阱"类的选择。一些看起来似乎便宜的企业，常常借助于有利的基本面数据，掩盖了商业模式或未来前景的不足。

纯基于数字预选出的股票是与价值投资概念相悖的，等于把马车的车厢放在了马的前面。

由于价值投资者通常所投的股票数量有限，所以，对选择标准的设置较高，加之详细的公司分析不仅耗时而且耗力。此外，投资者还要注意：不是每个被分析的企业都必定得到一个正面的结果（这个企业有长期的竞争优势和良好前景）或一个购买的决定（即这是一个被低估的企业），这意味着，若要精选一个10~15只股票的投资组合，需要分析大量的公司。

作为一个实例，下面阐述遴选投资候选对象时，可选用的四个主动筛选方式。

- A—Z 分析

- 留心留意
- 数据分析
- 消息分析

事先要澄清的是，在寻找有吸引力的企业或股票方面，没有专利配方可循。在价值投资中，创造性的增值活动主要有两点：为找到潜在有意义的企业，开拓新的渠道；为交换意见和核实信息，建立沟通网络。因此，下面阐释的四种方式，不应该被理解为最终的方法。

A—Z 分析

发现令人兴奋的企业的基本工具就是 A—Z 分析。按照 A—Z 字母排序或以随意的排序方式，简单地对一群公司进行一番分析。这些成员可能是所有国内的或国际的上市公司，或是事先根据规模、利润率或类似条件挑选的一组上市公司。这里同样有意义的工作是：把你能力难以企及的那些行业排除在外。

这种非常粗的分析也会消耗大量的时间、热情和耐性，而且，大量的企业都会被进一步的分析所排除掉。最后，最好对所有企业都采用人工分析的方式，这样才能建立起值得关注的企业的综合数据库，并获得足以向其他投资者提及的酷炫内容。

一次访谈中，沃伦·巴菲特正谈到浏览美国每家上市公司的方法，这位访谈者不解道："但一共有 27 000 家上市公司啊！"对此，巴菲特轻松地答道："哦，从 A 开始。"

留心留意

许多有趣的企业之所以被发现，仅是因为它们在日常生活中经常露脸。它们的产品鹤立鸡群——得益于它们的价格策略、品质或时尚以及报刊文章对行业或企业的反复曝光。同样重要的是：与其他投资者构建同类圈子，交流想法并反复核实投资机会。

数据分析

许多情况下，在研读企业的实际商业模式前，最好看看某些精选的基本面数据。选股工具通常是由一个编制的筛选列表和一个评分模型来给股票打分。例如，可以按照下述条件列示一组总部在美国的企业：息税前利润率高于10%、资本负债比率低于50%、净资产收益率高于15%。

如果这个名单进一步包括诸如市盈率和企业价值/息税前利润的估值比率，那么，关注点就转到了纯定量因素上，但它还是能快速挑选估值有吸引力的股票，且有扎实的基本面数据作支撑。

此外，这里特别有用的估值比率对价是：市盈率与利润增长率之间的对价，市净率与净资产收益率之间的对价，以及企业价值/销售额与息税折旧摊销前利润率之间的对价。

消息分析

消息分析集中于对日常网络广告信息、并购事件、股份回购、董事交易和管理层变化的信息评估。在这个过程中，常常会出现可以发掘的投资机会。也可以依此，排出报刊上最差上市公司名单或报刊上股市栏目过去 52 周的变化。

虽然它们没有涉及企业的品质，但在某些情况下，它们的确提供了潜在超卖股票的相关指引。对外人来说，就背后正在发生的事情而言，一家公司股票的换手率会是一个有价值的指标。同时，这里有一件对外人有益的事：跟踪董事的股票交易，并做相应的调查，看看这只股票买卖背后的动机是什么。

还应该记住：报告的义务是依国家和股票交易所的不同而异。在为分析目的而做股票预选时，还得考虑所处的主要市场周期情况。如果股价普遍较高，那么，最好是看看有无特别机会和并购对象；在极端恐怖的市场阶段，投资者眼中会出现亮丽的风景：企业估值都很便宜，特别是处在有利可图的估值水平的优质股票。对于彼时价格还不够便宜的股票，把它们放入观察名单，并进行定期的重估。

通过采用这种方法，你可以逐渐建立起一张有价值的列表，溢满具有潜在吸引力的公司，在市场惊恐万状之时，帮助投资者快速抢下便宜货。所以，借助于对标的长期效应的精心评估，智慧的投资者能利用短期的市场恐慌（出自对问题过激的反应）之机获益。

在这个方面，一个有趣的实例是 1963 年所谓的色拉油丑闻。

彼时，美国运通这类金融机构向安东尼·迪安吉利斯等大宗商品交易商提供信贷，确信这些资金有色拉油作还款保障。但事实上，这些海轮的油仓里主要装的是水，油只是很小的一部分，但由于比重小而浮在面上。当丑闻披露后，美国运通的股价跌幅超过了 50%，而且，它还亏了 5800 万美元的真金白银，这在当时可不是一个小数目（相当于 2013 年的 4 亿美元）！

同时，这个事故并没有改变美国运通公司核心业务的竞争优势。有些投资者（诸如沃伦·巴菲特，时至今日，他还一直持有这家公司的股份）清楚地认识到这一点，在那个时点上，乘机买进了这家企业的股票。

9.4 投资组合管理

除了发掘和分析投资机会外，最后，实际的购买和出售决策决定了投资组合的收益和风险。这一节的注意力转向投资组合管理，并由此把理论和实践结合起来。

投资组合管理包括投资组合的基本结构、单个头寸的规模和数量以及单个证券的依次买入和卖出。虽然单个股票会不时地进（买）和出（卖），但对投资组合的定期检查和分析，构成了投资管理过程的永恒内容。

9.4.1 多元化

无论企业分析和估值多么系统综合，你不可能在日常投资流程中不出错。黑天鹅事件、管理失误或政策决策都有可能带来相当的损失——对于这些，投资者的影响非常有限或无能为力。鉴于这个要点，应该保有一个最低限度的多元化账户。

10~15 只股票的投资组合，通常可以在一个合适的安全边际之上，保障一个最低限度的安全性。若要使得风险最小化，需要不低于 40 只股票的一个广泛的多样性组合（要控制好它们的相关性），但当谈到总体的投资组合风险时，最关键的还是单个股票的估值及其安全边际。

与不同股票的纯数字相比，这里更重要的是这些股票各自与宏观经济变化的相关性和反应程度、单个股票之间的基础性关联以及它们的业务背景。来自同一行业的15家企业或垂直关联的公司，不足以减少投资组合的风险。相比较，具有相当安全边际且来自不同行业和地区的企业组合，可以大大降低投资组合风险。

此外，要想找到许多具有足够安全边际的企业，以满足传统多元化的前提条件（40多个企业），这几乎是不可能的。心无旁骛且深思熟虑地精选股票，是价值投资勃勃然于市场的原因。所以，"大的机会来之不易。当下金雨时，赶紧拿大桶，而不是拿顶针。"沃伦·巴菲特曾生动地说道。

如果一只股票满足了本书所列标准并表现出了溢满足额的安全边际，那么，这种投资就不应该半心半意了，而是要根据各自的安全边际，大胆地建设大额头寸。按照巴菲特的说法："用一年的时间找到好的投资概念，然后，榨干吃尽！"

上述内容清楚地表明：对于成功的长期投资而言，既需要理智选择拟投公司，也离不开动荡期的清醒意识。同时，市场和企业的详尽分析，不仅可以使你的判断力更敏锐，而且能增强你购买股票的自信，免受众人意见之扰，甚至可抵御一时之挫的负面影响。

在其中的一封致股东函里，当谈到一个成功投资者的主要个人品行时，巴菲特用如下的语言进行了描述："要想成为一个毕生成功的投资人，并不需要超高的智商，或非同寻常的企业洞察力，或相关的内幕消息。这里的所需是：决策所需的健全的知识框架，以及这个框架免受情绪侵蚀的能力！"

单只股票风险无法叠加成投资组合的风险水平，它们受制于正负相关效应的影响，所以，一个投资组合的风险（像已经阐述过的）取决于单个头寸之间基础性的经济关联。因此，应该基于下一节有关风险的内容，阅读这一节的内容。

9.4.2 风险

从根本上说，一只股票头寸的大小取决于这家企业的风险和安全边际。衡量风险的比率都已经介绍过了，无论是基于企业层面的（负债比率、商业模式的可持续性和经营杠杆等），还是股票层面的（安全边际和估值）。在投资组合层面，这种单独的考量需要通过综合估值予以延展，因为不同行业不同企业的结合会大大地影响风险预测。

例如，购买15家钢铁公司股票仅能少许地降低总体风险，因为所有这些股票针对宏观经济变动的反应模式类似。因此，投资组合内的单个企业应该来自不同的行业，涵盖几个地理区域，而且，应该具有不同的内在驱动要素。

像通常一样，重要的是不要偏离了你自己的能力范畴。

为了降低风险，涵盖几种货币也是有益的做法。货币问题常常会在投资者中引起困惑。决定潜在外币风险的是公司创造现金流的货币，而不是资产负债表所用货币或挂牌股票所用货币。此外，聚焦红利所用货币，有助于依赖持续现金流的投资者分辨货币风险所在。

9.4.3 现金

一个投资组合的现金配额既有赋予灵活性的功能，也有限制风险的功效。有一种最常见的误解：人们必须永远满仓投资。实际上，只有手握足量现金额度时，才能抓住稍纵即逝的投资机会。因此，在几乎所有情况下，手持最低限额的流动性资金都是必要的。

在美国全国广播公司的一次采访中，巴菲特支持了这种观点："我总是喜欢手握10亿美元现金，你知道，这是我喜欢常年放在手边的钱。"

除了便于捕捉机会外，一笔缓冲现金还有下述好处：万一需要流动性外流时（因为计划外的大额并购），无须动用现有的头寸。由于库存现金和股票市场缺乏关联性，投资组合风险可以通过流动性比率进行控制。此外，还可以借助红利平均收益率指标，来考虑证券组合的流动性。

9.5 买入与卖出：投资期限

9.5.1 买

就像在 9.1 节所述，当公允价值和当期证券市场估值之间的差异（所谓的安全边际）足以弥补投资风险时，就应该考虑买入。相关头寸大小的确定也应该基于安全边际（相关证券的潜力）以及企业对宏观经济的依赖程度。只有宏观经济的发展状况对这家公司的业绩影响有限时，才能够买入高于平均数量的单头寸。否则，这种投资就会沦为纯粹的投机活动，完全仰仗宏观经济走势。

就规模为 10~15 家企业的投资组合来说，单个头寸的平均规模应该是 6%~10%。特别诱人的头寸也可以占到投资组合的 15%。不过，这应该是建立在对企业的十分信任和大幅的安全边际之上。

在某些情形下，有些因素是可以对冲的。这种对冲可以是一个指数的卖空头寸，同时，买多目标公司主要消耗的其中一种大宗商品，或购买来自差异明显行业的企业。可以设想，用一个同样低估的二手业务作为对一家奢侈品厂商特别大额的头寸的补充。另一个例子是购买石油或石油公司股票对冲航空公司股票，或直接做多石油期货。

一旦理想的头寸规模确定了，有两个可选的购买流程：一个是立马买入整个头寸规模，另一个是分几步购买。后一种是明智的做法，特别是在你逆势购买时，或消息面在一段时间会处于负面时。在这种情形下，应该考虑诸如季报或召开股东大会等会引起价格变动的事件。

9.5.2 卖

当具有竞争优势的企业能够年复一年地拓展和巩固其市场地位时，该公司的价值也会随着时间而上升。这类企业的最佳持有期很明显是：永恒持有。

对于一个收回投资的决策，投资者应该采用与购买时一样的标准。如果一只股票的估值高于其内在价值，那么，市场参与者显然是愿意支付企业实际价值以上的价格。如果市场价格明显高于内在价值,却不接受这种报价,一定是傻瓜!面对这种结果,投资者应该定期重估它们的头寸,然后,验证一下当期估值,看看是否能说明这个卖价的合理性,即市场价格是否远高于内在价值。

在这种情形下,时间是站在长期投资者一边的。头寸持有的时间越长且红利支付比越低,那么,公司层面的复利效应就越强,而且长持有期意味着低交易成本并把税负进一步地推向未来。下述例子将会说明复利效应的重要性,即长持有期、交易成本及税收成本效应的重要性。

■ 例9-1 复利效应

投资者 A 和投资者 B 在股市上的投资都很成功。两者都取得了 100% 的年收益率,由此,他们的已投资本每年都可以翻番。这里仅有的区别在于两位投资者的投资期限。投资者 A 是做长线投资,仅有一只持有期超过 20 年的股票,而投资者 B 每次都在每年底卖掉他投机购买的股票,并同期成功地买进一个新的头寸——它的价值依次会翻番。

两位投资人的股票会年复一年地翻番!

只是投资者 B 进出得更加频繁,而且,这种频繁的进出不仅费钱(佣金),还会影响收益率。

这里假设资本利得税率是 25%,相关的结果如下。

在过去的 20 年间,投资者 A 以 1 美元的启动资金创收 1 048 576 美元,现在,必须支付 262 144 美元税款,那么,他在这个投资期结束时的落袋金额是 786 432 美元。相比照,由于投资者 B 每年的卖出股票,他必须每年支付 25% 的利润税款:20 年后,他税后落袋的金额仅有 72 570 美元,还不足投资者 A 利润的 1/10!

就像这个例子以一种醒目的方式表现的那样,时间是盈利企业之友(这也是为什么出售决策通常会比购买决策难得多)。最初支付的价格不应该在收回投资时起作用(除了税收考虑外)。在做出售决策时,决定要素应该只有两个：这家公司的当期估值和另外可选的投资。即便还没有其他的投资选择，但此时出手可能是合理的，因为足够的现金头寸有着自身的魅力（前面已经阐述过）。

此外，一旦某个头寸的股价上升，会过多地增加它在这个组合中的权重，这时分步出手也是一种选项。在这种情况下，你的风险偏好起到决定性的作用，当然还要弄清楚：需要出售多大比例才能把该头寸恢复到期望的权重。特别是，在一只股票即期势能很强且短期内迅速上升时，合理的做法是逐日放出售卖指令——在当期价格之上附一个溢价。

然而，这种方法仅仅是技术层面的东西，在此之前，应该对这只股票做详尽的估值。最后，对于流动性差的股票，购买指令扮演着特殊角色，因为只有在对方愿意为相应数量股票支付足够高的价格时，一只股票才能卖得出去。通常，诸如企业数据发布或红利派发的重要日子，才会有更高的流动性——对于流动性很差的股票，要特别利用这类日子进行交易。

相对于实际的公司估值，主题价值投资已经详尽地阐述于本杰明·格雷厄姆的《聪明的投资者》和巴菲特致股东的信中。格雷厄姆的那些原则，效率依旧。既然这本书的目标不是复述已有的文字，那么，这个章节也就相应地缩短了。

正因如此，我们强力地推荐这两本原著：《聪明的投资者》和《证券分析》。

随着互联网的出现，每小时发布的分析报告和实时信息无数，对证券交易所的投资人产生了巨大的影响。但这些都无法消弭这个市场中两个非常人性化的特征：贪婪和恐惧。而价值投资法利用的正是这种现象。

9.6 结论

价值投资的内涵是发掘和利用当期股价和公允价值（通过详尽分析获得）之间的价差。只要这个价差大于必要的安全边际，就应该出手投资。这种简洁的灼见与复杂且具智力挑战的估值流程形成鲜明对比！

通过定量事实和定性特征的融合，本书阐述的工具（诸如各种财务比率和系统性分析及商业模式的划分）成为判断一家企业未来是否成功的决策基础。

虽然都是基于同一组数据，但不同的估值方式会产生不一致的结果。最后，投资者的实际成就取决于能否持续地实施完整的分析流程，但只能反映在股市的成功或失败上。由于股市会不时地遭遇极端和恐惧，相信自己的判断是这种成功的关键。

同时，自控力和利用其他市场参与者的非理性行为，永远是建立自信和综合分析的结果。仅在这个基础上，才能适用沃伦·巴菲特的忠告："在他人恐惧时，贪婪！"

在为自己的一本主要著作做总结时，德国哲学家阿图尔·叔本华写道：对于认识了世界真正本质的人，真实的世界不再有意义！

就本书的主题而言，你可以说：对于公司估值真实业务背景了然于胸的那些人，股市的持续动荡（往往源自不安的情绪）都可归因为一件事：庸人自扰！

图表来源

第1章

Table 1.6	Source: Alcoa 10-K (2012) [US-GAAP]
Table 1.7	Source: Reckitt Benckiser Group plc (2012) [IFRS]
Figure 1.1	Data source: Bloomberg
Table 1.8	Source: The Coca-Cola Company (2012) [US-GAAP]
Table 1.9	Source: The Coca-Cola Company (2012) [US-GAAP]
Table 1.10	Source: Starbucks Corporation (2012) [US-GAAP]
Figure 1.2	Data source: Bloomberg
Table 1.11	Source: Stryker Corporation (2012) [US-GAAP]
Figure 1.3	Data source: Bloomberg
Table 1.12	Source: H & M Hennes & Mauritz AB (2012) [IFRS], NEXT plc (2012) [IFRS]
Table 1.13	Source: Chevron Corporation (2012) [US-GAAP]
Table 1.14	Source: Tesco plc (2011/12) [IFRS]
Table 1.15	Source: KPMG (2013) extract from http://www.kpmg.com/global/en/services/tax/tax-tools-and-resources/pages/corporate-tax-rates-table.aspx
Figure 1.4	Data source: Bloomberg
Table 1.21	Source: Kellogg Company (2012) [US-GAAP]
Table 1.22	Source: Kellogg Company (2012) [US-GAAP]
Table 1.23	Source: Apple Inc. (2012) [US-GAAP]
Table 1.24	Source: Kellogg Company (2012) [US-GAAP]
Table 1.25	Source: Kellogg Company (2012) [US-GAAP]
Table 1.27	Source: InBev (2008) (IFRS)
Table 1.28	Source: Sotheby's (2009) [US-GAAP]
Table 1.30	Source: Hengdeli Holdings (2012) [HK GAAP]
Table 1.31	Source: Nokia

第2章

Figure 2.1	Data source: Bloomberg
Table 2.2	Source: Rotork plc (2012) [IFRS]
Table 2.3	Source: Energizer Corp (2010) [US-GAAP]
Table 2.4	Source: Yum! Brands Inc. (2008) [US-GAAP]
Figure 2.2	Data source: Bloomberg
Table 2.5	Source: Wal-Mart (2013) [US-GAAP], Samsonite (2012) [IFRS], Swatch Group (2012) [IFRS]
Table 2.6	Source: Coca-Cola Company (2009) [US-GAAP]
Figure 2.3	Data source: Bloomberg
Figure 2.4	Data source: Bloomberg
Table 2.7	Source: Canadian National (2007) [US-GAAP]
Figure 2.5	Data source: Bloomberg
Figure 2.6	Data source: Bloomberg
Table 2.8	Source: CSX (2012) [US-GAAP], Procter & Gamble (2012) [US-GAAP], eBay (2012) [US-GAAP]
Figure 2.7	Data source: Bloomberg
Table 2.9	Source: Sirius XM Radio Inc (2010) [US-GAAP]
Table 2.10	Source: Assa Abloy AB (2009) [IFRS]

第3章

Figure 3.1	Data source: Bloomberg
Table 3.1	Source: Ryanair Holdings plc (2012) [IFRS]
Table 3.2	Source: Air France-KLM Group SA (2012) [IFRS]
Figure 3.2	Data source: Bloomberg
Table 3.3	Source: Yum! Brands Inc. (2013) [US-GAAP]
Table 3.4	Source: Wrigley (2007) [US-GAAP]
Table 3.5	Source: Tiffany & Co. (2007) [US-GAAP]
Figure 3.4	Data source: Bloomberg

Table 3.7	Source: Bezeq The Israeli Telecommunication Corp (2012) [IFRS]
Table 3.8	Source: C.H. Robinson Worldwide Inc. (2012) [US-GAAP]
Table 3.9	Source: Wrigley's
Table 3.10	Source: Financial statements Coca-Cola, McDonald's, Rio Tinto and Alcoa (all 2012)
Table 3.11	Source: Deutsche Telekom
Table 3.12	Source: CSX Corporation (2012, 2010) [US-GAAP]
Table 3.14	Source: Financal statements Canadian National, Corning and Facebook all (2012) [US-GAAP]
Table 3.15	Source: Petróleo Brasileiro S.A. (2012) [IFRS]

第4章

Table 4.1	Source: Amazon.com Inc (2012) [US-GAAP]
Table 4.2	Source: The Dow Chemical Company (2012) [US-GAAP]
Figure 4.1	Data source: Bloomberg
Figure 4.2	Data source: Bloomberg
Figure 4.3	Data source: Bloomberg
Table 4.3	Source: Financial statements Apple Inc., BlackBerry and Nokia all (2012) [US-GAAP]
Table 4.4	Source: Mondelēz International, Inc. (2012) [US-GAAP]
Table 4.5	Source: Sony Corporation (2012) [US-GAAP]
Table 4.7	Source: Hengdeli Holdings (2012)

第5章

Table 5.1	Source: Fedex Corporation (2012) [US-GAAP]
Table 5.2	Source: Fedex Corporation (2012) [US-GAAP]
Figure 5.2	Data source: BCG Matrix and FedEx
Figure 5.3	Data source: BCG Matrix and IBM
Figure 5.4	Data source: BCG Matrix and IBM

第6章

Table 6.1	Source: Bezeq The Israeli Telecommunication Corp (2012) [IFRS]
Table 6.2	Source: Daimler (2009) [IFRS]
Table 6.3	Source: International Business Machines (2012) [US-GAAP]

第7章

Table 7.1	Data source: Bloomberg - EPS Growth 2012-2010
Figure 7.1	Data source: Bloomberg
Table 7.2	Data source: Bloomberg
Figure 7.2	Data source: Bloomberg
Figure 7.3	Data source: Bloomberg
Table 7.3	Data source: Bloomberg
Table 7.4	Source: P&G and Reckitt Benckiser annual reports (2013; 2012)
Figure 7.4	Data source: Bloomberg
Table 7.7	Data source: Bloomberg
Figure 7.5	Data source: Bloomberg
Figure 7.6	Data source: Bloomberg
Table 7.11	Source: Medion AG
Table 7.13	Source: Rotork plc [UK GAAP]
Figure 7.7	Data source: Bloomberg
Table 7.14	Source: Energizer Corp (2012) [US-GAAP]
Figure 7.8	Data source: Bloomberg
Table 7.15	Source: Source: Wärtsilä Group
Table 7.16	Source: Finsbury plc (2009) [UK-GAAP]
Table 7.17	Source: Finsbury plc (2009) [UK-GAAP]
Figure 7.9	Data source: Bloomberg

第8章

Table 8.5	Source: Swatch Group (2010) [IFRS]
Table 8.6	Source: Swatch Group (2010) [IFRS]
Table 8.10	Source: Coca-Cola, PepsiCo (2011) [US-GAAP]
Table 8.11	Source: Coca-Cola (2011) [US-GAAP]
Table 8.11	Source: PepsiCo (2011) [US-GAAP]
Table 8.14	Source: Andrew Peller (2013) [IFRS]
Table 8.15	Source: Andrew Peller (2013) [IFRS]
Figure 8.2	Data source: Bloomberg
Figure 8.3	Data source: Bloomberg
Table 8.20	Source: Annual reports Merck, McDonald's, Microsoft and 3M all 2006-2012 [US-GAAP]
Figure 8.5	Data source: Bloomberg
Table 8.31	Source: Swatch Group (2010) [IFRS]
Figure 8.6	Data source: Bloomberg
Table 8.32	Source: P&G and Colgate-Palmolive annual reports [2012]
Figure 8.7	Data source: Bloomberg
Table 8.33	Source: BUFFETT PARTNERSHIP Letter 1962
Table 8.34	Source: AOL Time Warner (2001) [US-GAAP]

投资与估值丛书

达摩达兰估值经典全书

新入股市必读

巴菲特20个投资案例复盘

真实案例解读企业估值

非上市企业估值

当代华尔街股票与公司估值方法

CFA考试必考科目之一

CFA考试必考科目之一

华尔街顶级投行的估值方法